# 心史叢刊

## 明清斷代史權威孟森復刻典藏本

孟森・原著　蔡登山・點校

# 序

有清易代之後，史無成書，談故事者，樂數清代事實。又以清世禁網太密，乾隆間更假四庫館爲名，術取威脅，焚毀改竄，甚於焚書坑儒之禍。弛禁以後，其反動之力，遂成無數不經汚衊之談。吾曹於清一代，原無所加甚其愛憎，特傳疑傳信，爲操觚者之責，不欲隨波逐流，輒於談清故者有所辨正。偶舉一事，不憚羅列舊說，稍稍詳其原委，非敢務博貪多，冀折衷少得眞相耳。積若干條，先後應各日報月報之約，陸續刊登。既刊登，輒又瀏覽所及，有所補訂。商務印書館同人願代彙印成册，因先出若干事，顏曰叢刊一集。續有所就，以次問世。談野史者，或有取焉。蓋無一事敢爲無據之言，此可以質諸當世者也。向刊史料一册，犖犖大事，爲談清史者所必留意。玆刋多網羅軼事，非史家必取之資，要於襞績野史，不爲一鱗半爪之談，譬如博奕猶賢乎已，故別於史料而名以叢刊云。丙辰立春日，孟森識。

## 再版序

叢刊絡續出版至三冊，後遂輟筆。歲久售罄，學界頗有思購者，歷年有函來見詢。新相識之友，見亦必問此書，且請再版。予以當初版時，由同鄉蔣竹莊、惲鐵樵請以實其所辦之東方雜誌者；既登雜誌，又出專冊，皆蔣惲二君主之。於商務並無報酬，亦無契約，既售罄，亦無從請求再版，遂久無以饜問者之意。頃大東書局願代印，即以付之。當時第三冊中，有東方雜誌所登零星筆記，並列入焉，今皆刪之，而各冊亦略訂補。二十四年三月，孟森又識。

# 目次

## 《心史叢刊》二集



## 《心史叢刊》三集

心史叢刊 008

《心史叢刊》一集

# 心史叢刊一集

## 奏銷案

奏銷案者，辛丑江南奏銷案也。蘇、松、常、鎮四屬官紳士子，革黜至萬數千人，並多刑責逮捕之事。案亦鉅矣，而東華錄絕不記載。二百餘年，人人能言有此案，而無人能詳舉其事者。以張石州之博雅，所撰亭林年譜中，不能定奏銷案之在何年，可見清世於此案之因諱而久湮之矣。茲爲輯而出之，雖或未備，已有可觀，他日復有所見，當更續之。心史識。

朱國治撫吳，在順治十六年冬，承鄭延平兵入沿江列郡之後，意所不慊，可以逆案爲名，任情荼毒。當時橫暴之舉，不始於奏銷，前此有哭廟之案，起於苛徵，而終則附會逆案，殺蘇州士子多人，金人瑞卽以此罹法。國治後撫雲南，撤藩之變，爲吳三桂所戕。國史國治傳云：國治疏言蘇、松、常、鎮四府錢糧抗欠者多，因分別造册，紳士一萬三千五百餘，衙役二百四十人。敕部察議，部議見任官降二級調用，衿士褫革，衙役照贓治罪。云云。國治爲奏銷案之主動，此傳文爲官書言奏銷事之正文。整理賦稅原屬官吏職權，特當時以故明海上之師，積怒於南方人心之未盡帖服，假大獄以示威，又牽連逆案以成獄。易世之後，言之尚有餘恫焉。此外如東華錄所載實錄之文，以如此大案而不着一字，僅有定催徵條例寥寥數語，錄如下：

順治十八年辛丑，正月初七日丁巳，世祖晏駕。是月二十九日己卯，諭吏部戶部：「錢糧係軍國急需，經管大小各官，須加意督催，按期完解，乃爲稱職。近覽章奏見直隸各省錢糧，拖欠甚多，完解甚少。或係前官積逋，貽累後官，或係官役侵那，借口民欠。向來拖欠錢糧，有司則參罰停升，知府以上雖有拖欠錢糧未完，仍得升轉，以致上官不肯盡力督催，有司怠於徵比，枝梧推諉，完解愆期。今後經管錢糧各官，不論大小，凡有拖欠參罰，俱一體停其升轉，必待錢糧完解無欠，方許題請開復升轉。爾等卽會同各部寺，酌立年限，勒令完解。如限內拖欠錢糧不完，或應革職，或應降級處分，確議具奏。如將經管錢糧未完之官升轉者，拖欠官並該部俱治以作弊之罪。」三月庚戌朔，定直隸各省巡撫以下州縣以上，徵催錢糧未完分數處分例。

東華錄所見者止此，此卽當時之所謂新令，海內所痛心疾首者也。凡入奏銷案者，固謂之絓新令，卽辛丑奏銷以後，官吏之追呼，士紳之戮辱，亦無不以新令爲陷阱。但官書所見止此，則就文字觀之，固亦整頓賦稅之一事，非不冠冕，然於朱國治奏銷之案牘，則一字不載。故知此爲清廷所自諱，不欲示之後人，與搜查禁書，删改實錄，同一用意也。禁書亦乾隆間大案；實錄稿今入王氏東華錄者，乃乾隆間改本，所紀開國以來事實，頗有與蔣氏東華錄不同之處，卽蔣氏所據，尙少改一次耳。

奏銷案既不見於官書，私家紀載，自亦不敢干犯時忌，致涉怨謗。今所尙可考見者，則多傳狀碑誌中旁見側出之文，而亦間有具體紀載之處，蓋爲文網所未及，僅見於清初士大夫之筆記，今當披沙而得寶者也。

董含三岡識略，記江南奏銷之禍云：「江南賦役，百倍他省，而蘇松尤重。邇來役外之征，有兌役、里役、該年、催辦、捆頭等名，雜派有鑽夫、水夫、牛稅、馬豆、馬草、大樹、釘麻、油、鐵、箭、竹、鉛、彈、火藥、造倉等項，又有黃冊、人丁、三捆、軍田、壯丁、逃兵等冊。大約舊賦未清，新餉已近，積逋常數十萬。時司農告匱，始十年並征，民力已竭，而逋欠如故。巡撫朱國治強愎自用，造欠冊達部，悉列江南紳衿一萬三千餘人，號曰抗糧。既而盡行檄革，發本處枷責，鞭扑紛紛，衣冠掃地。如某探花欠一錢，亦被黜，民間有『探花不值一文錢』之謠。夫士夫自宜急公，乃軒冕與雜犯同科，千金與一毫等罰，仕籍、學校為之一空，至貪吏蠹胥，侵沒多至千萬，反置不問。吁，過矣！後大司馬龔公特疏請寬奏銷，有『事出創行，過在初犯』等語，天下誦之。」

又記地龍散云：「金貞祐中，朮虎高琪當國，士大夫每遭鞭扑，醫家以酒下地龍散，投以蠟丸服之，此方大行。北極之中有詩云：『嚼蠟誰知味最長，一杯卯酒地龍香。』

年來紙價長安貴，不重新詩重藥方。輟耕錄載元初輕儒，與齊民等。翰林高公智耀上書力爭，始免徭役，崇學校，正戶籍。嗚呼！今安得有高公其人者哉！以上二則，今可分別論之。董氏籍華亭，辛丑進士。通籍後，即以奏銷斥革，終身不仕，以筆墨自娛。其所紀自是當時目擊之事。所致慨者，一則曰軒冕與雜犯同科，再則曰元初輕儒，與齊民等，高智耀力爭，始免徭役，此等皆當時見解，挾儒以自尊。但清庭當日，實亦有意荼毒縉紳，專與士大夫為難，斥革之不已，橫加鞭扑，其慘如此。以積年帶欠，取盈於一朝，本非正體，原不必問儒與齊民之階級也。

董含本為奏銷案中人，其成進士在辛丑，斥革即在辛丑，被革時猶以舉人列參。

周壽昌思益堂日札云：國初江南賦重，士紳包攬，不無侵蝕。巡撫朱國治奏請窮治，凡欠數分以上者，無不黜革，比追。於是兩江士紳得全者無幾。有鄉試中式而生員已革，且有中進士而舉人已革，如董含輩者，非一人。方光琛者，歙縣廩生，亦中式後被黜，遂亡命至滇，入吳三桂幕。撤藩議起，三桂坐花亭，令人取所素乘馬與甲來。於是貫甲騎馬，旋步庭中，自顧其影嘆曰：老矣！光琛從左廂出曰：王欲不失富家翁乎？一居籠中，烹飪由人矣。三桂默然，反遂決。軍中多用光琛謀。吳世璠敗，光琛亦就擒，磔於市。按劉健庭聞錄：方光琛，字獻廷，明禮部尚書一藻子。此可知光琛家世，其事實別詳滇變中。以光琛之爲皖人，不應在蘇撫朱國治奏銷案內，是時蓋各省皆厲行此事，特蘇撫爲最酷耳。日札言：欠數分以上，無不黜革，則猶未盡事實，別見下探花不值一文錢條。

宋琬安雅堂集董閬石詩序：進士董君閬石，與其弟孝廉蒼水，雲間世家也。當宗伯少宰兩先生凋喪之後，乃能聯翩鵲起，克繩祖武，人以爲今之二陸也。亡何以逋賦徵眚，同時被斥者甚衆，董君自以盛年見廢清時，既已嘿不自得，而其家徒四壁立，於是愈益無憀，幽憂侘傺，酒酣以往，悲歌慷慨，遇夫高山廣谷，精藍名梵，喬松嘉卉，草蟲沙鳥，凡可以解其鬱陶者，莫不有詩。閬石即含，而蒼水則名俞，亦以奏銷見黜。

安雅堂集董蒼水詩序，行年三十，舉孝廉于其鄉也居無何，江南逋賦之獄起，士紳同日除名者萬有餘人，而董君不幸絓名其間。」云云。董氏兄弟同遭此阨，此可證矣。

姚廷遴記事編：「順治十八年八月，奏銷官儒錢糧，凡欠分釐者，俱被斥革，本縣只留完足錢糧秀才二十八名。拏問欠多秀才十二名，欠多鄉宦一名。其在任者俱削籍回家。此奏銷之始，可見催科利害。所存秀才，名曰與考生員。自朱撫院起奏銷例，壞江南鄉紳無數，後朱亦被論拏問。」此所謂本縣，指上海也。

又：「康熙元年，有方秀才，係新場鎮巨族，因欠錢糧，奉陳知縣籤拏，刎死在縣南差入陳五官家。」

三岡識略所云，某探花者，葉文敏公方藹也。順治十六年一甲第三人及第。辛丑固倘爲編修，未升他職。國史稱方藹至康熙十二年始充日講起居注官，以後乃有升轉，蓋其中有此蹉跌。國史本傳不言奏銷案之被黜，略之，亦實諱之。以一文錢革職，當時固亦自知已甚也。先正事略等書，皆不及方藹之奏銷絓誤，蓋相承掩覆而已。蘇人在順治中探花及第者，有蔣超、沈荃、秦鉽、及方藹，凡四人。蔣籍金壇，不與蘇、松等。沈籍青浦，秦原籍無錫，寄籍長洲，要之辛丑三人皆已改官，惟方藹爲新科，可以探花稱之耳。

繼又考王應奎柳南續筆，記辛丑奏銷一案云：崑山葉公方藹，以欠折銀一釐，左官。公具疏有云：所欠一釐，准今制錢一文也。時有探花不值一文錢之謠，蓋公爲己亥進士及第第三人云。則探花不值一文錢，確爲葉事，更有明證矣。

大司馬龔公者，龔鼎孳也。東華錄：康熙二年八月辛丑，左都御史龔鼎孳奏：錢糧新舊並徵，參罰疊出，那見征以補帶徵，因舊欠而滋新欠，請將康熙元年以前催徵不得錢糧，概行蠲免，有司既併心一事，得以畢力見征，小民亦不苦紛紜，得以專完正課。下部知之。此奏當卽三岡識略所贊美者。貳臣傳龔鼎孳傳亦及此奏。

邵長蘅青門簏稿尺牘，與楊靜山表兄云：江南奏銷案起，紳士絓黜籍者萬餘人，被逮者亦三千人。昨見吳門諸君子，被逮過毗陵，皆鋃鐺手梏，拲徒步赤日黃塵中，念之令人驚悸，此曹不疲死，亦道渴死耳。旋聞奉有免解來京指揮，灑然如鑊湯熾火中一尺甘露雨也。問長兄此中迴斡，大勢神用，非佛地位人，詎能爾爾？行路童叟皆知捧手讚歎，況某亦災刼中人數耶？直下感激，餘非面莫究。」據靑門書則知絓新令之萬餘人所得之罪又不同，中有三千人併被逮，過常州而放還。所云楊靜山表兄，卽楊廷鑑字也。奏銷被逮而獲中道放免，廷鑑實與有力。所云吳門諸君子之被逮者，今從諸家文集中，略得數人，爲舉證如下：

韓菼有懷堂集。己未出都述懷詩：「破巢兵撲捉，勾租吏怒嗔，輸租仍殿租，槪辱及衣巾。室毀還作室，督促舊主人。」自注云：「亥丑年奏銷案應連逮，時駐防兵圈占房屋，更代爲修葺。」據此則韓在被逮數內。但同時蘇州有旗兵圈地之舉，韓屋被圈，旗兵逐屋主而又令屋主代爲修葺。清初之虐政如此。而韓之被逮，則或因修屋而暫緩，旋有放免指揮，遂省此桎梏之一行，未可知也。蓋本集又有他證焉。

有懷堂集刑部尚書翁公叔元神道碑：坐奏銷案俱黜。公以隸卒，茨以官兵圈房，被迫辱俱欲死。後公寄籍永平，茨秀水，俱第一，亦俱黜。據此則韓之迫辱，似止有圈房一事，而翁叔元則受隸卒之苦者也。聊齋誌異記元少先生受鬼聘爲童子師，臨別言：「公他日爲天下第一人，但坎壈未盡。」當奏銷及圈房之日，正其坎壈時矣。

按誌異謂元少爲鬼師後，坎壈數年，果大魁天下。而孟仁言識小編亦載此事，則微不同，今附錄之云：慕廬韓先生少貧困，鄉薦後猶藉館讀書。歲壬子暇游荆、洛間，忽有人持關書聘金來寓，曰：奉主人命，請先生授生徒焉。遂欣然就道。至則門閭宏壯，如公侯家，其旁爲館舍，亦精潔莫比。既入門，主人以疾辭，弟子謁見，而英姿秀氣，迥異常人。居數月，見僕隸奔走，若主人常理事者然，而主人初不一見，心頗疑之。問之館人，不答；問之弟子，則又支辭以對。疑愈甚，竊欲私覘之，而主人已排闥入，若知先生之欲覘之也者，曰：先生勿疑，吾實冥府官也。

敬君學品，故聘求教子。頑劣之資，得沐教化，實爲厚幸。然先生功名中人，卽當大魁天下，吾何能久羈。遂厚贈之，遣使送歸。次年癸丑，先生應會試，果擢第一。

今按韓爲鬼師事已不經，但當時諸家筆記均載其事，必有此一種流傳之語。至以韓事蹟考之，似聊齋所說爲較確。韓自奏銷斥革後，無可應試，直至壬子援例納粟入監，始舉北闈。與識小編不合。

又按有懷堂集有上金陟三學憲書，題下注云：時試秀水第一，以占籍被落云。書詞極哀。其後又有題故上學使者金陟三先生詩卷後二首，有序云：二十餘年之陳迹，撫之悽然。嗟乎！師友判隔死生，名氏如尋蕉鹿。得二絕句，詩云：曾把文章謁後塵，鶴歸不是舊時春。憐無摩詰池頭句，最泣東陽車下人。自注：先生陷賊中卒戍所。又云：似草青衫着不成，白衣變化幾經更。十郎也歷恆河刦，說與從前隱姓名。自注：余試秀水時更名。據此，則韓試秀水時，拔置第一者爲金陟三。至康熙十二年韓登第，而十三年以後三藩變起，金以陷賊遣戍終矣。

徐乾學憺園集。翁鐵庵元配錢夫人墓誌銘：會吳中大飢，鐵庵家貧亦益甚，與其夫人及二女一老媼，人日一溢米雜以糠覈，幸不死；其兄竟以貧死。負課甚多，追呼及鐵庵，鐵庵亦自以負課絓誤。吏索甚急，恐見辱，欲雉經者數四，夫人與其二女陰守伺之。一日聞扣門聲急，鐵庵以爲吏也，將自盡，夫人曰：往時吏追呼不如是聲，盍察之？乃與其女從門隙窺見扣門者，健兒中原人語音，奔告鐵庵。鐵庵族父山愚公方爲洛中監司，鐵庵曰：此豈洛中叔父書至耶？猶恐吏紿之出也，自窺之，果洛中人，乃敢開門使入。發書得百金，且召之去。以所得百金輸官，追呼稍緩，乃得去。其後追呼復急，吏逮鐵庵不獲，腰絙若將縛夫人者。夫人憤欲投水死，二女及鄰媼勸救，得不死。乃鬻所居，值二十金，盡以輸官。逃之窮鄉，其地名沙堰者，有顧氏傍水茅屋三間，倒壞無人居，夫人欣然居之，爨煙累日不興也。鐵庵去，不敢復歸，北走永平，投其族人。壬子，以永平衛籍薦京兆。報者至，入茅舍見其竈半沈水底，盎中僅數日儲，歎息去。丙辰，鐵庵進士及第，乃迎夫人於京邸。夫人念鐵庵無子，爲之買一妾，與偕來。蓋鐵庵之出走，已十六年，至是始得伉儷相守云。叔元於奏銷案，雖未被逮，而逃亡十六年，夫婦始獲相見，不亦酷哉！叔元爲乾學王子順天闈所取士。

柳南隨筆云：吾邑翁大司寇叔元，致政歸里，頗極聲色之樂，嘗於暮春開宴東園，以女樂二八侑酒，座客邵青門爲賦詩云：平泉草木盡泥沙，墮粉飄香感物華。只有天風吹不散，紅氍毹上數枝花。迨司寇歿，青門往拜其墓，復賦詩云：花箋四幅教玲瓏，一曲霓裳拍未終。誰把梨雲吹易散？墓門西畔白楊風。據此，則翁之晚節，享用甚侈，與夫婦十六年不見之時大異矣。邵青門同時有二，此爲常熟之青門，名陵，字湘綸者也。

至實行就逮之人，則其可考者爲王昊。黃與堅撰王惟夏墓誌銘云：亡何而奏銷之案發，學校一空。君就急徵得免歸，遺產斥賣已略盡，而君始以大困。按惟夏弇州之後，敬美之曾孫也，以名家子，絓新令而就急徵，可知盛暑桎梏過毗陵者，必有此君。己未試鴻博，惟夏被薦入都，不肯應試，以老授職而歸。

婁東無名氏研堂見聞雜記：吳下錢糧拖欠，莫如練川。一青衿寄籍其間，即終身無半鏹入縣官者，至甲科孝廉之屬，其所飽更不可勝計。以故數郡之內，聞風蝟至，大僚以及諸生，紛紛寄冒，正供之欠數十萬。會天子震怒，特差滿官一員，至練川勘實。既至，危坐署中，不動聲色，但陰取其名籍造册以報。時人人惴恐，而又無少間可以竄易也。既報成事，奉旨即按籍追擒，凡欠百金以上者一百七十餘人，紳衿俱在其中，其百金以下者則千計。時撫臣欲發兵擒緝，而蘇松道王公紀止之，單車至練川，坐明倫堂。諸生不知其故，以次進見，既集，逐一呼名，叉手就縛，無得脫者，皆鋃鐺鎖繫，兩隸押之，至郡悉送獄，而大僚則繫之西察院公署，此所謂一百七十餘人也；其餘猶未追錄，原旨械送都下，撫臣令其速行清納，代爲入告，即於本處發落。於是旬日之間，完者十萬，猶有八千餘金，人戶已絕，無從追索。撫臣仍欲械送，道臣王公及好義鄉紳，各捐金補償乃止。然額課雖完，例必褫革，視原欠之多寡，責幾十枷幾月，以爲等殺，今猶未從決遣也。獨吾友王惟夏，實係他人影立，姓名在籍中。事既發，控之當道，許之題疏昭雪，惟夏亦謂免於大獄。不意廷議以影冒未可卽信，必欲兩造到都合鞫。於是同日捕到府，後其餘免械送，惟夏獨行。云云。據此，則惟夏之就逮，轉因當道之題疏昭雪，遂致他同罪者免械而惟夏獨赴鞫。可見清廷有意與世家有力者爲難，以威刼江南人也。

又云：吳下錢糧一案，練川之獄，得千餘人，其前就緝一百七十人，以恩赦免提，餘俱革去衣頂，照例處分。乃撫臣更立奏銷法，歲終將紳衿所欠造册申朝。時吳中士子，未諳國法，有實欠未免者；有完而總書未經注銷者；有實未欠糧，而爲他人影冒立戶者；有本邑無欠，而他邑爲人冒欠者；有十分全完，總書以纖忽反造十分全欠者；千端萬緒，不可枚舉。蘇、松、常、鎭四郡，幷溧陽一縣，紳士共得三千七百人。旣達於朝，部臣議覆，吏部先議紳旣食祿，不當抗糧，現任降二級調用，在籍者提解來京，送刑部從重議處；已故者提家人。其革職廢紳，則照民例，於本處該撫發落。吾州在籍諸紳，如吳梅村、王端士、吳寧周、黃庭表、浦聖卿、曹祖來、吳元祐、王子彥，俱擬提解刑部，其餘不能悉記。時諸生惴惴恐。迺禮臣議覆：俱革去衣頂，照依戶部所定則例處分，但先有旨於旨前完者免解刑部；餘則否。於是總計續報完清者得萬人，其未續報得八百人。八百人中，吾州三人：一陶師侃，一為陳昌祚，一為陵稽。師侃春初以人命繫獄，已問辟矣。昌祚則兩試劣等，已褫青衿，皆於功名事不問，竟不續報。而陵揩者，誤陵稽也。欠冊誤揩為稽，後續報仍書揩，撫軍駁云：原冊無名。於是完不報完。而陵稽姓名實在欠冊，於是下州逮捕三人。而有凌璣者，與稽同音，卽指璣為稽。然璣實已報完，有冊可驗，不能混稽之，卽為凌揩，人共知為兩人，各至州庭辨鞫，各費千金，而不能脫。據此，則逮捕之舉，初本概括各紳，旋分原報續報為二，由萬人而減至八百人矣。凌揩與凌璣兩人之拖累，尤見官吏淫威，故意魚肉，專制之政，令人毛戴。

又云：奏銷提解諸人，於康熙元年五月，奉特旨：無論已到京未到京，皆釋放還鄉。

吾妻淩搢，前以詿誤提者，撫臣韓公特與之具疏辯白，部臣題覆，以爲淩搢於三月十九日完，事在未奏前，有司何得朦混？於是總書徐來江、知州呂與與、知府余廉徵、署兵憲者撫臣朱國治，應各議處。奉旨依議，人心一快。此爲淩搢、淩璣兩人事之結局，蓋非朱國治去任，固不能得此也。

又云：紳士當解刑部，可數百，吾郡顧兼山贄、顧松交予咸，沈韓世奕輩極力營幹，遂得免解。此則合之前則釋放還鄉，即邵青門書中之吳門諸君子也。所營幹之中，有楊廷鑑等輩在。

逋糧册中人處分之法又不一，有斥革而止者，有鋃鐺起解者，既如上述。又有見任官與在籍官之不同，見任官降調，而在籍官與士流俱黜革。吏部又上下其手，有所出入。今據錢氏家變錄所載錢朝鼎劣迹，可以推見。家變錄者，錢謙益死後，其妾柳如是爲族人逼死，錄中專載其事者也。

家變錄瞿邑尊公揭云：況朝鼎自緣事以來，已在籍十七年，欠糧奏銷，例應照回籍官等革職，而倖列解任行查，降二級調用，猶鑽營從副憲議，降冒補大理寺少卿，賴廷議清查，貽累銓政。有廉恥者當跼蹐轅下，稍示貶損，而朝鼎橫行鄉黨，愈肆鴟張。船額燈籠，大書都察院字樣，假冒各憲，私違禁制，欺君如兒戲，何怪其殺一庶叔祖母而不顧。云云。瞿名四達，常熟令行取入都，牧齋之門人也。

奏銷羅罪者萬餘人，止爲辛丑一案之事。其實辛丑前後，士人橫遭鞭扑，甚至舉命者，不可勝數，是又不在奏銷案中矣。三岡識略，地龍散之慨，固指其前後數年之事，非僅指奏銷一案也。今更舉其各證如下：青門簏稿與楊靜山表兄第二書云：先人貽薄田八百餘畝，一月間爲某斥賣過半，然不名一錢，只白送與人耳。昨陳生來，辱垂諭：士君子制行不可好奇，恆產不可無，非老成忠告，某安得聞此言？顧某之爲此，亦自有說。私念先府君、孺人舉某極遲，又獨子，奇愛之，稍長，略讀書識字，亦望稍有樹立。橫遭廢斥，此事便已。竊見兩年來新法，如秋荼凝脂，縣令如乳虎，隸卒如猘犬，書生以逋賦笞辱，都成常事。某實不忍以父母遺軀受縣卒摔曳入訟庭，俛酷吏裸體受杖，乃憤而出此，爲紓禍計耳。然緣此得家累漸輕，故吾亡恙。嚣有十粟之儲，家無打門之吏，菜羹啜水，讀書自娛，亦未必非息黥補劓之道也。緣長兄愛我之切，敢覼縷奉聞。昨偶見八十歲邨翁舉俚語一則，元時富人，往往以田爲累，委田契於路，伺行人拾取，遽持之大呼曰：「田已屬爾，我無與矣。」並書上一笑。」

據此，書承第一書而來，第一書已在奏銷案發露之後。青門之革學籍，在奏銷案中，前書所謂災刼中人數也。第二書又在其後，知所謂「書生以逋賦笞辱，都成常事。」乃奏銷以後情狀。吳門諸君子被逮，正在署令，而青門之父海鷗公卒於辛丑十月十八日，見青門自撰先考妣行述中，則青門黜籍時，海鷗公尚在。而書中稱「先人貽薄田八百餘畝，一月間爲某斥賣過半，」明係青門遭大故後乃有此舉。故知當時田賦之禍，固不以奏銷一案止也。哭廟案亦以追比田賦起，則酷吏示威，自庚子年已如此。時新令尚未定，有司用以摧折江南士類者，主旨已定，豈有倖哉。

陳玉璂撰青門山人傳，未幾，江南奏銷案起，絓誤者萬人，而山人亦黜弟子員籍。又云：初山人之被黜也，先人遺田及千畝，一月間忽斥賣過半，然不名一錢，鄉里竊笑之。未幾，里諸生十餘人以多田賦逋，伍伯纍纍縶頸去，被箠笞荷校府門，至有畢命者。乃詫曰：邵君其智人耶！據此，則尤可證青門賣田，在奏銷後。又其後里諸生以田爲大累。則可知清廷以田賦威江南士人，爲禍正無底止。陳與邵同時同里，所見自必實狀。

青門爲常州武進人，顧其時常州士人之罹奏銷禍者，較他郡爲獨輕，則以常州府教授郭公之惠也。郭公名士璟，卽揚州十五子中郭元釪之父。張雲章撰郭士璟墓誌：甲午舉於鄉，明年成進士，釋褐常州府學教授。又云：太守崔君某清慎愛下，緩於催科，以徵調不副例當落職。公爲手作示揭四門，以爲民得官如崔公，不可以有二，今且罷去，爾等其何依？今與諸欠者約，設櫃四門，欲留賢使君，則隨其力，各委輸焉。日未暮，投匭者輒足。崔公以此獲久於常數載。」又云：「十八年，巡撫某，憤其所屬士大夫之逋糧者，彙爲籍，疏上之。悉將褫革，名曰奏銷。自搢紳先生，多陷密網，士子有至空庠者。常之士數百人，皆掛籍中。公夜扣府聽事，撾其鼓請見太守，請按三日不發，且即榜示通衢，許以三日內補輸，數百人無不保全者。」據此，則郭教授先使常之民有德於太守，洎奏銷案起，又使太守有以報常之人。所云數百人無不保全者。」宜有實效。然邵靑門即在褫革之例，固亦未盡保全矣。意邵於三日內不能補輸而及耶？哭廟案中，有蘇州府教授程翼蒼，奏銷案中則有常州府教授郭士璟。可見當時良心未喪者，多不肯爲縣令，往往自請改教職以就間散。其能爲縣令者，則邵靑門之所謂「乳虎」而已。

以催徵鞭扑士子，蓋自辛丑新令以來，官吏無不以奉行爲能事，又不但蘇撫朱國治之轄境已也。張文端英撰黃貞麟墓誌：「年二十五，舉孝廉，冠其經。次年成進士。越六年，授鳳陽司理。」又云：「蒙城、懷遠、天長、盱眙四縣，子矜逋賦者各百餘人，令咸速之獄，獄隘，諸生無置足地。公聞之，謂令曰：被逋賦者皆未驗其實，忍令殞死於獄乎？悉還其家。及訊，則或舞文吏妄爲註名，或誤報，或續完，悉得原而釋之。又云：公生於庚午年八月一日，享年六十有五，卒於甲戌年十二月四日。然則黃之生也，在明崇禎三年，年二十五爲順治十一年甲午，明年乙未成進士，又六年授鳳陽司理，正辛丑歲新令初行之年也。

其與哭廟案相連接也，則如顧予咸之不坐哭廟被絞，卒坐奏銷落職。韓菼所作墓表，所云及獄具，搒掠諸生萬狀，必欲引先生，不承，乃強入之。十八人者，竟傳會逆案皆斬。坐先生絞，奉旨復官，尋入以奏銷案，竟落職。嗟夫！直道之難明如是云云。蓋其證矣。予咸卽俠君太史嗣立之父，字松交，有溫飛卿詩集補注，乃松交父子共成之。

其見任官之降調者，韓菼大學士徐公元文行狀：會江南奏銷案起，奸胥竄公名其中，謫鑾儀衛經歷，公恬然安之。又四年而事白，復官。按張石州編顧亭林年譜，於康熙元年之末，云：「是年公肅甥以江南奏銷案詿誤，謫官鑾儀衞經歷。」自注云：「穆據有懷堂集補。」檢有懷堂原文，並無康熙元年之說。「會江南奏銷案起」句之上，則云：「辛丑春，世祖賓天，公號慟若私喪，公除猶不止，歲以是日齊居慘戚者終身。」云云。今以諸家之文證之，無不稱辛丑奏銷案者，有懷堂集亦明與世祖之喪相接，則石州誤也。

再考徐元文國史本傳，則云：「聖祖仁皇帝初御極，元文以名列江南逋賦籍中，降鑾儀衞經歷。」夫不曰康熙改元，而曰仁皇御極，明謂順治十八年聖祖卽位之後耳。世祖以正月七日發喪，辛丑一年，幾全爲聖祖卽位以後事，石州或因此誤編入康熙元年。要之當石州時，此等鉅案，正舉國所諱言，故亦不易得其詳也。至元文復官，石州亦編入康熙五年，則以韓文所云「四年而事白」，推定其年。自注亦云：「據有懷堂集。」可知其非有他出矣。

他如宋犖撰汪鈍翁傳：「順治乙未成進士，除戶部主事，遷員外，改刑部，遷郎中。會江南奏銷案起，例奪二官，謫北城兵馬司指揮。」又施閏章撰曹顧庵墓誌：「章皇帝升遐，今上登極，遇國恩追贈其兩世。君益勤厥職，坐族子逋賦累奪級南歸。」此皆見任官之降調者也。

吳偉業亦入奏銷案中，已見前顧湄撰吳梅村先生行狀：「未幾，朱太淑人沒，先生哀毀骨立，復以奏銷事，幾至破家，先生怡然安之。」按梅村集秦母侯孺人墓誌：「侯孺人以庚子八月十六卒。」中云：「又一年，吾母至於大故。」則朱淑人之歿，卽在辛丑，梅村以艱歸，後入奏銷案，當援回籍官革職之例矣。梅村以順治十年被迫就徵，十三年授祭酒，至是落職，實爲至願，蓋從此可以不再就羈矣。梅村終身以再出爲恨，實出至誠，當其就徵之日，卽有弔侯朝宗詩所云「死生總負侯嬴諾，欲滴椒漿淚滿尊」之句。朝宗於前數年卽以梅村名重，勗以韜晦，壯悔堂有與吳駿公學士書。至是卒爲門戶計，不免一行。其寄周芮公詩所云「但若盤桓便見收，詔書趨迫敢淹留」，可知其係實情，非有文過之意也。

奏銷案中亦闌入一二浙西人，如前所紀曹顧庵，即嘉善籍。顧庵名爾堪，狀言曹氏自華亭徙嘉善，已歷十世，坐族子逋賦累。必其族子之尙留華亭者。嘉善與華亭接壤，田產或有關連，固亦常事。曹奪級家居後，以僮奴與縣卒角，誤觸尉怒，尉齎懟長吏，語過激，事聞，坐謫，當徙關外；一時朝士親交惜君者，爭助私錢，用營建例得贖，無出塞。亦見施氏行狀中，可見當時有司之橫。

彭孫遹亦浙之海鹽人也，然亦入奏銷案。彭固順治十六年進士，奏銷絓誤後，至康熙己未舉鴻博第一，始入翰林。國史不言其絓誤事，三岡識略云：鹽官彭公孫遹，負才名，風流儒雅，爲一時之秀，與余結契甚深，亦爲奏銷絓誤，以札寓余，頗極感憤，兼寄一律云：秋林落葉點風埃，寒雨空江日夜哀。難後弟兄多病老，霜前鴻雁尺書來。壯年俱抱懷沙痛，盛世仍虛入洛才。好賦東巡獻行在，聖明早晚祀之萊。後應博學鴻詞，入翰苑云云。彭之絓誤，當亦緣有田土在蘇也。

順、康間名人爲奏銷絓誤者，不一而足。有懷堂集翰林院檢討范先生行狀：辛丑試春官下第，始改今名，尋以奏銷罣誤，凡七年而牽復。按：范名必英，己未鴻博入翰林。又外舅西淵李先生玉洲行狀：會江南奏銷案起，而先生遂謝舉子業矣。又云：先生之來京師也，以奏銷案所連及紳士，無慮萬餘人，輒太息曰：吾老矣，豈復欲從諸生後取科名哉？顧如此無辜者何！則走京師將直其寃，會不果，而京士大夫咸樂就先生。

陳侃撰黃祖顓墓誌：西山張公視江南學政，拔項傳第一，手其卷謂諸生曰：此子今歲不發解，吾不相士矣。既而項傳試鎖院不遇，而適有奏銷之事。先是項傳居太倉，而諸生之籍隸長洲，有富而狡者，借其名以避役，項傳不知也，及歲試，竟以新例見斥，項傳頌於有司，有司漫不省，則走之浙，應童子試，學使者金公賞其文，亦寘第一。有忌者毆諸塗，項傳匿絮中以免。按西山張公即張能鱗，學使金公即金陟三。

國史計東傳：年十五，補諸生，聲譽日起。順治十四年，舉順天鄉試，十八年，以江南奏銷案被黜，悒鬱十餘年遂卒。」見耆獻類徵。又秦瀛撰錢陸燦傳：「年四十餘，始舉順治十四年鄉試，以逋糧案絓誤。既而復還授通判職。」又耆獻類徵引無錫縣志：「秦松齡字留仙，弱冠中順治十二年進士，改庶吉士，授檢討，以逋糧案削籍。康熙十八年，舉博學鴻儒，復原官。」按松齡之削籍，國史本傳但稱尋罷歸而已，不載奏銷事。

王士禎撰何訥墓誌：「十七年庚子，充武會試同考官。是年大計吏，舉卓異，會江南奏銷事起，公名注籍中，去官。」又錢氏家乘錄中孝女揭云：「曾則爲奏銷之黜衿也，於分爲曾姪孫，於誼爲授業門人」云云，則錢遵王亦奏銷案中人。淡墨錄：「宋實穎，順治辛卯舉順天鄉試，與吳下諸名人倡愼交社，聲譽籍甚。後以江南奏銷案絓誤。康熙戊午，復還舉人。己未，以博學鴻詞召試，罷歸。」

以上諸人，俱就涉獵所已及者撮舉之。全案一萬三千餘人，其中涉及名人者當更不少，則此固未足盡之也。

章有謨景船齋雜記云：「閩人崔殿生以明經入對，素志欲謁孔林。及試後南歸，迂道謁曲阜拜陵，聖裔密語殿生云：『舊秋八月，陵中哭聲動天地，百里盡聞，三晝夜而止，其吾道將衰乎？』比順治辛丑八月，遂起奏銷之禍，罪及孔氏，殆先徵耶？崔至松，與友人林岱生述之。奏銷一案，以諸生抗糧而起，庠序一空，諸紳以此罷斥者亦不少，江蘇因朱撫軍國治之酷，其禍尤甚云。」據此則奏銷案並罪及孔子，此尤事之駭人聽聞者，且言江蘇以朱撫而加酷，則各省皆罹此刦，可證方光琛等事之非誣。

常熟丁秉衡荷香館瑣言引陸文衡嗇庵隨筆云：「撫公朱因見協餉不前，創爲紳欠衿欠之法，奏銷十七年分錢糧，但分釐未完，卽掛名冊籍，目以抗糧。司農方擬駁覈，而曹溪相國子姪，亦冊欠有名，亟上認罪一疏，於是槪不敢議寬免，照新例革職枷責者，至一萬三千五百十七人。」按曹溪相國謂金文通之俊。余嘗見錢圓沙與錢亮功手書，極詆曹溪，有「逢惡助虐，爲三吳大罪人」之語，蓋卽指其認罪疏也。云云。金之後以貳臣而罔其寵，當是偵知當時朝旨，認罪以示小心，必謂惡虐由此而始成，猶是讀書人過則歸臣之例耳。

研堂見聞雜記：撫臣朱國治，既以錢糧興大獄，又殺吳郡諸生一二十人，知外人怨之入骨，適以丁憂罷。故事：隸旗下者例不丁憂，守喪二十七日，即出視事。公守喪畢，具疏請進止，朝議許其終制，另推新撫韓公世琦，尚未莅位，朱恐吳人爲變，倉猝離位，輕舟遁去。吳中爲幸。朝議以大臣擅離汛地，擬降五級，而嚴旨切責，革職爲民。後於康熙十一二年，復撫滇中，值吳三桂變，提去開膛梟示。此一一與國史本傳相合。所云殺吳郡諸生一二十人，即指哭廟案也。

## 朱方旦案

士大夫談清代軼事者，往往及朱方旦之名，然首尾不詳，但以妖人目之，若王好賢、徐鴻儒之類。此緣專制時代官文書所束縛，又政教不分，學問中禁閱自由思想，動輒以大逆不道戮人，一經遭戮，傳者遂加甚其詞，印定耳目，無能言其眞相者矣。清末如四川井研之廖平，經學臣吳郁生奏參，幾罹於法，尙是專制束縛之餘習。迹朱方旦之所犯，並無罪名，當時侍講王鴻緒所參三大罪：一則談傳教信仰，具出世法，略去帝王臣庶之階級也；二則信徒之多也；三則發明記憶在腦不在心，以爲立說新異也。由今觀之，前二者皆宗教家面目，而其後一端，所謂新發明之腦力作用，尤爲生理之定義，學界之雅言，若以爲大罪，則今日之書籍，皆當焚禁，學校皆當封毀矣。

清代有宗教之形似，而不從異域之梵、釋、耶、回各教脫胎者，除鄙背秘密各雜派外，其緣飾以儒學，出入於九流者，厥惟程雲莊之大成教。今其流派尙有存者，雖經黃厓殺戮之慘，崇奉之信徒，曾不徑絕，如毛慶蕃其人，固無人不知爲大成教徒者也。朱方旦之教旨，信者多讀書通文義之士，所比擬者，皆孔子、程、朱、老、莊之倫。所著中說補，發明腦之功用。當時雖已有利瑪竇等，挈西學東來，然朱方旦不言與耶教有關，且能著書立說，必自有心得，非拾人牙慧。時人之崇拜方旦，詡爲前知，必自有異術，如西國之所謂預言家。又其書據參案謂，所言皆修養鍊氣之術，則必於生理學別有會悟者。舍是諸端，若妻妾、田宅、子弟入官，不能指爲罪狀，又可知其無祕密結合妨害治安之處。茲舉官私各紀載之頗有首尾者，條繫如左。

蔣良驥東華錄：「康熙二十一年壬戌二月，九卿等議覆翰林院侍講王鴻緒疏參，楚人朱方旦，自號二眉道人，陽託修煉之名，陰挾欺世之術。廣招黨羽，私刻祕書。其書有曰：「古號爲聖賢者，安知中道？中道在我山根之上兩眉之間。」其徒互相標榜，有顧宏齊者，曰：「古之尼山，今之眉山也。」陸光旭則曰：「孔子後二千二百餘年而有吾師眉山夫子。朱程精理而不精數，大儒之用小；老莊言道而不言功，神仙之術虛等語。」皆刊書流布，蠱惑庸愚，侮慢先聖，乞正典刑，以維世道。經湖廣總督王新命審實具題，朱方旦詭立邪說，妄言休咎，煽惑愚民，誣罔悖逆，應立斬。顧宏齊、陸光旭、翟鳳彩，甘稱弟子，造刻邪書，俱斬監候。從之。」

又「宗人府題：閒散宗室勒爾錦，贈朱方旦「至人里聖人堂」匾額，原任巡撫張朝珍，贈「聖教帝師」匾額，應行文查明。上諭曰：「此事毋庸行查，前勒爾錦領兵在荊州時，朕已聞此事，曾諭云：「朱方旦係狂妄小人，軍機大事，萬不可聽其蠱惑。」又對秦路經武昌，張朝珍語之云：「朱方旦果一奇異神人，爾宜相會。」由此觀之，所贈匾額是真。」尋議：「勒爾錦現在羈禁，毋庸議。張朝珍已經病故，革所予世襲官。」

王先謙東華錄，康熙二十一年二月癸未下，先錄宗人府題一段，詞意相同而略詳，仍錄如下：「宗人府題：閒散宗室勒爾錦，贈朱方旦「至人里聖人堂」匾額，原任湖廣巡撫張朝珍，贈「聖教帝師」匾額，應行文巡撫王新命，查其果有憑據否，或係朱方旦自行標榜。俟問明具題，到日再議。上諭大學士等：「此事無庸行查，前勒爾錦領兵在荊州時，朕已聞此等事，曾諭彼時差去之人：「朕知朱方旦係狂妄小人，軍機大事，萬不可聽其蠱惑。」又對秦遣往軍前回時，路經武昌，原任巡撫張朝珍，向對秦云：「朱方旦果一奇異神人，爾宜相會。」遂接見，以賓禮優待。由此觀之，勒爾錦等所贈匾額是眞。着卽議結。尋議：「勒爾錦見在羈禁，張朝珍已經病故，俱無庸議。」得旨：「張朝珍所賸世襲官革去。」

是月癸巳以後，始錄九卿等議覆王鴻緒奏，詞頗簡略，再錄如下：「九卿詹事科道等議覆：翰林院侍講王鴻緒奏參楚人朱方旦詭立邪說，妄言休咎，煽惑愚民，誣罔悖逆。經湖廣巡撫王新命審實具題：朱方旦應立斬，顧宏齊、陸光旭、翟鳳彩，甘稱弟子，造刻邪書，傳播中外，俱應斬監候。從之。」

以上爲官書所載。朱方旦事蹟，定罪在康熙二十一年二月。考耆獻類徵所鈔國史王鴻緒傳，鴻緒之參方旦，事在康熙二十年七月。略敍所奏之詞，此亦官書也。彙錄如下：國史王鴻緒傳：「十九年，聖祖仁皇帝諭獎奉職勤勞諸講官，加鴻緒侍讀學士銜。時湖廣有朱方旦者，自號二眉山人，聚徒橫議，造中說補，謂：「中道在兩眉之間，山根之上。」又自詡前知，與人決休咎。初爲湖廣巡撫董國興以左道惑衆劾奏，逮至京，得旨寬釋。及逆藩吳三桂反，順承郡王勒爾錦統師駐荊州，方旦以占驗出入軍營，巡撫張朝珍稱爲奇異神人。聖祖密諭勒爾錦：軍機大事，勿爲蠱惑。方旦乃往江南、浙江。二十年七月，鴻緒得方旦所刻中質祕書，遂以奏進，指摘其與徒答問語，有誣罔君上，悖逆聖道，搖惑民心，三大罪。言方旦擁妻妾廣田宅，爲子納官，交結勢要。其所造中說補，不外坐功鍊氣之術，而妖黨互相標榜，謂今之眉山，古之尼山。「方旦亦全無畏忌，居之不疑，刊書流播。向在荊州軍前，煽惑兵事，後復徧遊江浙。乘輿張蓋，徒黨如雲。遠近奔走祈問吉凶。常聚至數千人，輒以小信小惠，勾連入教。雖漢之張角，元之劉福通，亦不過以是術釀亂。臣叨恩侍從，本無言責，因見邪教横行，不勝憤激，具疏糾劾。」得旨：「朱方旦以市井匪人，妄言休咎，詭立邪說，招致羽黨，誣罔悖逆，搖惑民心，情罪重大。此疏所劾俱實，著湖廣巡撫嚴拿究擬。在外督撫不先究治，在内言官未曾糾劾，並嚴行申飭。」方旦尋論斬伏法。」

官書之外，私家著述之可以證明此事者，張伯行誌王鴻緒墓，所載鴻緒參奏，其詞較國史本傳為詳，但亦非全文。此與蔣氏東華錄，可以參證。張志與蔣錄，中間亦互有詳略，合而觀之，可見當時周內方旦之罪者，不過如此而止。更錄如下：張伯行撰原任戶部尚書華亭王公墓誌：公在詞垣，言規行矩，及侍講幄，益加嚴翼。時有左道肆行，曰朱方旦者，中外士大夫，往往為所煽惑。公本無言責，具疏劾方旦三大罪：言方旦自號二眉山人，陽託修養鍊氣之名，陰挾欺世惑民之術，盛姬妾，廣田宅，為子納官，交結勢要，所刻祕書，更有逆天三大罪。方旦本被參究問，有死放歸，告其徒云：聖帝賢王公卿將相士庶男女往往以休咎問余。念在趨避，良心自存，皆有修省之心，不識真修門路。夫皇上九五至尊，而方旦敢以臣民下賤之人，一同論列；皇上德可格天，仁能造命，而方旦敢揑稱念在趨避，有修省之心，不識真修門路，如此妖言刊書布傳，大逆不道。此誣罔皇上之大罪一也。自堯、舜、禹、湯以至孔子，皆以一中授受，內則正心修身，外則治國平天下，聖聖相傳，此理不易。今方旦妄謂中道在兩眉之間，山根之上，立論怪僻，違悖聖經，即伊所造中說補，亦不過坐功鍊氣之術，而妖黨互相標榜。其徒有云：「孔子後二千二百餘年，而有我師眉山夫子。」又有云：「程朱精理而不精數，覺大儒之用小。」有云：「古之尼山，今之眉山。」皆背叛孔孟，尊奉妖邪，方旦亦全無畏忌，居之不疑。此悖逆聖道之大罪二也。又身歷各省，煽惑愚民。去冬從湖廣至江浙，乘輿張蓋，徒黨如雲，地方大吏，迎接跪拜，聚衆輒數千人，勾連入教，雖漢之張角，元之劉福通，亦不過以是術釀亂，竊恐其處心積慮，尚有不可測者。此搖惑民心之大罪三也。伏乞大奮乾斷，將方旦及伊黨按律嚴處，則於萬世之道統人心幸甚。」奉旨：「該撫嚴拿究擬具奏。」於是方旦伏誅，其黨皆坐罪有差，天下稱快。」

當時紀載之書，則有董含之三岡識略記此事。董生明末中順治十八年進士，以奏銷案被斥，是爲目擊其事而敍述之。又附載南懷仁事。南所著窮理學，在方旦之後，亦以談記憶在腦而被焚毀。合而觀之，可見方旦所謂中道在山根之上兩眉之間，正是發明腦之功用，非有異說。王鴻緒等既不足以明此，又於公牘中故爲離奇，截去首尾，成此可笑之文字耳。西學東漸，於生理則發明思慮在腦，於推步則發明地球繞日而行，今成定論，而當時以爲悖逆。蓋思慮在腦，則道學家之心學爲兩歧；地繞日行，則天圓地方地靜不動之舊說皆廢。故曆法早從西說，且世以西人爲欽天監監正，然地動之說，則必以非聖無法絕之。阮文達之疇人傳猶然。可以見百年以前中國儒者之心理矣。南懷仁書之見焚，朱方旦身之爲戮，其故一也。錄如下：三岡識略「辛酉年左道伏法條下云：「楚人朱方旦以左道惑衆，自號二眉道人。美田宅，廣僕從，擁妻妾子女，如富家翁，詭言有奇術，妄談休咎。前楚撫參處下獄，倖脫，愈肆行無忌。其黨推爲聖人復出，督撫藩臬及士大夫無識者，皆投贄執弟子禮。王侍講鴻緒特疏參之曰：「妖人朱方旦，陽挾修鍊之名，陰挾欺世之術，廣招黨羽，私刻祕書。其書中有曰：「古號爲聖賢者，安知中道？中道在我山根之上，兩眉之間。」其徒互相標榜，有顧宏齊者，則曰：「古之尼山，今之眉山也。」陸光旭則曰：「孔子後二千二百餘年，而有我師眉山夫子。」朱程精理而不精數，大儒之用小，老莊言道而不言功，神仙之術」盧等語，皆刊書流布，蠱惑庸愚，侮慢先聖，乞正典刑，以維世道。」上震怒，方旦立斬，翟鳳彩、顧宏齋秋後處決，光旭後放歸。陸君登兩榜有名，惟喜術數，故與斯禍。厥後又有欽天監南懷仁者，上所著窮理學一書，其言以靈魂為性，謂一切知識記憶，不在於心，而在頭腦之內。語既不經，旨極刺謬，命立焚之。」

方旦於未被戮前，漫游江浙，故江蘇士大夫多言及之。三岡識略所述既如彼，而同時有汪懋麟之辨道論，以力闢方旦為見長，可見方旦聲勢之盛，而文人不從其教者，辨駁之不能已也。文作於逮京出獄之時，逮方旦得罪之後，自然以辨道論為有先見，其實亦專制之錮習，視時君之喜怒，為文字之聲價耳。據徐乾學憺園集所載，更錄如下：憺園集刑部主事季用汪君墓誌銘：「君文之最有名於時者，為辨道論。是時妖人朱方旦被逮至京，旋出獄，妄為人言禍福，走者如鶩，君辨之，略曰：「國家幸太平無事，得此輩以資談諧玩弄足矣。今傳者崇奉太過，或謂孔氏復生，或謂大禹再見，甚謂移檄玉皇，則祈雨立應。不惟上侮聖人，亦且獲罪天地，此亦士大夫之過也。且京師奸邪雜處，易於動搖，萬一朝廷震怒，問以妖言惑衆之罪，吾不知山人安所逃死？」文出，吾師孝感熊公掌翰林，聞之即往訪其邸，與之定交而返。」

以上爲方旦同時士夫之議論。所指目者不過如此，歷時稍久，則傳聞失實，語多怪誕，不可究詰矣。今擇錄乾嘉間著述有名，而敍次較詳贍者二則，以見官文書之錮人耳目，而文人之陋，雖名士俱不能免也。其一爲王應奎之柳南隨筆，王書爲乾隆間所成，所紀尙有彷彿近實之語。其二爲錢泳之履園叢話，錢書爲嘉慶間所著，則更謬悠矣。

柳南隨筆：「漢陽人朱方旦，號爾枚，其妻本狐也，衣襦履襪之屬，皆以紅爲之。方旦挾術游公卿間，多奇中，皆其婦出神告之。徐先生水南淑云：方旦以符水濟人，人趨之者日以千計，湖撫董國興恐其爲變，執而下之獄，遞解至京師。臨發，送者尙數百人，方且揮使去曰：「無害，此行主得財也。」時刑部議以妖術惑衆，法當斬，出就西市矣，而太皇赦忽至，遂不死，尋召入，言事皆奇驗。上命館於內城，侍衛羅列，賜賚頻煩。諸王公貴戚日候於門，問禍福，其應如響。方且苦於酬接，力請乞歸，上許焉。歸舟所載不貲，悉用以營祠宇，不以自潤。董既欲殺方且不克，且聞上寵待諸貴隆禮，心疑方且傾之，日夜憂懼成疾，屢疏乞休，遂罷歸旗，癸丑滇南亂作，上恐方且為滇所致，再驛召之。方且至，頓首言：「此方數百萬人民之刦，致朝廷宵旰，然無能為也。二三春秋，當有定奪。山人受恩本朝，決不敢負。」上益禮之。時董已在京，方且執禮往叩，董愧謝不遑。方且曰：「公為國大臣，誼當持正，某豈敢怨？聞公抱恙，敬來相療，勿疑也。」董大喜，因命取無根水一杯，以朱筆畫符水面，而朱不散，董服之即愈。且曰：「公運當稍滯，三年後必復起用。」後果如其言。又裕親王妃產三日不下，王憂懼，延方且治之。方且攜王手入別殿靜坐。有頃，王心恐甚，數欲起，方且曰：「無慮，少間當有物來助也。」逾時，內侍來報：「有白鶴翔於正殿。」方且曰：「未也。」再覘之。

又逾時報云：多至數十矣，方旦曰：「更覘之。」少頃又報云：多至百餘矣。方旦乃起賀王曰：「此卽向所云來助者。」王入內，而妃已娩矣。其神異如此。一時禮之爲師者，自王而下，朝貴至數十人。方旦羽翼既衆，潛謀奪龍虎山張眞人所居。一旦，張之祖道陵降神於其徒曰：「妖狐謀不利于我，已殛之矣。」朱婦果震死。自其婦死，朱懵無所知，有司捕下獄，尋棄市。」

履園叢話：湖廣人朱方旦，鰥居好道，偶於收舊店買得銅佛一尊，衣冠如內官狀，朱虔奉之，朝夕禮拜者三年。忽有一道人化緣，其形宛如佛像，朱心異之，延之坐，因問此佛何名。道人曰：「此斗姥宮尊者。」談論投機，道人問朱曾娶否？曰：「未也。」道人曰：「某有女年已及笄，願與君結絲蘿可乎？」朱大喜，請同行。俄至一處，門庭清雅，竹石瀟灑，迥非凡境。少頃，有女出見，芳姿豔雅，奕奕動人。道人曰：「老夫將倚以終身，君無辭焉。」朱曰：「諾。」遂涓吉合卺，伉儷情篤。日用薪水，不求而自不乏。居無何，女曰：「此間荒野，不足棲遲，聞京師爲天下大都會，與君居之，始可稍伸驥足。」道人力阻不從，嘆曰：此數也。遂別而行。朱與女既入都，賃居大廈，廣收生徒，傳法修道，出其門者以千百計。時京師久旱，天師祈雨，無有效也。女慫朱出，教以法咒，暗中助力。朱甫登壇，而黑雲起於東南，須臾甘霖大沛。有司上聞，聖祖因召見，賞賜甚厚，儼然與天師抗衡。天師不得已，心妬之，乃佯與之親昵，以探其爲何如人，而女不知也。如是者一年，女忽謂朱曰：妾有一衣，懇天師用印，諒無不允。朱如命，遂求之。天師心疑，與法官商，此衣必有他故，不可驟印，姑以火炙之，竟化一狐皮。女已早知，遂向朱大哭曰：妾與君緣盡矣。妾非人，乃狐也，將衣求印，原冀升天，詎意被其一火，原形已露，骨肉僅存，死期將至，即君亦禍不旋踵矣。彼此大慟，遂不見。其日天師已奏進，下旨將朱方旦正法。先是雲間王侍御鴻緒，劾朱妖言惑衆，至是上嘉之，擢官至大司寇。」

王、錢二家紀載，王稍有事實可據，而其荒誕處皆爲錢之所本。方旦與張天師有無轇轕，今姑不問，要其被捕，實在本籍，不在京師。自董國興究辦解京，釋出後即在楚省原籍，入順承郡王勒爾錦軍中。至勒爾錦得罪，乃遊江浙，旋由原籍地方大吏逮捕，歷考官文書可見，此足證王、錢之說之不合。今再以勒爾錦之縱跡證明之。自康熙十三年至十九年，未嘗離荆州。方旦之名動王公要人，皆在此時，非於輦轂之下，有所轟動也。勒爾錦蹤跡，在耆獻類徵所鈔國史宗室傳。勒爾錦係多羅順承郡王勒克德渾第四子，襲順承郡王，清太祖之玄孫也。順治九年八月襲，康熙十一年八月，掌宗人府事。十二年十二月，逆藩吳三桂反，命爲寧南靖寇大將軍，由湖南進征。十三年三月，駐荆州。十五年三月，統兵自荆州渡江，擊賊太平街，失利，退荆州，具疏請罪。上復切責之。十九年二月，命進取重慶，尋奏留將軍噶爾漢之兵於荆州防禦。七月，王率兵赴重慶，中途返，具疏自劾，請解大將軍任，往沅州效力。上責令率所屬官兵還京。十一月，議以老師糜餉，坐失事機，削爵。是年十二月，以勒爾錦第三子勒爾貝，襲順承郡王。

王鴻緒參奏，在當時或博持正衞道之名，其實鴻緒爲僉邪，後世自有定論。不但當其生時經郭琇嚴劾，有罪名可指也，禮親王昭槤嘯亭雜錄，稱鴻緒黨附皇八子廉親王允禩，魏源明史稿書後，指其汚衊建文，誇張靖難，意在鼓吹廉親王之擁兵奪嫡。凡此皆可見鴻緒之爲人矣。夫奪嫡，爲清室一大案，理密親王之是否狂惑，世宗之應否正位，頗有疑詞。允禩謀奪理密親王之嫡，結爲黨羽以傾之，其後乃予世宗以漁翁之利。鴻緒等身與允禩之謀，處人骨肉，不以其正，決非端士。乃以修史重任，出私意以亂是非，致使前朝事實，不爲信史，讀書論世之士，視此等舞文作姦，其罪更浮於一時之結黨矣。允禩後由世宗改名阿其那，疾之如此其甚，而於鴻緒不過不甚禮之，身後特命勿予謚典而已，初未嘗一網打入黨案之內。蓋鴻緒以富貴爲本懷，見允禩無成，卽傾心於世宗，且歿於雍正元年八月，後來黨禍，已非鴻緒所能預，而其前此之傾覆儲宮，於世宗不無敺除之益，故得免追論於雍正之朝乎？此事當別紀專篇。

劉健庭聞錄：十二月初一日，康熙十二年三桂東行。是日，營歸化寺。初五日，貴陽兵諱，總督甘公文焜，自度不支，謀東扼鎮遠。知府張惟堅、副將江義，先已受逆命，阻公毋東。兩人猶豫不決。有守備某，以考試懷恨，力勸從賊，且自請阻公。公之未顯也，曾問終身於朱山人。山人曰：「一路功名到吉祥。」公被阻，遂巡度橋，見吉祥寺，愕然曰：「前定矣。」遂自縊。子筆帖式雅圖華善從此。朱山人即方旦。國史甘文焜傳，亦言「文焜至吉祥寺，江義以兵環之，文焜歎曰：「封疆之臣，當死封疆，事至此無能爲矣。」整衣冠望闕再拜，遂自刎死。」與庭聞錄合。惟子名國城，筆帖式名和善，雅圖，所敘較明晰。又據陶貞一撰甘文焜傳，從死之筆帖式爲二人，則一名華善，即和善，一名雅圖也。又據張漢撰甘公祠記云：「先是公問卜，繇曰：「一路功名到吉祥。」公喜無虞也。至鎮遠，裨將江義夙怨公，執公不得脫，公知勢不可爲，北面稽首拜曰：「人臣死封疆，義也。」乃自殺，及其幼子。是爲吉祥寺，始信吉祥之卜，凶讖也。」然則甘文焜吉祥寺之預言，傳者甚衆而確。劉健則指爲朱山人所言，亦方旦一軼事矣。

榕村語錄二十道釋：「朱方旦初至京，傾動一時。猗氏衛先生在朝班，極詆之，適史子修聯坐，色殊不懌，猗氏竝責之。子修曰：「我非孟浪信從其教者，彼實能起死人而生之，雖欲不信從得乎？」猗氏詢其詳，子修曰：「吾妻病已三年，委牀待斃，聞朱至，往叩之。朱曰：「俟吾察其命盡與否，君姑還，余即至。」某問：「先生能遽來耶？」朱曰：「不須余來，病者自知。」是夜妻竟安臥，又聞室中有異香，至雞鳴時，妻欠伸而覺曰：「汗透矣。」索衣易之，勸其少間。妻曰：「我愈矣。適夢至一公廨，有大官命吏檢簿，須臾吏白曰：史鶴齡妻壽限未盡，但災厄甚重。忽聞屏後有人曰：既壽限未盡，令其夫婦皈依道教，以禳解其災可乎？大官起立拱諾曰：受朱先生教，因命余歸。」遂蹶然而起。」猗氏聞言悚然，遂與子修俱詣朱，朱曰：「余閉目見諸賢聖，開目見天。注想既久，自然與天及賢聖同歸。公輩讀書而不知其何義，顧諟天之明命，非此之謂耶？」猗氏遂亦大服。嘗邀某同往修謁，某先索方旦所著書觀之，得其中說質言二種。書中別字無數，想來天上無不識字的神仙，遂堅辭不往。後方旦被罪，行刑於湖廣市曹，監斬者即其弟子王新命也。將斬前一日，尚慰其弟子曰：「無怖，明日午時當有赦至。」其怪誕至此。問當史家求禱時，何以能然？曰：「妖術本不足論，但以吾道推之，何妨如是。當其清修苦行，或者鬼神亦甘爲所驅使；逮至奉儗王侯，驕淫過度，則鬼神棄之矣。至所云『注想』，亦有可取。我輩平生，何嘗注想一件事？都是悠悠忽忽，老死而已。」用志不分，乃凝於神。『有能晝夜不忘，念念不舍者，吾未之見也。』」猗氏衛既齊，字伯嚴，安溪庚戌會試中式房師，康熙三年甲辰進士，官至貴州巡撫。此一條，乙亥再版時補記。

## 科場案

專制國之用人，銓選與科舉等耳。古用鄉舉里選之法，最近文明，後漸成器械之事。凡汲引人材，從古無有以刀踞斧鉞隨其後者。銓政縱極清平，能免賄賂，不能免人情；科舉亦然。士子之行卷，公卿之游揚，恆爲躐取科第之先導，不足諱也。前明如程敏政、唐寅之事，沈同和、趙鳴陽之事；關節槍替，經人舉發，無過蹉跌而止。至清代乃興科場大案，草菅人命，甚至弟兄叔姪連坐而同科，罪有甚於大逆。無非重加其罔民之力，束縛而馳驟之。蓋始於丁酉之鄉闈矣。

明一代迷信八股，迷信科舉，至亡國時爲極盛；餘毒所蘊，假清代而盡洩之。蓋滿人旁觀極清，籠絡中國之秀民，莫妙於中其所迷信。始入關則連歲開科，以慰蹭蹬者之心，繼而嚴刑峻法，俾忮求之士稱快。丁酉之獄，主司、房考及中式之士子，誅戮及遣戍者無數。其時發難者漢人，受禍者亦漢人。漢人陷溺於科舉至深且酷，不惜假滿人屠戮同胞，以洩多數僥倖未遂之人年年被擯之憤，此所謂「天下英雄入我彀中」者也。

丁酉獄蔓延幾及全國，以順天、江南兩省爲鉅，次則河南，又次則山東、山西，共五闈。明時江南與順天俱有國子監，俱爲全國士子之所萃，非一省之關係而已也。清兵下江南，雖已改應天府爲江寧，廢去南雍，然士子耳目，倘以順天、江南爲觀瞻所係。是年科場大獄，卽以此兩闈爲最慘，同時並舉，以聳動迷信科舉之漢兒，用意至爲明顯。今分闈敘述，首順天，次江南，又次河南，而以山東、山西附見於河南之下，蓋三省之獄，皆以磨勘為起因也。

一 順天闈

東華錄：順治十四年十月甲午，先是給事中任克溥，參奏：「北闈榜放後，聞中式舉人陸其賢，用銀三千兩，同科臣陸貽吉，送考試官李振鄴、張我樸，賄買得中。北闈之弊，不止一事，乞皇上集羣臣會訊。」事下吏部都察院嚴訊，得實奏聞。得旨：「貪贓壞法，屢有嚴諭禁飭，科場為取士大典，關係最重，況輦轂重地，繫各省觀瞻，豈可恣意貪墨行私！所審受賄用賄過付種種情實，目無三尺，若不重加懲處，何以警戒來茲？李振鄴、張我樸、蔡元禧、陸貽吉、項紹芳、舉人田耜、鄔作霖，俱着立斬，家產籍沒，父母兄弟妻子俱流徙尚陽堡，主考官曹本榮、宋之繩，著議處具奏。」

「十一月己酉，諭禮部：「國家登進才良，特設科目，關繫甚重。況京闈乃天下觀瞻，必典試各官，皆矢公矢慎，嚴杜弊竇，遴拔眞才，始不辱求賢大典。今年順天鄉試發榜之後，物議沸騰，同考官李振鄴等，中式舉人田耜等，賄賂關節，已經審實正法；

其餘中式各卷，豈皆文理平通，盡無情弊？爾部卽將今年順天鄉試中式舉人，速傳來京，候朕親行覆試，不許遲延規避。」

「十五年正月甲寅，上親覆試丁酉科順天舉人，諭曰：頃因考試不公，特親加覆閱。爾等皆朕赤子，其安心毋畏，各抒實學。朕非好爲此舉，實欲拔取眞才，不獲已爾。」衆皆頓首稱萬歲。

「諭禮部：朝廷選舉人才，科目最重，必主考、同考官皆正直無私，而後眞才始得。昨因鄉試賄賂公行，情罪重大，已將李振鄴、田耜等特置重辟，家產籍沒。今會試大典，尤當愼重。考試官、同考官及天下舉人，若不洗滌肺腸，痛絕情弊，不重名器，不惜身命，仍敢交通囑託，賄買關節等弊，或被發覺，或因科道指參，卽將作弊人等，俱照李振鄴、田耜等重行治罪，決不姑貸。爾部卽刊刻榜文，徧行嚴飭，使知朕取士釐奸至意。」二月庚辰，諭禮部：「前因丁酉科順天中式舉人，多有賄買情弊，是以朕親加覆試。今取得米漢雯等一百八十二名，仍准會試；蘇洪濬、張元生、時汝身、霍於京。尤可嘉。陳守文、張國器、周根部等八名，文理不通，俱著革去舉人。」

「四月辛卯，諭刑部等衙門：「開科取士，原爲遴選眞才，以備任使，關繫最重，豈容作弊壞法！王樹德等交通李振鄴等賄買關節，紊亂科場，大干法紀，命法司詳加審擬。據奏：「王樹德、陸慶曾、潘隱如、唐彥曦、沈始然、孫暘、張天植、張恂俱應立斬，家業籍沒，妻子父母兄弟流徙尚陽堡；孫伯齡、郁之章、李貴、陳經在、邱衡、趙瑞南、唐元迪、潘時升、盛樹鴻、徐文龍、查學時俱應立斬，家產籍沒；張旻、孫蘭茁、郁喬、李蘇霖、張繡虎俱應立絞；余贊周應絞監候，秋後處決」等語。朕因人命至重，恐其中或有寃枉，特命提來親行面訊。王樹德等俱供作弊情實，本當依擬正法，但多犯一時處死，於心不忍，俱從寬免死，各責四十板，流徙尚陽堡；餘依議。董篤行等本當重處，朕面訊時皆自認委係溺職，姑從寬免罪，仍復原官；曹本榮等亦着免議。自今以後，凡考官士子，須當恪遵功令，痛改積習，持廉秉公，不得以此案偶蒙寬典，遂視爲常例，妄存倖免之心。如再有犯此等情罪者，必不姑宥。」

「大學士王永吉以其姪樹德私通科場關節，自請處分，得旨：「王永吉乃朕破格擢用，受恩深厚，未見克盡職業，實心爲國，負朕簡任之恩。王樹德係其親姪，豈不知情？著降五級調用。」

「六月辛未，一甲一名進士孫承恩，坐胞弟暘科場事，應連坐流徙，上特宥之。」

以上爲官書所載丁酉北闈事。

痛史丁酉北闈大獄紀略：（一）大獄記略序，（二）題丁酉大獄記，（三）記略本文。備錄之如下：

（一）大獄記略序。酉之初冬，抵燕，正值索瘢場屋，鼎沸燎原之際，據所見聞，援筆記略。瑣屑粗俚，大似小說演義，然事眞情確，不以愛憎喜怒，毀譽一人，增減一事，文飾一語，低昂一字。或曰：雖然信史，後有稗官野乘，編載順治丁酉科闈事，亦可取爲藍本，然作者婆心，豈徒然乎！豈徒然乎！彼蓋感慨係之，垂鑒切矣。於其中可以觀世風之升降焉，可以觀制科之得失焉，可以觀一時之功令焉，可以觀大臣之致君焉，可以觀言路之建白焉，可以觀鞫訊之枉信焉，可以觀黨部之輕重焉，可以觀刑誅之嚴厲焉；不但已也，可以觀禍福之倚伏焉，可以觀宦途危機焉，可以觀女子小人爲難養焉，可以觀輕狂傲笑爲身災焉，可以觀躍冶速化，萬有餘喪焉，可以觀帷薄不修，非止蒙詬焉，可以觀比匪之害必大焉，可以觀害人適以自害焉。閱此者論世知人，反觀體驗，雖作緯治編、經濟錄讀可也，作醒世驚世書、太上感應篇看，亦無不可也。予豈敢無端饒舌，資遐陬遠澨，輾轉傳聞乎！

（二）題丁酉大獄記。語曰：「極則必反。」又曰：「勢重難反。」未反之際，雖世運所係，實主權也。是故治用輕典，亂用重典，人皆知之，非英爽之主不能斷。今天子赫怒，輕重差罪，且勒爲令，永無赦。彼以賄敗者原以賄進，父兄子弟之所勗，妻兒朋僕之所咻，情極勢復，法行而報顯矣。獨其品之穢汚，事之鄙劣，遠媿黨部清流有光斧鉞耳。雖然，敗者不敢寃，而賄者猶有倖，似乎明主之權未尊，而此輩之受禍，猶爲未慘也。國與應運，風行雷厲，可謂隆矣，乃習未丕變，猶俟用亂國法，作者讀者，其能無憂患乎?順治十七年歲在庚子,二月三日,信天翁書。

(三)丁酉北闈大獄記略。

歲丁酉,大比貢士於鄉,舊典也。權要賄賂,相習成風,鬼白濫觴,寒畯浩歎,久矣。天子雅知流弊,先期嚴敕著之令典,曰:「考官閱卷有弊者,殺無赦。」秋孟,學使者遴八府之秀,計有四千員名,而合天下之拔貢、歲貢、官生、民監,又一千七百餘人,中式額名,止限二百零六人,而鄉士與貢士,各居其半。平情論之,鄉士之進取為難,貢士之命中較易。乃貢士為四海九州拔尤而進之首善,以觀光者,故非父兄為高官,則家內稱殷實;非遊縉紳以博名稱,則挾詩文結壇社以相恐嚇。屯聚羣囂,人人自以為探囊高魁,唾手折桂,蓋關節路徑,盡人而然,恬不為怪。

賓興居期,天子遣翰林侍讀曹本榮、侍講宋之繩,主場屋事,而又選各衙門有才名散官,分校五經房,如大理左右評事李振鄴、張我樸,國子博士蔡元曦,行人司行人郭濬等,共十有四人。乃鄴等雖名進士,然皆少年輕狂,浮薄寡慮,其間雖未必盡貪財納賄，而欲納結權貴，以期速化，攬收名下以樹私人，其用心則同也。然徑竇囑託甚多，而額數有限，闈中推敲比之閱文以定高下者，其心更苦。爵高者必錄，爵高而黨羽少者，乙之；財豐者必錄，財豐而名不素布者，又將乙之。諸如此類，難以枚舉。而鄴尤爲孟浪。其在外所通關節者，二十有五人，在內一時難以尋獲。親隨有奚童名靈秀，頗黠慧。遂手畫藍筆一紙，託秀尋對，一一具見，止中五名，外二十人不中。事已，宜索以冥迹，而鄴竟置之若忘也。乃秀以此紙示同伴馮元；元固鄴素遇之寡恩者，遂攫去，藏於樸，思以藉其主，倘未發，至榜下，人情大譁，彼時諸分考，倘能謹言引罪，猶或可止，而樸等輒向人曰：「某某，我之力也；某某本不通，我以情故，得副車也；某某我極力欲中，無如某老中隔何也。」歷指數十百人，無少顧忌，而怨恨者愈甚。

苕溪貢生張漢，素戇騃，以別有隱恨，翦髮刻揭，投送科道衙門四紙。嘉善蔣文卓亦寫揭，匿名徧傳。又有杭州貢生張繡虎，原係光棍，拐妓逋寓京師，慣爲拿訛紮詐之梟，從中鼓煽恐嚇，藉張蔣二人爲囮，詐得張李二房考銀一千二百兩。吏科陸貽吉與聞，而實未嘗爲過付，乃蔣揭載其名，吉知而大怒，蔣隨削去陸名，而陸心不自安，對刑垣任克溥曰：「今歲科場濫觴，蔣、張揭其弊，不料涉吾名，吾將自疏檢舉。」然雖對同官言，而又中止。詎知溥受山左諸大老意旨，久銜攻官，又爲孫伯齡所咻，不無垂涎於分考，分考不應，早已欲甘心諸人，奈南黨諸老各遂所私者，極力禁散，故溥尙爾觀望。

會上幸南海子，面召諸漢大臣及科道官，嚴諭以盡職掌，無徇庇等語，溥遂以爲天假我以見風力之會，不可失，隨於十月十六日具疏彈劾科場大弊，據張刻揭、蔣寫揭爲憑，以陸貽吉爲證，以張、李、蔡爲罪首，以田賀二生爲顯跡。奏上，上大怒，即傳旨拿本內有名人犯，至吏部會審。

維時滿人尙未洞然關節爲何等也，王太宰掀髯抵掌，詮註解釋，圖海、科爾坤始心恨南蠻子之狡。引問時，鄭贓證有據，張、蔡形迹無憑，乃鄭轉攀張、蔡，自相攻擊。

堂上援筆定案曰：張我樸、蔡元曦雖堅不承認，但李振鄴執稱不已，賄弊是實。耐王太宰欲邀懽於滿大人，特召逆僕馮元至膝前，溫言色餂之，元遂出襆中所藏親筆，按卷而對，自是瓜蔓相尋，一網打盡。

當是時，太宰方詫爲得情，不意二十五關節中，首爲陸慶曾，係二十年名宿，且曾藥愈振鄴，借中式以酬醫，而非入賄者，亦即逮入，不少恕。第二名即太宰嫡姪王樹德，太宰於是色如死灰，向滿人告明迴避，上疏自劾，得旨云：王樹德審明處分，不必先期陳乞。太宰慄慄靜聽，此十月二十五也。

越明日而吏部獄詞上，奉旨：依議，即決，父母兄弟妻子，流徙尙陽堡，家產沒入。二十七日而張、李、蔡及新舉人田耜、賀鳴郊駢首菜市矣。陸貽吉不先檢舉，亦坐知情過付同僇矣。

諸人正典之次日，該部即檄各省，逮繫各家老幼，抄籍各家資產，隨又提拿各犯，緹騎四出。於是而張次先父子、孫伯齡父子、郁光伯父子、學士諸震、張漢之兄中書舍人張嘉，又中書張恂、光祿李倩，次第就逮。嗣又遣校拿常熟趙某、湖州沈某二人，閔某二人，皆有關節而不中者。嗣又聞馮元口供，有八公子，於是而大老有子獲雋者，人凜凜焉。

初我樸恃諸大臣營救，故忍死不肯攻訐諸大臣。迨臨刑，始頓足大呼，如丁汝夔罵介溪故事，旋被批頰勒啣，恨恨而死。

總之，滿漢水火，而漢之無恥者，又欲借滿以傾漢，傾漢以結滿。借馮元之口舌為刀俎，馮元亦不惜以一己性命，快宿昔之睚眦。至若暗揭之蔣文卓，明揭之張漢，挾詐之張綉虎，同時在繫，或云終當分別定罪也。諸人死後，在籍家口未到，在寓家伙沒去，盈車累軸，驚喜過望。奴僕多人，將分給各旗，拘集部解。只存四命婦，初喚入戶部圈中，尚有被襆可攜，聲問可通。至十一月初四，忽又喚入刑部，有八人押去，弓鞋不能疾驅，旋為八人辱罵鞭策。是晚嚴寒，人人歎息。值聖駕於是日幸南海子。至初五日午刻，忽傳刑部會同司官召該坊官，領此四人復歸振鄴舊寓，著二老媼看守，官給煤米。訛傳上以初三日地又震，將行寬減，此不經之說也。閱二十餘日，盛京有人至京，探得諸奴僕法當分給，內有親戚肯贖，可規厚利，否則撮販西虜，亦無失計，遂納價於部，爲居奇焉。

十二月初四日，繫累男女共一百八名，出關而去。內有三十人，不與同局而同沒焉。

又數日，聞王樹德斃於獄，蓋太宰陰戕之以滅口也，不仁哉！殺所愛子弟以殉之，弄巧成拙，一至是乎！

二

先是李振鄴與張漢交密。漢以資斧蕭條，依傍於鄴寓，又以鄴必分校秋闈，呈身援附，可爲倖售地；鄴亦以漢足跡頗廣，可藉以招搖善主；二人各各懷私，而遂爲忘形交。會鄴於京邸娶一妾，居久之，忽聞家中夫人將至，鄴有河東之懼，遂思出此妾，而未得其人。一日偶與漢閒譚間，遽曰：「汝客邸無聊，曷不覓一姝以自遣？」漢以無資對。鄰曰：「我家眷將來京，有一妾可以相贈，房帳什物，照前一切相需。」漢喜極拜謝，遂以妾與之。

豈知夕則張氏新姬，晝爲李氏外室。一日淫媾間，妾乃抱怨於鄰曰：「主郎憐我，當擇一富家兒郎，了我終身，今隨此酸鬼，不幾忍凍餓以卒歲耶？」鄰應曰：「無妨，吾籌之熟矣，必令汝穩坐煖坑，煤炭鑣鑣，畢歲無缺也。吾郎日入棘闈，汝可隱隱對新郎說，教他尋覓好主，每主六千，使用加二，我得正數，汝家得使用，倘能覓三人，不幾三千餘金可坐致乎？如是汝尚何憂貧也。」妾喜而告之漢，漢聞而轉計曰：「與其爲人謀，何如自爲謀。何不卽將關節與我，我止奉半價相償，而叨惠其半。若然，汝且爲夫人矣，又何三千金是羨乎？汝當以此計進，想必不汝吝也。」妾伺鄰來以告，鄰未卽許，妾撒嬌癡，乃許之，遂出枕中祕以相授受。門生座主，內外通家，雖昆季之好，無以易也。

漢於是時興豪致逸，日馳逐於華冑富豪之傍，冀招攬牽頭，以爲名利雙收之局。

乃與論場屋者，羣曰：「今年北闈難矣，郎李振鄴一人，不知賣出幾多人矣！尚何公道可問乎？」漢聞即歸，憂形於色，其妾叩之，告其故曰：「吾始以所授者不數數，則獲售可必，今人言籍籍若此，吾料價昂者升，色淡者退，果能息壤在彼乎？」妾又以漢言告鄴，鄴不審人之為言，誤以漢對人譏己也，大怒曰：「吾以腹心待汝，汝何在外毀敗吾事！」遂索馬馳尋張漢。漢正與諸紈袴子弟會聚於佑聖觀，坐間方爾侈言：「李與我聲氣最密，欲以買重於京華。」言未畢而鄴至，亟起恭迎，連遭批頰，叱名醜詆，坐客駭愕，力解而散。漢乃羞赧欲死，促步歸，亦將鄴痛罵以答之，聊以解嘲於衆，猶冀有內寵而終或邀照拂也，孰知鄴已無曩日情懷矣。

忽忽數日，奉命入簾，內中雖曰糊名易書，而皿字號千餘卷，無不舉目瞭然。張漢愚，猶將心傳塡入篇內，鄴得而大行塗抹之，上昇之丹，竟為點額之的矣。然漢無從知也。奈伊時諸分考房房各有私人，打闈交互尋覓，翻索譁然大亂。而張、李二人，又恃年少聰明，輒笑諸同房，同房將欲呈卷，必要奪而詢其寶，以侵奪其柄。同事者共不平此二人。

有行人郭濬年邁而癡，二人不以人理待之。適郭得札人蔣廷彥，將首薦於堂，張攫住而勒問曰：「此卷吾已得其人矣，汝明對吾說，其價幾何，居間何人也？」蓋實未知其名而故詐之耳。郭無奈，紿之曰：「是太倉蔣姓者。」張遽悟曰：「勿欺吾，吾知此嘉善蔣文卓也。是人大不通，何可中？中之必遭物議。」郭逡巡而不敢薦。然張止與文卓素隙，第知文卓來京二年，爲倖捷計，思有以傾之，實未知爲廷彥卷。卽濬亦但知爲善邑蔣，而不知文卓之非廷彥也。後畢出闈，張、李市恩卸怨，侈肆既無擇言，郭以其打破好事，啣切骨恨，急對廷彥曰：「兄卷已中，張故不許，卽張漢卷亦已中，李故檢而毀去也。」於是二蔣共謀，一寫一刻，而匿名揭行；張漢剪辮佯狂而出名揭布；張繡虎乘機恐嚇，而買求贓入。自是形迹大露，莫可掩護，職是故也。

七人既罹法，而是案直窮到底，方興未艾。推鞫文卓，文卓云得之郭濬，濬素未識文卓，憤然曰：「光棍素昧平生。」又鞫文卓，文卓曰：「吾兄廷彥卷落濬房，濬對吾兄言甚詳，故與聞之。於是並逮廷彥。時廷彥已知掣肘，兼程遁。方抵家而緹校在門矣，卽械而北。至三月二十五日投下到獄，乃濬先於十二月中已憤恨死刑部司房矣，雖其自取，亦文卓累之也。

案內有沈旋，向爲名下館於大司寇白陽城家，歲得百金，總寄與茶行陳顯之，取什三之息，亦掏得捷徑，急欲得白物以押信，不意陳氏用去，未有以應。沈心急氣莽，破面而詬，傍觀者卽疑及之。適善邑有于子文販茶而亦主於陳，雅欲結士大夫，見居停束手，慨與解圍，出賫應陳，轉與沈持去，果得雋，卽策蹇干謁於山西熟識，而緹檄已行原籍矣。沈在山右聞知，卽自擲詔獄，而陳以知情，於以被執，並拷掠長繫焉。

又有李燧升者，候選漳州司理，亦與同人說合，剖分謝儀五十兩。升已領憑赴任，行至蘇州，未見邸抄，方有干於榷關，而榷關固已知之，遂擒解赴部。其餘株及者，更僕未能數也。至十二月，朝署半空，囹圄幾滿；鎭撫司前開張茶酒館、飯食鋪、鬧盧過於前門，各獲大利。當是時，一日數驚，旦暮鬼扑，幸滿朝爲皇子出家於閔忠寺以祈壽，又爲太后患疹以祈安，屢屢齋戒，一切獄詞，延緩不奏。該部請先行覆試，時諸新舉人多半歸里。祠部文移嚴厲，該府縣拘縶鎖項，押送起解，如同隸囚，無不震恐兼程。會朝廷避痘南院，覆試未有期，諸舉人僦寓，家家畏同疫鬼，未去者驅出，恐後復至者閉戶不納，流離凍餒，與諸保解雜役偃息於破寺廢觀頹垣倒屋之間，爨烟如燐，面灰如死，猶執卷咿唔，恐以曳白膏斧鑕。情形至此，亦可笑可憐極矣！士風士氣，蕩掃無遺，國家體統，不無殘損。

當是時，人人自謂天威嚴重，此二百人者，不知幾許登鬼錄，幾許禦魑魅，幾許錮終身，得返初服者幸矣，安望同上春官哉！不期日轉天旋，雷霆頓霽，於正月十五日，集諸士覆試於太和門，每人以滿兵一人夾之，仍諭之盡心構藝，不必畏懼，供給茶烟，未嘗缺乏，卽所監押，亦盡小心執禮，安慰致囑，絕非外間淩侮之輩。題目乃上所親定，閱卷某某等，上所猝點。甫二日而榜出，止革去白丁霍某某等八人，餘皆准會試。諸士慶幸更生，且爲天子門生，懽呼忭舞，烹甘擊鮮，京師肴酒，爲之湧貴，持刺交賀，車擊轂摩焉。

方事在蜩螗，乘風襲唾，彈劾科場者大起。陰應節參南闈，而主考、分考十八人逮；蔣胤修參河南陝西，而主考逮；山東磨勘一字訛，而疏逮房官；俱非北闈事，不載入。若言路諸公素稱表表者，以諸臣章滿公車，無庸置喙，且見法外施刑，得禍甚慘，不忍以他人數十家性命，博一己之能稱，況首發大弊，原在刑科同官有謂謂矣，隨聽喋喋，亦孔之醜也。乃朝廷以職掌不言，烏用是言官爲？忽於正月二十九日將禮垣董篤行散員魚飛漢下詔獄。柯聳已於八月中選吏垣矣，而亦被逮。金紫汾新入禮垣，得倖脫，乃自陳候旨，監場御史亦與焉。廷尉分別擬處上請，疏輒留中，相傳待大案爰書既定，一併敕下。旋以皇子出殯，營造山陵，齋戒不視事，至四月中尚未有處分也。至若曹、宋二學士，亦經論列，上以日夕陪侍，特恩姑免之。

是獄遷延半載，皋陶曰殺之三，堯未即曰宥之三也。上意未測，爰書莫定，人人必死，戶戶無生。供給官旗，浩繁空匱；刺探伺候，力疲精衰。於是在內之病者死者時相聞，亦有託爲詩歌，若鳥死哀鳴，以冀動人聽；在寓之奔者躲者日相聞，亦有製詩寫怨，先期縊殉，以明不相負。甚有親子讀書懷古，嬌嬌口談節俠，見其父無生理，索性無賴，賭錢宿娼，與諸臧獲酣適，囊空竟自南去不顧者。又有心計歷練之人，見張、李迅不及藏家計，洗罄也，夜輦輜重而深藏之，留粗重匿細軟，竟似家徒壁立，日討册籍而分別之，花實產沒，寄戶每每害延親朋。

至四月二十二日，忽接上傳，拿取各犯御前親錄。故事，朝廷若有斬決，鎮撫司開南角門，刑部備綁索嚼子，點劊子，工部肅街道。是日早聞備綁索四十副，口啣四十枚，劊子手四十名，厲行切刀數口，簇擁各犯入太和門。當是時，上御殿引問，鬼怕惕息，便溺皆青。獨張天植自陳孤蹤殊遇，臣男已蒙膺富貴，自有不必中式，况又能文，可以面試等語，特蒙賜夾。校尉蝦等欲夾雙足，上豎一指，遂止夾一足。堅不承認，曰：「上恩賜死，無敢辭；若欲屈招通關節，則必不承受。」上回面向內久之，傳問曰：「朝廷待汝特厚。汝前被論出，朝廷特召內陞，何負於汝？平日做官，亦不甚貪猥，奈何自罹於辜！今俱從輕，各拿送法司，即於長安街重責四十板候旨。」駕起而科官不論列，以引咎而免責；其牽連在內，如于子文等首難，如蔣文卓、張漢等俱不與焉。當有刑部員役，遵旨行杖，杖太重，若必欲斃之杖下者然。維時大司寇嶸不出一語，獨少司寇杜公奮起大訴諸皂曰：「上以天恩特賜寬宥，爾等必置之死，以辜負上意耶？止可示辱而已。若不幸見罪，余請獨當之。爾輩不肯聽吾言，吾將蹴踢死若曹矣。」於是諸校始稍稍從輕，得不死。是晚杖畢，仍係至刑部獄中。

翌日，刑部等開門欽奉上諭：「開科取士，原為遴選真才，以備任使，關係最重，豈容作弊壞法！王樹德等交通李振鄴等，賄買關節，紊亂科場，大干法紀，命法司詳加審擬。」據奏：「王樹德、陸慶曾、潘隱如、唐彥曦、沈始然、孫暘、張天植、張恂俱應立斬，家產籍沒，妻子父母兄弟流徙尚陽堡；孫伯齡、郁之章、李倩、陳經在、丘衡、趙瑞南、唐元迪、潘時升、盛樹鴻、徐文龍、查學詩俱應立斬，家產籍沒；張旲、孫蘭茁、郁喬、李蘇霖、張繡虎俱應立絞；余賛周應絞監候秋決。因人命至重，恐其中或有寃枉，特命提來，親行面問。王樹德等俱口供作弊情眞，本當依議發落，但多犯一時處死，於心不忍，俱從寬免死，各責四十板，流徙尙陽堡；餘俱依議發落。董篤行等本當重處，朕面問時，皆自認委係溺職，姑著免議。自今以後，凡考官士子，須當恪遵功令，痛改積習，持廉秉公，不得以此案偶從寬典，遂視爲常例，妄存倖免之心，如再有犯此等情罪者，必不姑宥。爾等衙門卽行傳諭。欽此。」隨行原籍催提起解。該撫按州縣，具憐憫心，借搜籍之名，文移往返，未卽拘解。於是諸臣亦得長繫刑曹，未束關東裝也。

先是拿入刑曹者，不下獄，俱鎖繫於十三司火房，身有九鍊，每一人有二撥什庫監守，每二人又有章京日輪檢押，飲食若流，銀錢湯雪。至是詔下刑部獄，既免鎖繫，又省供費，散拘在內，各擇所厚，共據一室。室之湫隘，搭蓋粉飾，置設鍋几，鬪牌賭色，欣欣更生。福堂乎？仙境矣！有親知入候問，相勞苦，或談及流徙，皆答曰：「只當遠近搬場耳。何戚焉？」嘻！斯言也，其俱有達天知命之學者歟？

## 大獄記略綴餘

朝廷銓部之選甚重，四司主政員缺，必選中行評博資俸及格，及知推欽取入者考選。張我樸心羨，志必欲得之，事機多阻。丁酉改歲，先行考取台臣。西台較入銓部爲稍易，諸當路者勸之。樸將應命。夫人朱氏阻之曰：「御史奉差，事繁忌集，汝獨不見顧仁梟首菜市乎？而思蹈之也！」遂不果。

入夏適點廣東主考，次應及樸。夫人又曰：「路遠世亂，且考銓期至矣，應典粵試，必相失，可計避也。」樸以爲然，先期病假，假滿轉給季夏稱愈。

旋分校北闈，冀於闈中摸索要人子弟，而得其歡心，自無與我並驅爭衡者。故張於闈中事，絕不從鑽營起見。今概與諸婁汚同科，似未得情也。初樸以婦言避台選，繼又以婦言避典試，亦有稱其夫人者矣。至事潰，又莫不詆其夫人以爲篤於衽席，不使暫離，卒膺大戮，惟婦言是用故。然亦成敗論人，未足深非也。第大難之餘，似有可異焉。當十月十八日，刑部軍校收逮樸，時樸在外會友，軍校直入內室，夫人厲聲曰：「樸命官，必不逃，大人們當在外坐俟其歸。何得入內，失朝廷禮？」諸校且唯唯退也。及對簿訊掠，夫人刺血修章，請以身代，詞理哀切，步至長安門，將擊登聞，爲司寇銀台所抑，不果上，朝列聞之，嘖嘖慕義。乃菜市伏鑕，竟不能匍匐一訣，痛哭上祭，如前史所傳，前勇後靡，莫測何故。

至二十七晚，同家人媳婦輩入戶部。二十八日入刑部，徧拜別諸婢僕曰：「主累汝輩，今不能相顧矣。幸好自活。」因出所藏鏹，盡分給之，無不痛哭，聞者哀焉。

迨初四日出刑部，爲滿漢官役所目笑，恬無戚懼容。有筆帖式熟視而戲問曰：「汝非張家老婆歟？何以手掩面也？」夫人卽去手朗應曰：「任汝瞧！汝非筆帖式，向以某事至吾家？今何得無狀！」諸人相視而嘻，觀者駭焉。

及至羈所，與李夫人同院，患難姊妹，誓無外心。李夫人柔弱貞靜，傾心尊奉於張夫人，以其才也。哭罷，共商苟活之計，曰：「遼東舉目無親，惟有金錢，可以自度耳。」李夫人曰：「實不敢欺，吾尚有餘資，深藏於地，今身不可出，可奈何？」張曰：「何不通信於令親莊某老，令為之計？」李然之，聞於莊。莊遣一信使賂監守，隨同李夫人掘地，果獲四千金，以一大錁謝監守，一錁勞媒媼，訖。張曰：「我乏資給，暫借百金。」餘悉持寄莊室，約以逢赦即盡奉還，否則，零寄支用，無幾何日，微有郤，未幾而分釁，又未幾而詬誶，又未幾而大相懟恨。忽於二月中旬，張夫人竟逸出，浼人負至順治門，捨而跨騾馳至鎮撫司，出懷出首狀，首告李夫人欺官隱贓，銀四千兩，寄與親家莊某，伊僕扛去。司官見首有重貲，喜笑欲狂，急拿李夫人及妾一人、婢一人，並莊僕夾拶並施。張夫人堅執如敵國焉。於是盡數追獲，內缺百金，張曰：「小婦借用了。」問官以有功首人，笑而不問。典守官役各蒙嚴處，莊舉家觳觫，不可名狀，伊僕至今繫刑曹也。

當是時，見者聞者，共不直張夫人，幾欲唾其面，而共憐李夫人，導其報復。李夫人曰：「已矣，吾所以忍死至今者，欲俟吾翁一訣耳。若幸赦而不來，或來而得語，何難一死以相從，尚暇與是人較乎！」卒無他語。張尚狺狺不置。然人成憎怨，且防守嚴密，不能出入自由矣，非此自貽伊戚乎！

無名氏曰：「李評事肇隙於張漢也以妾，張評事舍生而趨死也以妻。嗟乎！古來有天下者，聽婦言而滅亡，何況二人乎？然以張夫人之末路，則李評事雖目爲凶短折，猶瞑目矣，哀哉！」

此記者自諱其名姓，第曰「信天翁」，不解其故。後閱我郡許觀察鶴沙先生東還紀程云：「信天翁，水鳥也，食魚而不能捕魚，日夕立水次，俟魚鷹所得偶墮者，拾而食之。藍廷瑞詩云：『波上魚鷹貪未飽，何曾餓死信天翁。』」

此外所見丁酉順天鄉試關係事跡，其無出入者不足錄，今錄其可資印證者：

有懷堂集。翰林院檢討范先生行狀：「丁酉舉順天鄉試，以恭人訃歸，甫抵家而當赴都覆試，倉黃首塗，含哀茹痛，所過舍輒長號幾絕，舍者咸爲悲也。既試，以才高得不落，歸居廬三年，思慕如一日也。」據此，則丁艱不能延緩覆試之期。范檢討名必英，後至康熙十八年，乃舉鴻博，入翰林。當丁酉中式時，不過入是科一榜之內，非指名被嫌疑者，乃以牽累赴覆試，值奔喪甫抵家之日，而倉皇泣血，迫令應試，亦大悖於孝治之旨矣。

郭在逵史館雜記：「丁酉順天主考曹本榮、宋之繩，以不能覺察同考官作弊，俱降五級，以本衙門用。同考李振鄴、張義樸、舉人鄔作霖、田耜，俱伏法。覆試取米漢雯等一百八十二名，革舉人八名。」據此則東華錄所云「曹本榮等亦着免議」云云，與此殊有異同。再考計東撰曹公本榮行狀：「十四年八月，充順天鄉試主考，取舉人萬嵩等二百六人。九月，充經延講官。冬，以失覺察同考官不法事，降五級。十五年九月，特旨復任」云云。計東亦丁酉順天舉人，爲師門作狀，自必詳實。東華錄所云「免議」，當在已降級之後矣。

陳康祺郎潛紀聞：「順治戊戌狀元孫承恩，常熟人也。先是承恩弟暘，舉丁酉北闈，以事遣戍。臚傳前一夕，章皇帝閱承恩卷，其頌語有云：「克寬克仁，止孝止慈，」玉音稱賞。拆卷見其籍貫，疑與孫暘一家，遣學士王熙疾馳出禁城，至承恩寓面詢。學士故與承恩善，因語之故，且曰：「今升天沈淵，決於一言，回奏當云何？」承恩良久慨然曰：「禍福命耳，不可以欺君。實弟。」學士歎息，既上馬，復回顧云：「將毋悔乎？」承恩曰：「雖死無悔。」學士疾馳去。章皇秉燭以待，既得奏，尤喜其不欺，遂定為一甲第一名。其弟赤崖孝廉暘，實才人也，以科場獄謫戍邊外，蒙恩放還。己卯聖祖南巡至蘇州，問：「孫暘在否？」暘獻詩行在，有「君王猶記小臣名」之句，為時傳誦。夫以海隅下士，曾竄遐荒，湯網宏開，堯天重戴，已是再生莫大之恩，乃事隔數年，天語惓惓，猶齒及菰蘆之姓氏，此夜郎儋耳，昔賢無此遭逢，想一時獻賦迎鑾，儒冠萬項，當無不感激涕零矣。」按此則得自傳聞，或不盡確。據東華錄書承恩登第在四月辛未，至六月辛未，乃特宥其連坐流徙之罪。紀聞則發覺在讀卷之日，因其從實自承，乃拔取一甲一名，似稍不同。或既拔取之後，廷臣又照例請旨，取一特宥耶？至暘於己卯獻詩，已距順治丁酉四十餘年，事隔兩朝矣。人主偶然一問，紀聞輒謅爲無上之光榮，專制時之科目中人，心理如此。

上條紀聞所言，皆出王氏柳南隨筆。其言孫承恩事，卽王氏原文，至孫暘獻詩，在王氏隨筆，乃舉以爲訾議語。隨筆云：「詢字韻書入十一眞，相倫切，音同荀，咨也。尚書：『詢事考言』，『詢謀僉同』。毛詩：『周爰咨詢』，『詢於芻蕘』。左傳：『咨親爲詢』等處，皆作平聲讀，而吳郡人訛作去聲者大半。先是孫孝廉赤崖暘，以科場事戍遼左，蒙恩放歸。己卯聖駕南巡，問：『孫暘在否？』赤崖獻詩行在，有『君王猶詢小臣名』之句，詢字竟作去聲。滿大臣阿蘭泰摘其妄，一時以爲笑柄。又本韻中閏字並無上聲，今人亦多訛讀，不可不知。韓退之有言：凡爲文詞宜略識字，況詩本以聲韻爲主，豈可以不識字乎？」云云。紀聞乃改詢爲記。

孫暘與陸慶曾，俱有才名。吳梅村有贈陸生一篇，作於此時，與江南闈之吳兆騫遣戍時，梅村爲作悲歌贈吳季子一首，皆以名作爲科場案紀念。梅村又有吾谷行一首，則專爲孫氏兄弟作也。吳詩集覽引蘇州府志：「孫承恩初名曙，字扶桑，順治戊戌殿試第一，授修撰，數被顧問，寵遇日隆。從幸南海子，賜騎御閑名馬，適大風揚沙中寒疾卒，年僅四十。弟暘，字赤崖，少遊文社，名與兄埒。順治丁酉舉順天鄉試，科場事發，爲人牽連，謫戍尙陽堡。聖祖東巡，獻頌萬餘言，召至幄前，賦東巡詩，試以書法，上歎惜其才，大學士宋德宜疏薦，不果用。久之還里。所著有蕉菴集。」集覽又載孫赤崖還家詩三首，云：「歲歲還鄉夢，今朝夢始眞。到家仍作客，無地可容身！山色迎人好，湖光入眼新。念年成底事，悔不早投綸。」「弟妹何年別，盤飧此夕同。看來頭盡白，語罷淚俱紅。垂老重聞亂，還家舊業空。但能長聚首，不必問窮通。」「少小離鄉縣，何堪老大歸！出門童子問，見面故人稀。道路忘南北，溪橋半是非。青青山色在，猶到舊柴扉。」據此詩則遺戍不過二十年。吳翌鳳註吳詩，謂：「暘後於康熙丙子九月，年正七十，得援例贖歸。」云云。丙子爲康熙三十五年，去暘遣戍時幾四十年矣，當不確也。又按徐乾學撰宋德宜行狀：「故人孫暘、吳兆騫徙遼左，捐金贖之還。則暘之贖還，與吳兆騫爲同時，時在康熙二十年辛酉。又行狀中稱：「甲子七月，以文華殿大學士入閣辦事，丙寅晉太子太傅。丁卯六月，以疾卒於官」。然則德宜卒於康熙二十六年，斷不能於三十五年，復預於贖暘之事也。又暘詩所云「垂老重聞亂」者，暘童時經鼎革之亂，在戍時將歸之前數年，復聞三藩之亂也。少年求名念切，至此可勝惘然。

吳兆騫秋笳集，與孫赤崖酬酢之詩文頗多，有撫順別孫赤崖詩，蓋吳戍寧古塔，在吉林境，孫戍尚陽堡，猶在奉天境內也。聖祖東巡謁祖陵，徧歷盛京境內，在康熙十年，赤崖得獻頌幄前，並試書法，然非贖，猶不能望赦還也。

陸慶曾，字子元，華亭人。梅村贈陸生詩，吳翌鳳註引錢湘靈曰：「子元以機、雲家世，與彝仲、大樽爲輩行，轗軻二十年，垂老乃博一舉，復遭誣，以白首禦窮邊而死。一妾挈幼子牽衣袂，行路盡爲流涕。」又吳詩云：「陸生得名三十年，布衣好客囊無錢。尙書墓道千章樹，處士江郵二頃田。」集覽：「尙書謂其祖陸樹聲。」按明史陸樹聲傳：

「字與吉，舉嘉靖二十年會試第一，歷官禮部尙書，贈太子太保，諡文定。」慶曾以世家子爲老名士，其輩行與夏、陳諸公相等夷。諸公成仁久矣，慶曾老不自惜，復冀邀一薦之榮，其反而得辱，殊不甚足惜也。

董含三岡識略：「陸文定公孫慶曾，素負才名，居丙舍，頗擅園亭之勝。以序貢入都中式，事發遣戍遼左。先是墓木悉枯，棲鳥數日內皆徙巢他往。曾見湧幢小品，載李景隆未停爵前，家樹皆枯，不久幽廢。又慶曾至杭，祈夢于忠肅公祠，夢公授紙一幅，展視乃瀋陽圖也。至是果驗。」

集覽引袁才子曰：「陸慶曾，字子元，雲間人，順治丁酉舉人。以科場牽連得罪，戍遼東。辛亥以事至京師，酒闌長歌梅村贈詩，慷慨泣數行下。」云云。錢湘靈謂其禦邊而死，此又謂其辛亥至京師。辛亥乃康熙十年，子才所說當不確。湘靈名陸燦，卽順治丁酉舉人，當時所言必可信。且湘靈最老壽，至康熙三十三年甲戌，預於崑山徐尙書乾學等耆年之會，湘靈年八十四，列首座，秦松齡年五十八，居殿，其中有孫暘，年六十九。見王應奎柳南隨筆。據此，則孫暘之年，亦可考定。吳翌鳳所云康熙丙子年七十贖歸，尤可見其不合。乾學自有詩紀此會，見憺園集。

丁酉北闈案中之陸貽吉，王、蔣兩東華錄俱同，蔣錄尤稱其官名爲科臣，記略亦稱刑科陸貽吉。然據梅村吾谷行：「前山路轉相公墳，宰木參差亂入雲。枝上子規啼碧血，道旁少婦泣羅裙。羅裙碧血招魂哭，寡鵠羈雌不忍聞。同伴幾家逢下淚，羨他夫壻尚從軍。」此段乃指常熟一處，有同罹科場獄而處斬之人，尚羨孫暘之得以遣戍未死也。其人且爲故相之後，集覽：「相公者，嘉靖大學士嚴訥也。」王夏日錄：「嚴貽吉，字子六，相公裔孫，癸未進士，官給諫，爲科場居間事發，腰斬，籍沒，子、妻、妾俱流尚陽堡。」然則貽吉乃嚴姓，敍其家世爲嚴文靖之後，此必無誤，官爲給諫，尤與刑科合。是本案內必無另有陸貽吉其人，或嚴字子六，而訛六爲陸，又訛爲其姓耶？抑貽吉官名姓陸耶？此俱不可知矣。

再按柳南隨筆：「許定向，字志先，大司成石門之孫，邑諸生也。其妻之父爲嚴給事貽吉。嚴坐丁酉科場事腰斬，臨刑時志先目擊慘狀，驚倒在地，從此遂類癡癲。每日游行市中，衢口哦詩，嘲謔雜出，而依韻和嚴文靖公讀書詞一首，則大類見道者，錄之：「月明雲淺悄，一個蒲團禪關參照。塵氛不到空王寺，鐘動寒樹鳥叫。澗水風吹，聽笙簧無邊高調。絃指外滄海桑田，一枕黃粱驚覺。世間何故閒煩惱？衣紫腰金，誤人年少。老僧高嘯，只愁個九品蓮臺難到。慈降虎豹，畢竟是潛藏牙爪。可知乃圓覺華嚴，要人探討。」然則貽吉確爲嚴姓，官書及案牘中俱作陸貽吉，必自有故。

此外又有全敘北闈事大略，可資印證者，婁東無名氏研堂見聞雜記：「科場之事，明季即有以關節進者。每科五六月間，分房就聘之期，則先爲道地，或伏謁，或爲之行金購於諸上臺，使得棘闈之聘，後分房驗取，如操券而得也。每榜發，不下數十人。至本朝而益甚，順治丁酉壬子間，（按順治無壬子，又自丁酉後當有戒心，未必仍明目張膽，以營關節，殆爲戊子之誤。戊子以前，人心未定，關節當亦不盛。

〕營求者蝟集。各分房之所私許，兩座師之所心約，以及京中貴人之所密屬，如麻如粟，已及千百人，闈中無以爲計，各開張姓名，擇其必不可已者登之，而間取一二孤貧，以塞人口，然晨星稀點而已。至北闈尤甚，北闈分房諸公及兩座主，大率皆輦下貴人，未入場已得按圖挨次，知某人必入，故營求者先期定券，萬不失一。不若各省分房，必司理邑宰，茫然不可知，暗中摸索也。甲午一榜，無不以關節得倖，於是陰躁者走北如騖，各入成均，若傾江南而去之矣。至丁酉，輦金載寶，輻輳都下，而若京堂三品以上子弟，則不名一錢，無不獲也。若善爲聲名，遨遊公卿然。惟富人子或以金不及額，或以價忽騰溢，遂去，蓋榜發無此中人矣。於是蜚語者亦上聞，天子赫怒，逮繫諸房官。而虞山有陸貽吉，崇禎癸未進士，官給事中，爲舉子居間，事發，立就獄，明日腰斬西市，家產入官，妻子長流尙陽堡。一子方四五歲，妻妾皆殊色，間關萬里，匍匐道左，行人爲之淚落。同時受禍者共七八人，其姓名不能悉詳也。至舉子株及者亦七八人，皆嚴刑拷掠，三木囊頭。陸慶曾子，玄雲間名士平泉公之後，家世貴顯，兄弟鼎盛，年五十餘矣，以貢走京師，慕名者皆欲羅致門下，授以關節，遂獲售。亦幽囹圄，拷掠無完膚。一時人士，相爲惋惜嗟歎。而其餘則不能悉詳也。」云云。以下敘南場事，別詳於後。

二　江南闈

東華錄：「順治十四年十一月壬戌，給事中陰應節參奏：『江南主考方猶等弊竇多端，物議沸騰，其彰著者，如取中之方章鉞，係少詹事方拱乾第五子，懸成、亨咸、膏茂之弟，與猶聯宗有素，乘機滋弊，冒濫賢書。請皇上立賜提究嚴訊。』得旨：『據奏南闈情弊多端，物議沸騰，方猶等經朕面諭，尚敢如此，殊屬可惡。方猶、錢開宗並同考試官俱著革職，並中式舉人方章鉞，刑部差員役速拿來京，嚴行詳審。本內所參事情，及闈中一切弊竇，著郎廷佐速行嚴查明白，將人犯拿解刑部。方拱乾著明白回奏。』」

「十二月乙亥，少詹事方拱乾回奏：『臣籍江南，與主考方猶從未同宗，故臣子章鉞不在迴避之例，有丁亥、己酉、甲午三科齒錄可據。下所司查議。

「十五年二月庚午，御史上官鉉劾奏：江南省同考官舒城縣知縣龔勳，出闈後被諸生所辱，事涉可疑，又中式舉人程度淵，嘖有煩言，情弊昭著，應詳細磨勘，以釐夙奸。得旨：著嚴察逮訊。

「丙申，禮部議覆御史上官鉉奏：江南新榜舉人，嘖有煩言，應照京闈事例，請皇上欽定試期，親加覆試，以覈眞僞。至直省士子雲集，闈務不便久稽，其江南新科舉人，應停止會試。從之。

「三月庚戌，上親覆試丁酉科江南舉人。

「戊午，諭禮部：前因丁酉科江南中式舉人，情弊多端，物議沸騰，屢見參奏，朕是以親加覆試。今取得吳珂鳴三次試卷，文理獨優，特准同今科會試中式，一體殿試。其汪溥勳等七十四名，仍准作舉人。史繼佚、詹有望、潘之彪、洪濟、黃樞、秦廣之、陳邇潢、許允芳、張允昌、何亮功、何炳、曹漢、馬振飛、朱扶上、萬世俊、黃中、董粵、周韓揆策、謝金章、許鳳揚、大鯤、周篆、沈鵬舉、史奭等亦准作舉人，罰停會試二科。方域、林大節、揚廷章、張文運、汪席、陳珍、華廷樾、顧元齡、劉師漢、夏允光、程牧、孫弓安、葉甲、孫長發等十四名，文理不通，俱著革去舉人。」

「十一月辛酉，刑部審實江南鄉試作弊一案，正主考方猷擬斬，副主考錢開宗擬絞，同考官葉楚槐等擬責遣尚陽堡，舉人方章鉞等俱革去舉人。得旨：方猷、錢開宗差出典試，經朕面諭，務令簡拔眞才，嚴絕弊竇，輒敢違朕面諭，納賄作弊，大爲可惡。如此背旨之人，若不重加懲治，何以警戒將來！方猷、錢開宗俱著卽正法，妻子家產籍沒入官。葉楚槐、周霖、張晉、劉延桂、田俊民、郝惟訓、商顯仁、朱祥光文銀燦、雷震聲、李上林、朱建寅、王熙如、李大升、朱葵、王國楨、龔勳俱著卽處絞，妻子家產，籍沒入官。已死盧鑄鼎妻子家產亦籍沒入官。方章鉞、張明薦、伍成禮、姚其章、吳蘭友、莊允堡、吳兆騫、錢威，俱著責四十板，家產籍沒入官，父母兄弟妻子，併流徙寧古塔。程度淵在逃，責令總督郎廷佐、亢得時等速行嚴緝獲解，如不緝獲，伊等受賄作弊是實。爾部承問此案，徇庇遲至經年，且將此重情問擬甚輕，是何意見？作速回奏。餘如議。

「十二月丁亥，先是刑部諸臣遵旨回奏審江南鄉試作弊一案，耽延情由，下吏部議。至是吏部議：尚書圖海、白元謙，侍郎吳喇禪、杜立德，郎中安珠護、胡悉寧，員外郎馬海，主事周明新等，讞獄疏忽，分別革職、革前程並所加之級，仍罰俸。得旨：圖海等本當依議，姑從寬免革職，著革去少保太子太保並所加之級，其無加級者，著降一級留任。」

「十六年三月戊子，再覆試丁酉科江南舉人。」

以上爲官書所載丁酉江南闈事。

北闈所株累者多爲南士，而南闈之荼毒則又倍蓰於北闈。北闈僅戮兩房考，且法官擬重，而特旨改輕，以市恩猶循殺之三宥之三之常格。至南闈則特旨改重，且罪責法官，兩主考斬決，十八房考除已死之盧鑄鼎外，生者皆絞決，蓋考官全體皆死罪矣。又兩主考、十八房考，妻子家產皆籍沒入官；家產入沒，已酷，又并其妻子而奴虜之。明燕藩篡弒，謂之「靖難」，其後大戮建文諸忠臣，以其妻妾配象奴，方之丁酉科場，慘酷正等。夫行不義，殺不辜，爲叔世得天下者之通例，不從弒逆者，即例應以大逆坐之。科場案則何爲者？士大夫之生命之眷屬，徒供專制帝王之游戲，以借爲徙木立信之具。而於是僥倖弋獲，僥倖不爲刀下之游魂者，乃詡詡然自命爲科第之榮，有天子門生之號。嗚呼！科舉之敗壞人道，乃如是哉！

研堂見聞雜記：「南場發榜後，衆大譁，好事者爲詩爲文，爲傳奇雜劇，極其醜詆。兩座師撤棘歸里，道過毗陵、金閶，士子隨舟唾罵，至欲投磚擲甓。桐城方姓者，冠族也，禍先發，於是連逮十八房官及兩主司。總督郎公又採訪舉子之顯有情弊者八人，上之於朝，其八人即於京師就緝，同主司嚴訊。凡南北舉子皆另覆試。北場爲先，天子親御前殿，士子數里外攜筆硯，冰雪僵凍，立丹墀下，頃刻成數藝，兵番雜沓，以旁邏之，如是者三試而後已。榜發，黜去數人。南場覆試最後，皆不得與會試，所覆一如前，亦黜去十餘人；而最後一二十人，復停三科，其解首則竟爲進士。是役也，師生牽連就逮，或就立械，或於數千里外鋃鐺提鎖，家業化爲灰塵，妻子流離，更波及二三大臣，皆居間者，血肉狼籍，長流萬里。」

又一節云：「丁酉之役，江南兩座主及分房諸公，與逮繫舉子，既訊鞫後，天子不復嚴問，以爲可因緣倖脫，或長繫獄中矣。至歲杪，忽降嚴綸，兩座師駢斬西市，十六分房諸公，皆絞死於長安街，舉子則各決四十，長流寧古塔，而財產皆入官，諸父兄妻子，各隨流徙。按寧古塔在遼東極北，去京七八千里，其地重冰積雪，非復世界，中國人亦無至其地者。諸流人雖各擬遣，而說者謂至半道，爲虎狼所食，猿狖所攫，或飢人所啖，無得生也。向來流人俱徙尙陽堡，地去京師三千里，猶有屋宇可居，至者尙得活，至此則望尙陽如天上矣。分房諸公，向有一司理，主者以其甲科，必欲援入內簾，而三拈鬮皆得外，於是不樂殆甚，而孰知反得首領無恙。又吳江一富家子，已道地爲之關節矣，而迺父知之，嚴呵止，必不欲爲，因賤售於一貧者，竟相株連，舉室北轅，長為異域之鬼。禍福所倚，思議難及，而守拙守命，終為顛撲不破。分房一選，向以為宦途極榮，而貪緣倖竇，得登桂籍，尤為豔如花、熱如火者，豈知俱送入鬼簿乎？」

又云：「丁酉南闈舉子，天子既廷覆之，黜數人，餘各有所殿最矣。至己亥，二月，忽奉嚴綸，再行覆試，郡縣敦促上道，聞命之日，倉皇束裝，父母兄弟，揮涕而別，慮必發遣，既去，一日數驚，有謂就械登舟者。是役因震霆之後，諸家無不罄產捐貲以為道地，以因緣上下，一榜俱安然，而道途之踉蹌，腰纏之忙迫，孝廉風景煞盡。」

戴璐石鼓齋雜錄：「順治丁酉科場大獄，相傳因尤侗著鈞天樂而起。時尤侗、湯傳楹，高才不第，隱姓名為沈白、楊雲，描寫主考何圖，盡態極妍，三鼎甲賈斯文、程不識、魏無知，亦窮形盡相。科臣陰應節糾參，殿廷覆試之日，不完卷者鋃鐺下獄。吳漢槎兆騫本知名士，戰慄不能握筆，審無情弊，流尚陽堡。張文貞玉書時方十八歲，從容抒寫而出，公輔器度，固自不凡。」按吳兆騫流寧古塔，此云尚陽堡，誤也。北闈流者不過倘陽堡，南闈則皆流寧古塔，亦加重於北闈之一端。又凡流寧古塔者，旨內有父母兄弟妻子并流之語，尤爲奇酷。然據事實言之，則似妻子同流爲可信，父母兄弟，即有并流有不并流，不盡同也。未知當時辦案諸公作何斡旋之法，說詳後。

三岡識略，記鄉闈異變云：「江南鄉試前數日，嚴霜厚三寸，旣鎖闈，鬼嚎不止。放榜後，弊發，主考方猷、錢開宗，房考李上林、商顯仁、葉楚槐、文銀燦、周霖、張晉、朱蒞、朱祥光、田俊民、李大升、龔勳、郝惟訓、朱建寅、王國楨、盧鑄鼎、雷震聲，俱駢戮於市。前此江陵書肆刻傳奇名萬金記，不知何人所作，以方字去一點爲萬，錢字去邊旁爲金，指二主考姓，備極行賄通賄狀，流布禁中，上震怒，遂有是獄。北闈李振鄴、張我樸，有張千李萬之謠，事發被誅者亦數十人。」按此段江陵二字，當作金陵，或作江寧。今刻本作江陵，而法式善槐廳載筆引此則，亦作江陵，姑仍之。

張維屏松軒隨筆：「西堂先生自恨不登甲乙榜，然才子名士之目，受兩朝聖人之知，比於太白、東坡，洵文人之奇遇。余少時題西堂集，有句云：「飄零法曲傳千載，游戲文章達九重。」出句謂讀離騷、鈞天樂諸傳奇，對句謂秋波制藝也。此鈞天樂，即丁酉科場之謗書。

許嗣茅緒南筆談：「順治丁酉南闈之獄，其禍起於萬金記及尤侗之齊天樂，吾郡朱紹鳳首彈之。紹鳳爲順治朝直臣，後謫驛丞，道卒。」按此則多有傳聞之誤，尤侗所作樂府，名鈞天樂，非齊天樂；彈江南闈者爲陰應節，非朱紹鳳。紹鳳乃彈河南闈者，今奏議具在可據也。紹鳳之謫驛丞，以救周櫟園之故。

緒南筆談：「葉忠節，余外母祖也，父中丞公有聲，明史有傳。六七歲時，塾師督之仿字。暑晝倦而隱几，師呼之醒，告曰：『夢一人口授余詩，令錄之行間，今固在。』師視其詩云：『君是王魁三世身，桂英仍著石榴裙。一枝遙寄湘江水，半幅平裁楚岫雲。弔古有情憐賈誼，請纓無路歎終軍。春風得意長安日，莫負香羅帕上人。』後於順治丁酉登秋試，萬金記獄起，同年中名士如吳漢槎、陸子元，皆戰慄不能終卷，公與張相國、葉學士、吳詹事等，從容揮灑而出。辛丑捷南宮，越數年，大參楚省。時三藩底定，裁兵令下，公以糧道署藩篆，議奏明緩辦，三年中有缺無補，可不動聲色而汰矣。巡撫某不從，遂尅餉而叛，以夏包子為首，夜戕巡撫於署。公聞變，遣長子尊護太夫人從水門出，朝衣冠坐廳事，拔劍自刎，僮奴或泣而掣其肘，公叱之，謂紀綱僕某曰：「汝助我。」諭諸僕勿作細人姑息誤乃公事。某乃助之，斷喉，血淋漓遍身，目猶瞪視也。洞開重門，賊入見之，皆泣曰：「恩主何至如此！」羅拜而散。僕某走告太夫人，欲從死，太夫人曰：「不可，汝大有事在。」以遺疏授之，令走京師。上聞震悼，贈工部侍郎，謚忠節，舉櫬南巡，召見太夫人，賜長子尊一品蔭，選沂州刺史，旋改陞府，郎以尊為郡守。再巡，又賜次子芳員外郎，郎妻之外祖也。三巡，復問，奏云：「第三子已前卒，止有孫鳳毛在。」復賜中書。太夫人深嘉其僕，以為能成主忠，遂以為族孫，削主僕籍。初，公有妾某，小忤恉，妾憤自縊。應童時夢中詩讖至正命時，妾亦見公叱之，拜曰：「君今歸冥，婢又當復侍巾櫛耳。」此與說部中張睢陽妾事相類，第以索命而適得全忠，非怨耦，乃嘉耦也。此僕此妾，均可附公不朽矣。」

按葉應榴之爲王魁後身，事極荒唐。周密齊東野語，載王魁之說所由來，乃宋夏噩詆毀王俊民者。王魁本無其人，烏有後身？陸子元乃北闈案中人，尤與南闈無涉，皆所謂傳聞之誤者也。

李延年鶴徵錄：「田茂遇，字□淵，江南青浦人。順治丁酉舉人，授山東新城知縣，不赴，著有水西草堂集。按丁酉科場事發，九重震怒，命嚴鞫之。覆試之日，堂上命二書一賦一詩，試官羅列偵視，堂下列武士，鋃鐺而外，黃銅之夾棍，腰市之刀，悉森布焉。未刻繳卷，諸生文皆如格，撫臣以覆卷奏進，事乃解，復原名。先生其一也。惟有據者充發數人，世皆以吳漢槎兆騫爲可惜云。」據此則丁酉覆試命題，書義外兼有詩賦。制義一名書義，故房稿謂之房書，蓋即四書義也，又名八股。當時科舉，專用八股，並五言詩而無之。乃覆試試非所習，亦屬掩其所不備。

王應奎柳南隨筆：「陳繹跌先生名式，邑貢生，余王母之父也。嘗作燕都賦一篇，俾其子溯潢熟誦。丁酉科場之變，凡南北中式者，悉御試瀛臺，題卽爲瀛臺賦。宿源亦於是科登賢書，在御試列。是時每舉人一名，命護軍二員，持刀夾兩旁，與試者悉惴惴其慄，幾不能下筆。宿源卽以燕都賦改竄成篇，頃刻而就。世祖覽之稱善，欽定第二名。」據此則賦題爲瀛臺賦。陳溯潢據東華錄，在罰停二科之列，溯作遡，當是一人，則欽定第二名之說誤也，特不遭斥革耳。

據上兩則，覆試時旣威之以鋃鐺、夾棍、腰刀，又每一舉人以兩持刀之護軍夾之。護軍卽北闈記略之所謂滿兵，語言不通，非我族類，持刀恐嚇於舉人之旁，其不能下筆宜矣。觀此乃知吳兆騫等所以曳白之故。

柳南隨筆又云：「鄧林梓，字肯堂，邑人也。順治丁酉，將赴省試，祈夢於韋蘇州廟，神示以『中式力田』四字。肯堂竊意是科可中，但當從此知止，歸老田間，無望甲科矣。迨榜發，邑中中陳溯潢。溯潢父名式，力田者，合之爲男字，言中式男，鄧無分也。」按鄧以不售而免於此獄，豈非大幸！

三岡識略：「寧古塔近魚皮島，無廬舍，掘地爲屋以居。地極寒，四月盡，佈火燒之，凍始解。五月可鋤，急種蔬菜，六七月便採食，一交白露卽枯，至寒露則根亦腐爛矣。或曰，此卽昔之五國城也。桐城方孝廉膏茂，曾戍其地，爲予道其詳如此。」按膏茂卽方章鉞之兄，此卽諭旨所謂父母兄弟妻子併流徙寧古塔也。膏茂如此，拱乾夫婦可知，其餘諸兄懸成、亨咸又可知矣。吳修撰方享咸小傳：「字吉偶，號邵村，桐城人，太僕拱乾子。順治丁亥進士，官御史，工詩文，善書，精小楷，兼長山水，與程青溪顧見山稱鼎足。」此小傳不言其遺戍事。宋琬安雅堂集送方邵村歸桐城詩：「氈車猶憶赴辰韓，抆血郊原不及餐。一別北梁張儉去，再封三府蔡邕還。盧龍塞外霜鴻絕，鴨綠江深雪窖寒。襆被連牀驚復喜，方知蜀道未爲難。」此可知享咸亦新自寧古塔還矣。宋琬自爲其族人告密，誣其與于七通謀，繫獄兩年始出，流落南中數載，康熙九年庚戌入都。此詩次於入都諸作之間，必庚戌、辛亥間事。琬丁亥進士，蓋與亨咸爲同年也。

方拱乾之戍也，還京作寧古塔志，其首有弁言云：「寧古何地，無往理亦無還理。老夫既往而復還，豈非天哉！親友相見問對，率倉皇無端緒。邸舍無事，偶追憶而條晰之，以省問對。衰年性健忘，似多漏軼。記與吳漢槎及兒輩，屢屬其撰志，而不先就，亦曰此生豈有還理。則此生之僥天幸者，殆昔人所謂從死地走一回，勝學道三十年。老夫茲愧矣。康熙壬寅七月二十七日，書於荷陰客舍」。據此則拱乾歸在壬寅，蓋援辛丑聖祖登極恩詔。再據宋琬詩所謂「再封三府蔡邕還」，則其子亨咸乃再赦始還，懸成、膏茂，當亦相同。章鉞之還否不可知，但三藩變後，既有贖例，亦當與吳兆騫輩，同有納贖之望矣。

懸成者，孝標之原名也。孝標於南山集案中，爲大逆之首，剉骨於既死之後，全家遣戍黑龍江，蓋又遠於寧古塔焉。清一代無敢存孝標隻字，今於賴古堂尺牘新鈔中，尚存孝標書三首。新鈔在乾隆間本禁書，惟易代之後，未知孝標文集，尚能再見否。尺牘新鈔方孝標下，注略歷云：「字樓岡，原名元成，江南桐城人，有光啓堂集。再按全祖望江浙兩大獄記：「桐城方孝標，以科第起官至學士。後以族人方猷，丁酉主江南試，與之有私，並去官遣戍。遇赦歸，入滇受吳逆僞翰林承旨。吳逆敗，孝標先迎降，得免死。因著鈍齋文集、滇黔紀聞，極多悖逆語。戴名世見而喜之，所著南山集，多採錄孝標所紀事。」據此，則孝標卽爲丁酉遣戍方章鉞兄，懸成明矣。孝標子登嶧，登嶧子式濟，式濟著龍沙紀略，四庫收之。式濟子觀承，乾隆間爲直隸總督，卒謚敏恪者也。龍沙紀略提要，稱式濟父澄嶧，遣戍，式濟因往省而著此書，此誤甚。式濟父名登嶧，非澄嶧，父子俱戍，見東華錄。又袁枚撰方觀承神道碑，姚鼐撰觀承家傳，亦稱登嶧、式濟並戍，其往省者乃觀承兄弟耳。

父母兄弟妻子，爲家有一中式之士子覆試不及格，而一併遣戍寧古塔，在今日視之，豈非駭聞！然以吳兆騫之事觀之，則止有其妻葛氏隨往，父母及兩兄俱未行。大約當日必以出嗣、別支等語，爲之開脫。兆騫秋笳集首有其兄兆寬一詩，題云：「余弟漢槎，自塞外貽書徐健庵，以所著秋笳集奉寄。今健庵亟謀剞劂，不負故交萬里之託，余為愴然感泣，賦此志謝。」詩中並有「華萼離居廿餘載」語，可見非偕戍也。秋笳集又有與方坦庵、方樓岡、方邵村諸人酬酢之作。坦庵拱乾字，戍還後，改甦庵。

以方氏兄弟命名之義例推之，亨咸之兄，自當名元成。東華錄在清初書罪人之名元者，例作懸，如侯峒曾之子元演、元潔、元瀞，元皆作懸，可證也。元成之滇黔日記，所作悖逆語，今固不可知，但戴南山乃熱心科舉之士，文字皆作頭巾氣，斷不敢顯然觸犯滿廷，不過紀其事實，中有滿廷所不喜宣布之語，方、戴皆以歷史視之，故入紀載，決非如後世之詆斥滿廷也。以丁酉之獄，方氏合門遭難，可為至酷，文字中微有不平，則或亦不免。至清初士大夫不得於朝，則往依藩鎮，本有唐人風。其時西選之官，且半天下，原不能指為罪也。

吳兆騫之兄弟，不與同戍，諸家紀載，但稱兆騫妻葛，白首同歸，傳為佳話。顧貞觀詞中，亦以已賦悼亡，而翻羨兆騫有伉儷之樂。今據徐乾學懷友人遠戍詩，吳詩集覽所引，以爲爲兆騫作也。其第二首云：「已甘羿譴成荒蹊，又發家人習鼓鼙。孟博暫能隨老母，子卿猶得見生妻。鶺鴒原上聞猿嘯，雞鹿山前聽馬嘶。夢裏依稀歸故國，千重關隘眼中迷。」則其母似亦偕成。至「鶺鴒原上聞猿嘯」，未知爲指兄弟之別離，抑兄弟之同難？或定罪之初，本令父母兄弟同遣，後經斡旋乃已。蓋其兄之未成，則可信也。檢儈園集，此詩次於懷漢槎在獄時之前十餘題，恐遠成之友，爲另一人，非指漢槎。但集中又有贈弘人詩云：「相逢多難後，憐爾二毛生。憶弟風霜劇，思親涕淚橫。延陵喪子痛，奉倩悼亡情。莫以窮愁累，須傳千載名。」憶弟與思親並稱，又未知與遣成事有涉否？弘人者，兆騫長兄兆寬也。

丁酉科場案，向來以吳兆騫之名而膾炙於世人之口。兆騫固才士，然秋笳集亦非有絕特足以不朽者在，其時以文字爲吳增重者，實緣梅村一詩，顧梁汾兩詞耳。梅村於科場案中，贈陸慶曾有詩，贈孫承恩而及其弟暘亦有詩，顧皆不及其悲歌贈吳季子一首，尤爲絕唱。兆騫得此，乃其不朽之第一步。今錄其詞如下：

「人生千里與萬里，黯然銷魂別而已。君獨何爲至於此！山非山兮水非水，生非生兮死非死。十三學經並學史，生在江南長紈綺，詞賦翩翩衆莫比，白璧青蠅見排詆。一朝束縛去上書，難自理，絕塞千山斷行李，送吏淚不止，流人復何倚？彼尚愁不歸，我行定已矣。七月龍沙雪花起，橐駝腰垂馬沒耳。白骨皚皚經戰壘，黑河無船渡者幾？前憂猛虎後蒼兕，土穴偷生若螻蟻。大魚如山不見尾，張鬐爲風沫爲雨。日月倒行入海底，白晝相逢半人鬼。噫嘻乎，悲哉！生男聰明愼勿喜，倉頡夜哭良有以。受患祇從讀書始，君不見吳季子！」

吳詩所云寧古塔地之恢詭，可見當時滿漢之隔膜。在清代寧古塔乃發祥之地耳。直至二百數十年之後，爲外人鐵道貫於關東三省，如寧古塔等處，吾輩視爲無上之樂利，此則非當時所料矣。豈惟寧古塔，即再北至龍沙極邊，孰非吾同胞移殖之大利哉！梅村詩在吳赴戍之初，而其獲歸乃緣顧梁汾詞，更錄如下：

賀新郎，亦作金縷曲二首，題爲寄吳漢槎寧古塔，以詞代書，詞曰：「季子平安否？便歸來生平萬事，那堪回首！行路悠悠誰慰藉？母老家貧子幼，記不起從前杯酒。魑魅搏人應見慣，料輸他覆雨翻雲手。冰與雪，周旋久，淚痕莫滴牛衣透。數天涯依然骨肉，幾家能彀？比似紅顏多薄命，更不如今還有。只絕塞苦寒難受，廿載包胥承一諾，盼烏頭馬角終相救。置此札，君懷袖。」第二首云：「我亦飄零久，十年來深恩負盡，死生師友，宿昔齊名非忝竊，試看杜陵消瘦，曾不減夜郎僝僽。薄命長辭知己別，問人生到此淒涼否？千萬恨，爲兄剖，兄生辛未我丁丑，共些時冰霜摧折，早衰蒲柳。詞賦從今須少作，留取心魂相守。但願得河清人壽。歸日急翻行戍稿，把空名料理傳身後。言不盡，觀頓首。」吳德旋聞見錄：「太傅明珠子侍衛成容若，夙知漢槎之才，而與顧梁汾善。梁汾爲漢槎求援於侍衛，未卽許，乃作金縷曲二闋，寄漢槎。侍衛見之，泣曰：「山陽思舊之作，都尉河梁之什，並此而三矣。此事三千六百日中，弟當以身任之。」梁汾曰：「人壽幾何？請以五載爲期。」侍衛告之太傅，遂以康熙辛酉入關。」云云。自有此段故事，兆騫益不朽矣。

兆騫之歸，尚需納贖。爲措贖金最踴躍者，爲徐乾學。於是輦下名流，以不與此事爲歉，故於兆騫歸日，無人不有詩以紀之，諸家集中皆見此題，多不勝錄。惟王士禎有和健庵喜漢槎入關之作云：「丁零絕塞鬢毛斑，雪窖招魂再入關。萬古窮荒生馬角，幾人樂府唱刀環？天邊魑魅愁遷客，江上尊鱸話故山。太息梅村今宿草，不留老眼待君還。」此則回顧悲歌，足了一段公案。梅村於康熙辛亥下世，至此剛十年。然漢槎冤獄之動人，仍不能無藉梅村之詩，爲之種其因矣。

丁酉南闈之獄，發難於尤侗之鈞天樂。迨漢槎入關，諸公有詩，而西堂亦有詩。此時西堂已由鴻博入翰林，未知於搆難之起因，尚有怵於中否？今併錄之，亦一公案。于京集吳漢槎自塞外歸喜贈二首：「二十三年夢見稀，管寧無恙復來歸。餘生尙喜形容在，故國翻疑城郭非。燕市和歌宜縱酒，山陽聞笛定沾衣。（自注感念弘人、聞夏）西風紫塞重回首，不斷龍沙哀雁飛。」「天上金雞初解嚴，流入萬里望江南。妻孥並載如馳傳，親友相逢爲脫驂。野史雅堪收寄象，秋笳還足譜伊甘。（

自注：秋笳，漢槎詩名）宋尊剩有扁舟在，唱入垂虹百尺潭。」

徐乾學爲成容若鄉試舉主，世傳通志堂經解，實徐所裒集，乃以容若名刊行。故徐氏兄弟驟貴，有明珠黨之嫌。吳兆騫之贖鍰，由徐倡首，而適有容若之助，於梁汾兩詞之外，亦不無聲氣矣。兆騫有奉酬徐健庵見贈之作云：「金燈簾幙款清關，抱臂翻疑夢寐間。一去塞垣空別淚，重來京洛是衰顏。脫驂深愧胥靡贖，裂帛誰憐屬國還？酒半却嗟行戍日，鴉青江上渡潺湲。」沈德潛國朝詩別裁，選此詩入之，評曰：「此贖歸後晤健庵尚書作，感激中自存身分，見古道矣。」

按乾學憺園集，有走筆與成容若九首，其末首云：「嗚珂里第會朱輪，清徹芙渠迥絕塵。慚愧十年東嚮坐，相逢不是掃門人」。徐爲容若壬子座師，十年師道，乃慚愧不作掃門之人，此意從何說起？若曰，那拉家門，公卿進謁，祇可執掃門之禮，今乃以師生之故，忝顏東嚮，自覺不安耳。徐之諂事明相，可見一門驟貴，非無所憑藉而然也。

又憺園集新刻經解序末云：「予感竹垞之言，深懼今時所存十百之一，又復淪斁，責在後死，其可他諉？因悉予兄弟家所藏本覆加校勘，更假秀水曹秋嶽、無錫秦對巖，常熟錢遵王、毛斧季，溫陵黃俞邰，及竹垞家藏舊版書各鈔本，釐擇是正，總若干種，謀雕版行世。門人納蘭容若，尤慫恿是舉，捐金倡始，次第開雕。經始於康熙癸丑，踰二年訖工。藉以表章先哲，嘉惠來學，功在發予，其敢掠美？因序其緣起，志之首簡。」據此序，亦並未以裒集之功，歸之容若，不當云刻經解一端，亦乾學之所以媚其徒也。

姚廷遴記事編：「順治十四年，丁酉，商知縣到任，嚴州府人，係成化時三元商輅之後，大有才名，中乙未進士，因對答皇上口音不懂，不點翰林，除授上海縣。九月，有坍石橋陸秀才名杉者，世稱大族，家貲巨萬，因賦役繁重，頃刻蕩廢，當日商知縣比較，刎死縣堂，合邑哄然，可見徵科之迫。是年商公入簾，有關節者甚多，及至出榜，只中趙半眉、葉蒼崖。各省俱科場事發，南場更甚，皇上將舉人廷試，有才者留之，無才者黜革，甚有拏問者。明年商公絞死。據此，則房考中之商顯仁，係由上海縣任入簾，且可知其家世。又當時以科徵之迫，至令士子自刎公堂，不以爲罪，乃用試事繯首，可見清廷政刑之所注意矣。其時距辛丑奏銷，尚有四年，又可見朱國治特以奏銷爲一大結穴，定作年年例行之舉，其實草菅人命之苛斂，行之已久矣。

丁酉南闈之關係，以陰應節參方氏關節始，後開南山集案，此爲一種因果。然世不甚著，世所最藉藉者爲吳兆騫。吳之最繫人口者爲顧貞觀金縷曲兩闋，與成容若之周旋其間。今並詳其前後各節目，南闈案始末，略備於是矣。

三河南山東山西闈

東華錄：「順治十四年十二月壬申，給事中朱紹鳳劾奏：『河南主考官黃鈊、丁澎進呈試錄四書三篇，皆由己作，不用闈墨，有違定例。且黃鈊居官，向有穢聲，出都之時，流言嘖嘖，又挾持銓曹，恣取供應，請敕部分別處分。』得旨：『黃鈊著革職，嚴拿察究，丁澎亦著革職察議。」

「十五年二月庚午，禮部磨勘丁酉科鄉試硃卷，劾奏違式各官：「河南省考試官黃釓、丁澎，用墨筆添改字句；山東省同考官，同知袁英，知州張錫懌，知縣唐瑾、奐暹、何鏗、章貞，用藍筆改竄字句；山西省考試官，匡蘭馨、唐賡堯，批語不列銜名，俱屬疏忽。」得旨：「俱著革職逮問。」

「七月辛酉，刑部議：「河南主考黃釓、丁澎，違例更改舉人原文作程文，且於中式舉人硃卷內，用墨筆添改字句，黃釓又於正額供應之外，索取人參等物。黃釓應照新例籍沒家產，與丁澎俱責四十板，不准折贖，流徙尚陽堡。」命免釓、澎責，如議流徙。」

以上爲官書所載丁酉河南、山東、山西各闈事。

丁酉山東、山西考官革職逮問之結果，東華錄未載，想是實錄中本不見之，蓋其罪名不過疏忽二字，則逮問後自亦無大處分，故可以略之。河南闈副主考丁澎，係清初名士。紀載頗及此事，則有可錄者如下。朱紹鳳彈河南闈之原奏，今見朱自刻奏議中。是年以參劾試官爲最趨風氣之一事，於是臺諫中思有所表見者，無不欲毛舉一二細故，以合時尚。觀紹鳳奏可覘風會。其詞曰：「刑科右給事中加一級朱紹鳳謹題，爲主司違例可疑，闈卷並宜嚴察事：竊惟設科取士，關係匪輕。主司銜命而行，動曰矢公矢慎。公者屏絕苞苴之謂也；慎者欽遵功令之謂也。少涉私情，便干物議，天威有赫，殷鑒昭然。乃臣於黃鉞、丁澎，不能無議焉。復查順治十一年五月內，禮部題覆臣同官孫珀齡科場關係大典一疏內開：試錄宜用闈墨一款，凡科場題目，預先洩漏，種種奸弊，多因主考場前預撰試錄程文。今應如科臣議，用諸生原墨，稍加裁訂，以刊程文，違者糾參等因，奉有諭旨，歷科各省罔不通行。獨今年河南試錄則大異，是首篇刻李模，僅同四句；次篇刻李敏孫，一語不符；三篇刻李士召，所存者兩股耳。若以爲文堪首列，何不揚於王廷？若以爲理礙進呈，何以壓於多士？苟非狥私，便爲抗旨，百口難爲二人解也。又聞黃鉞出都之日，嘖有流言，及乘傳入闈，挾恃銓曹聲勢，恣取供應，地方官積不能堪，事屬風聞，未敢輕告。要之，鈕服官素著穢聲，典試復多闕失，似又不可與丁澎同日而語也。伏祈勅下該部，將鈕等分別從重議處，以爲人臣專擅者之戒。其闈墨全卷，務須嚴加磨勘，據實指陳，庶不負朝廷書升之重典，並皇上邇來懲誡之盛心，功令肅然，科名幸甚。順治十四年十二月十四日具題。□□日奉旨：「據所參河南錄文違例，並黃鈕服官素著穢聲，出都之日，嘖有流言，挾恃銓曹，恣取供應等情，殊干法紀。著革了職，嚴拿察究。丁澎係副考官，也著革了職，一並察究議奏。該部知道。」

紹鳳原題如此。觀其置黃鈕恣取供應於後，而以試錄違式爲要點，奏末又明言皇上邇來懲誡之盛心，可見當日本意在構成一種科場案，以投時好。紹鳳奏議有龔鼎孳序，稱與少同鄉舉，垂三十年，白首弟兄，則大約亦前明科目，特尚未考其爲何科進士。據緒南筆談：「朱紹鳳父業農，爲葉中丞僕，所笞歸而泣。紹鳳時年十三，刻苦用功，成進士。」葉中丞即葉應榴之父。紹鳳，松江人，與鼎孳同舉於江南闈，故稱白首弟兄也。

吳顥杭郡詩輯：「丁澎字飛濤，號藥園，仁和人。順治乙未進士，官禮部祠祭司郎中。有扶荔堂、信美軒、藥園等集。少時爲白雁樓詩，流傳吳下，士女爭相採摭，書之衫袖。居鹽橋，與仲弟景鴻弋雲、季弟瀠素涵，並有名，號鹽橋三丁。初官法曹，時治獄多鈎摭毛舉，救正無術，因爲兩議之說。觀其上劉尙書書，眞仁者之言也。繼以大婚襄禮需才，移春曹主客。時貢使至，廉知主客爲藥園，以貂鼠犀玉易其詩歸。與祥符張文光、汴州趙賓、萊陽宋琬、宣州施閏章、餘杭嚴沆、仁和陳祚明相倡和，號燕臺七子。

又云：「順治丁酉，主試中州，爲榜首數卷更易數字，廷議謫戍奉天。値冰合不得汲，取蘆粟小米和雪嚼之，躬自飯牛，與牧豎同臥起，暇則乘牛車行遊紫塞中，作遼海雜詩，磊落雄秀，絕無失職不平之慨。戍五年而歸，徧游天下名山大川，著述益富。浙督李尙書欲薦之，作書辭焉。」

藥園之戍也，亦以全家往。林璐歲寒堂存稿。丁藥園外傳：「謫居東，崎嶇三千里，郵亭驛壁，讀遷客詩，大喜。后車妾亦喜曰：「得非聞中朝賜環詔耶？」藥園曰：「上聖明，賜我遊湯沐邑。出關遷客皆才子，此行不患無友。」久之渡遼海，望長白諸山。士人以魚爲飯，粮盡，餒而啼，孺子妾慰勞之曰：「卿有友，必簞食迎客。」藥園笑曰：「恐如卿言，當先以酒療吾渴。」此段一則見丁赴戍之挈妾，一則旁及同時出關諸名士，可見科場獄之寃濫。林文以蘊藉出之，若形容藥園爲書癡不曉事也者，正憤時之激烈語也。（按今世說，李容庵相國天馥爲藥園是科所取士。）

自此次磨勘興大獄之後，科場試錄，遂無硃墨眞卷。揭曉之日，發現違式，皆知照本人換卷，終科舉時代皆然。取士而以穿窬之盜度人，科舉功令至不足道，防弊與作弊，二者較之，當諒作弊者之不得已矣。

右丁酉科場案，從涉獵所及，可資援引者錄之。先是順治十一年會試，以官僚相軋，斥革會元程可則。程字周量，清初名士，撰述甚富。當時以范文程參奏，謂

「程文理荒謬，首篇尤爲悖戾經註，士子不服，通國駭異」等語。以此傾試官胡統虞、成克鞏，意不在程，此尚不得爲科場案。自丁酉以後，科舉不得志之士，動輒造作蜚語，遂興大獄。如康熙己卯，李蟠、姜宸英典順天試，有「老姜全無辣味，小李大有甜頭」之謠，因是下獄，李論戍，姜以老病卒於請室。見石鼓齋雜錄。

康熙辛卯，江南左必蕃、趙晉典試事。必蕃廣東舉人，素無文望；晉則少年鼎甲，任意妄爲，視左如木偶也。榜發多中揚商子弟，士論沸騰，遂有「左邱明兩目無珠，趙子龍一身是膽」之聯，貢院匾改作「賣完」。總督噶禮在揚州逮訊，左以不知情論戍，趙定罪。王樓村與趙同年，時告假在籍，入獄探視，趙即於次日伏法。有謂王帶病僕進獄易趙出者，遂下王獄，通緝數年無獲，王方得釋。亦見石鼓齋雜錄。

以上兩則，皆丁酉以後之科場案。康熙己卯，姜、李皆丁丑同榜，李爲狀元，姜爲探花，而榜眼則嚴虞惇。姜、李既得罪，嚴亦以子弟中式，而與兩主試同榜，亦獲鑴。此王士禎居易錄所謂「鼎甲之衰未有如丁丑者也。」

王樓村，名式丹，康熙癸未會狀。趙晉爲是科榜眼，沈德潛國朝詩別裁集小傳：「式丹歸里後，以同年友累至於對簿，辨雪未幾，遂成古人。藝林重其才，因悲其遇云。」又鄭方坤小傳：「王式丹，字方若，一字樓村，寶應人。爲諸生，即負海內重名。差池晚達，年幾六十，始登壬午賢書。癸未會試第一，臚唱復第一，都人士踴躍歡呼，快若景星鳳凰之先見也。史館十年，長假歸里，乃以同年生科場事發，牽連對簿。久之事得白，又二年卒。」諸傳皆不言其對簿之所以然，惟戴潞石鼓齋雜錄詳之。所云：「帶病僕進獄，易趙出。」眞演義盲詞中之奇聞，不知當時何以得此。至癸未鼎甲王、趙而外，探花爲錢名世，武進人，蒙御題「名教罪人」額，勒令回籍，亦可云癸未鼎甲之衰矣。

試官得罪之酷，順康以後，雍正間有丙午江西闈查嗣庭，此則文字獄而非科場案矣。石鼓齋雜錄：雍正丙午，查嗣庭、俞鴻圖典江西試，以「君子不以言舉人」

二句，「山徑之蹊間」一節命題。其時方行保舉，有意譏刺。三題「茅塞子心」，不知何指，其居心不可問。因查其筆札詩草，語多悖逆，遂伏誅，並兄愼行嗣瑮遣戍有差。浙人因之停丁未會試科。俞鴻圖自認出「日省月試」題，免罪。旋出學差，仍不知檢束，亦論死。」

查嗣庭所命題，何以謂之譏刺？何謂居心不可問？孔孟之言，乃有爾許避忌？此必先有成心，乃以此罪之。清前半朝文字之獄，當另輯專紀。茲因科場事略及查嗣庭。所云「筆札詩草，語多悖逆」，今所可考見者，則有柳南隨筆所載一則，錄如下：

柳南隨筆：「文人借筆墨嘲訕，最屬輕薄，況語犯君上，尤自蹈滅亡也。海昌查某，與錫山杜太史紫綸素善。上嘗賜杜御書一幅，爲程明道春日偶成詩。查戲成一絕云：『天子揮毫不値錢，紫綸新詔賜綾牋。千家詩句從頭寫，雲淡風輕近午天。』詩成不以寄杜，錄之日記簿，杜茫然不知也。後罹罪籍其家，日記簿塵御覽，上摘其大不敬語，數條，此詩其一也。杜聞之，驚怖致疾，賴上明聖，謂其事與杜無涉，遂不之究。初杜得御書賣歸，建樓庋之，取詩中語，顏其額曰「雲川」，以志恩寵，因自號雲川居士。按詩中「雲淡風輕」之雲，「傍花隨柳過前川」之川也。嗣庭兄慎行，原名嗣璉，在太學日坐國忌演長生殿，與趙執信、洪昉思等皆除名，後改名登第，再坐弟累，幾不免，至嗣庭筆札之所謂悖逆，其實不過遊戲出之耳。

柳南隨筆又有一則云：「海昌查某以誹謗朝廷，身羅國法，其女亦徙邊塞。女故工詩，途次題驛壁云：薄命飛花水上游，翠蛾雙鎖對沙鷗。塞垣草沒三韓路，野戍風淒六月秋。渤海頻潮思母淚，連山不斷背鄉愁。傷心漫譜琵琶怨，羅袖香消土滿頭。」吾友汪西京、沈琇，嘗次其韻云：「弱息憐教絕域游，魂飛何祗似驚鷗。覆巢卵在漂流際，薄命人丁瑣尾秋。綺閣低迷空昔夢，邊笳淒切咽新愁。伶仃歷盡崎嶇苦，任爾青春也白頭。」

按嗣庭之兄慎行，敬業堂集中，有中山尼一首，爲萊陽宋荔裳之女而言。宋女以滇亂。與父相失，由少寡而爲尼，由爲尼而被掠，由被掠而漂流，遂無底止。爲尼在滇亂之時，被掠在滇平以後，當時所謂「弔民伐罪」之王師，紀律可想。荔裳父兄皆有明忠臣，己既仕清，一再下獄。至于七之案，得蒙矜恤，亦已皮骨僅存。僑居吳下十年，文字友朋，不爲不樂，當時有南施北宋之譽。乃老爲馮婦，管口遂陷於蜀中。愼行中山尼詩，結句云：「不知皂帽天涯住，何似紅裙馬上歸！」蓋深痛荔裳之多此一出矣。豈知及其未死，又身陷牢獄，親見查氏女之流落而不能救。專制時代，何事而可爲哉？類舉之可以悲矣！

《心史叢刊》二集

# 心史叢刊二集

## 西樓記傳奇考

近人考小說者甚多，西樓記一書，尚未見有詳明之考證。偶讀俞曲園集，其考西樓記者兩則，殊未能得穆素暉蹤蹟。因檢各書稍稍鉤貫，似略有端倪，綴輯如下。

曲園集小浮梅閒話：「歷談各小說，又及西樓記，余曰：袁子才隨園詩話：「龔端毅公定山集，有觀袁凫公水部演西樓傳奇一首，所云虞叔夜者，卽凫公之託名，蓋康熙初年事也。王子堅先生曾親見凫公，短身赤鼻，長於詞曲，莫素輝亦中人之姿，面微麻，貌不美而性耽筆墨，故兩人交好。爲趙某所忌，故假趙伯將以刺之。又紀文達公如是我聞云：「西樓記稱穆素暉豔若神仙，吳林塘言其祖及見之，短小而豐肌，一尋常女子耳。」以袁紀兩公所言徵之，則穆素暉果實有其人也。」

又茶香室三鈔，記袁于令西樓云：「國朝顧丹五筆記云：袁籜庵于令居因果巷，以妓女穆素徽一事，褫革衣衿。順治乙酉，蘇郡紳士投誠者，浼袁作表齎呈，以京官議敍荆州太守，十年不調。監司謂之曰：聞公署中有三聲：弈棋聲、唱曲聲、骰子聲。袁答曰：聞明公署中亦有三聲：天平聲、算盤聲、板子聲。監司大怒，揭參落職。其著西樓記，譏吳江沈同和、趙鳴鳳也。因素徽從同和，鳴鳳爲之撮合，故銜之。西樓在四通橋，穆妓所居也。沈亦作望湖亭傳奇，嘲袁廝子。今金鎖記、長生樂、玉麟符、瑞玉等傳奇，皆袁所作。（按小浮梅閒話略及西樓記，今又記此；然於穆素徽一事，仍未得其詳也。）

以上二則，皆曲園原文。所據各書，不免皆有傳聞之誤。穆素徽爲傳奇中之假名，泥定其有此人，宜乎不得其詳。龔芝麓觀演西樓傳奇詩，作於順治二年乙酉冬，觀劇已在順治初。其與沈同和爲愛戀之敵，實在明天啓初，不得謂爲康熙初年事。王子堅先生，必係子才所及見，其人能見袁凫公，理或有之。袁歿於康熙十三年甲寅，詳後所引三岡識略，時年七十餘。王子堅能於雍、乾間以所見告子才，則當康熙十年左右，必尚幼稚，而穆素徽與袁交好，必爲袁少年事，安得幷由王子堅親見之？至紀曉嵐述吳林塘祖之言，但稱穆素徽，未能舉其眞名，恐亦無稽之語。

至顧丹五筆記所載事實，當必不謬，但謂袁爲荊州太守，十年不調，則亦微誤。袁任郡守斷無十年之久。順治四年，袁當以工部官監督臨清關，其守荊州被劾，則在順治十年，至多不過五六年之久，不得云十年不調。說詳下：

陶煦周莊志流寓：「明沈同和，字志學，吳江人。美丰姿，善詞賦，獨不長於制藝。萬曆乙卯舉於鄉，乃其親趙鳴陽之文。丙辰會試，僅成一藝，餘亦鳴陽代作，同和中會元，鳴陽第六，京師譁然，事遂上聞。有救者言其能詩，卽命殿前賦梅花詩一百首，頃刻而成。上意欲赦之，或曰：『國家以八股取士，未嘗用詩。』仍令覆試，以士憎茲多口，命題，竟日不能成篇，遂與鳴陽同黜，罪以流。時有『丙辰會錄，斷么絕六』之諺。後遇赦歸，隱居鎮中。復營別業於鎮西之張家濱，與潯陽灣陶唐諫善，朝夕往來相陽一溪，故有詩云：『昨夜燈前曾有約，今朝移艇渡溪來。』妓穆素徽者，四方名士爭欲得之，同和匿之張家濱。有不歡於同和者，製爲西樓記傳奇，所稱池三公子，卽指同和也。西樓遺址，嘉慶初年尙存，素徵卽葬於此。」

據此，則池三公子，確爲沈同和，趙伯將，確爲撮合之趙鳴鳳，與顧丹五筆記之說，頗可印證。惟池三公子所納妓，仍名穆素徽，是從傳奇本所云，尙未究其眞姓名也。以穆妓之通文墨，宜見諸家稱引。今檢列朝詩閏集、靑樓小名錄諸書，俱無穆素徽其人，而名妓能文，卒歸沈同和者，實爲周綺生，當知穆素暉乃周綺生之化名矣。

錢謙益列朝詩閏集：「周文字綺生，嘉興人也。體貌閑雅，不事鉛粉，舉止言論，儼如士人。檇李縉紳好文墨者，每召綺生卽席分韻，以爲風流勝事。綺生徵詞多所譏評，有押池韻用習家池者，綺生笑曰：『無乃太遠乎？』諸公皆拂衣而起。綺生嘗有詩曰：『掃眉才子多相忌，未敢人前說校書。』蓋自傷也。新安王太古，詞場老宿，見綺生詩，擊節曰：『薛洪度、劉采春，今再見矣。』李本寧流寓廣陵，與陸無從、顧所建結淮南社，太古攜綺生詩，詫諸公曰：「吾能致綺生入淮南，以張吾軍。」諸公大喜，相與買舟具裝，各賦四絕句以祖其行。太古比及吳門，松陵一元氏者，已負之而趨矣。綺生既辱身養卒，斂衣毀容，重自擯廢，晨夕炷香，於佛前祈死，不復為詩，時作小詞寓意。一元氏以五七言回環讀之，迄不能句，綺生乃開顏一笑也。無何，悒鬱而死。嘗有句云：「侍兒不解春愁，報道杏花零落。」聞者咸傷之。

牧齋名沈同和為松陵一元氏。松陵為吳江縣古名，一元氏當以其曾得會元而除名，因以牛嘲之。證之竹垞所云，固無疑義。李本寧名維楨，其罷官在天啓初，四年再出，六年卒。然則結淮南詩社，必在天啟四年以前，綺生之歸沈，亦必於其時。袁籜庵亦吳下舊家子，當康熙十三年為七十餘歲，則天啓初正二十左右之年。其與沈為戀敵，必即在此日。牧齋擯抑同和，必別有故，說詳下。

朱彝尊靜志居詩話：「周文字綺生，嘉興妓。綺生善小詩。沈純父林居，端午召客，呼之侑酒，不至。次日始來，問其故，曰：『昨偶席上賦詩未就耳。』純父曰：『爾能詩，試即景以五月六日爲題。綺生朗吟云：「酒賸蒲觴冷，門懸艾虎新。」座客咸擊節，由是詩名大起，縉紳若高元期、李君實，皆與酬和。綺生嘗有句云：「掃眉才子多相忌，未敢人前說校書。」蓋自傷也。錢氏列朝詩集，謂爲松陵一元氏負之而遯，悒鬱而死。所云「一元氏」者，除名會元沈同和志學也。予於乙酉冬猶及見之，酒間談論，援今證古，娓娓不休，亦未至以五七言讀詞，囘環迄不能句，第於帖括則全不解耳。詠懷云：「幾點愁人淚，不許秋風吹。吹到長江裏，江流無盡期。」（按綺生詩別見下，微有異同。）

據竹垞說，松陵一元氏確即沈同和。竹垞於乙酉冬見其人，是年爲順治二年，是冬即袁于令京邸演西樓記，具見龔芝麓、曹秋岳諸家詩者也。牧齋集中不見袁于令之名，知亦非所厚暱，然力貶沈同和，陰袒于令，至爲造作蜚語，儕同和於籧篨戚施之倫，此必有所爲而然。吴江沈氏本望族，同和大有貲力，故能博名妓之歡，奪他人之愛。趙鳴陽亦一時名下，於明末黨局皆所羅致，恐後之人大約同和不肯與侯、方、陳、冒四公子同爲復社鼓煽聲氣，鳴陽亦矯矯自異，不倚聲氣。觀其後以逆璫票擬俱出鳴陽爲疑，則清流之欲以相誣，固非一朝一夕之故，沈趙相連，故牧齋恣其詆毀歟！

李中馥原李耳載：「張青毛鳳翥，余長男岳也，入陽曲庠有名。潘侍御延江南趙公鳴陽至晉，爲子弟師，青毛亦從受業。將三載，趙公南旋，爲仇者所陷，言逆璫魏忠賢票擬，俱出鳴陽手，逮至京下獄。青毛奔命叩閽，言某年至晉課徒，某年方去，安能分身禁地也？趙公得白出獄。嘆曰：「吾將有以報子矣。」偕青毛渡江，南遊蘇杭諸勝地。將返，盡以所著舉業及行文科律授之。庚午薦元，更置第二。趙公子名玉成者，亦中式北上，握手歡甚，言家君見山西試錄，拍案大喜曰：「吾言驗矣。」」原李耳載有中馥曾孫從龍識語云：「舉孝廉不仕，闖賊嘗遺朱獻策脅以仕，婉辭之，賊卒不敢加禍。所交遊皆嚴正，如方崧生、傳青主、張華陽諸先生，率常以節義相高，時亦或以文字互砥礪。」據此則中馥爲明季孝廉，趙鳴陽入晉三載，在天啓間；至以逆璫爲罪，則必在丁卯思宗登極以後。張青毛與鳴陽子玉成同舉庚午，庚午爲崇禎三年，距丙辰鳴陽與同和同捷南宮時，已十五年矣。近人丁寶銓撰傅青主年譜：「先生兄子襄，其婦李中馥女。襄二十而夭，婦同日仰藥以殉，年十九。」又引山西通志文學錄，中馥甲子舉人，蓋天啓四年也。耳載書名，亦見李略歷中。青主集有敍靈感梓經，爲中馥作，卽年譜所本。

從顧丹五筆記，則西樓記所詆之趙伯將，乃趙鳴鳳。而沈同和鄉會試之捉刀人，則爲趙鳴陽。鳴鳳、鳴陽，俱吳江人，或係弟兄。然據焦循花部農談則云：「西樓之趙不將，祇以口筆嫌搆其父，父禁于叔夜，不許私妓在趙，固洩私忿，而其言非不讜正，以是而遣雷殛，眞爲枉矣。」蓋袁于令與趙鳴陽素隙，心恨之，思得雷殛乃快，西樓之趙不將，卽指鳴陽也。鳴陽人品學問，豈袁所及，故馮猶龍刪改西樓，毅然刪去此折，是也。然則里堂先生固以趙不將爲卽鳴陽，無所謂趙鳴鳳矣。

朱國禎湧幢小品：「乙卯年，南場中有魚見於圍。魚，水族也；水至潔也，而汚穢若此，又見於場中，此文明失位之象。次年丙辰會試，沈同和以代筆中第一名，代筆者趙鳴陽中第六名，俱吳江人。事發按問，並罪除名。吳為水國，遂應其占，亦一阨運也。蘇州人為之語曰：「丙辰會錄，斷么絕六。」蓋名次適應其數云。趙最有才情，特以館穀落其度中。余見代筆者數人，皆無他異，所謂有幸有不幸也。似宜末減。」

又曰：「自制義盛行，凡大家必延名士為師友，教子弟，卽聖人復起，亦不可廢。居常譚文課藝，一遇考試，同坐商量，職也，亦情也，勢也。余少年館穀餬口，有某大家邀致甚力，將赴之，先君子獨否，曰：「一入其中，卽以文字受役，不可推，不可拔矣。」固辭之，觸怒，賴有解者，且以明年為期，乃得免。其年戊子中式。由今追思，先君子其殆聖乎！凡貧士有文章名者，宜於此際深思，趙之覆轍，可鑒亦可憐也。」

沈氏為吳江大族，同和事蹟，未見專傳。其諸沈之曾與西樓有涉者，明詩綜載沈幼玉有女郎綺生卜居江上云：「窈窕紅樓隔舊京，重簾瑟瑟擁雕楹。樓前咫尺官橋路，認得蕭郎白馬聲。」此詩宛然見「西樓」光景，首句有「隔舊京」字樣，當亦從金陵舊院中來。綺生蓋非始終株守嘉興者，其適同和，乃自南都移住吳江也。靜志居詩話：「沈珣字幼玉，吳江人，萬曆甲辰進士。授中書舍人，選山東道御史，巡按貴州，尋轉福建參政，歷湖廣按察使、河南右布政使、山東左布政使、擢都察院右副都御史，巡撫山東，有淨華庵藁。先伯祖贈尚書君與公爲沈公分校南闈所拔，其後中以婚姻。公之曾祖漢，正德辛巳進士，伯位，隆慶戊辰進士，同懷兄琦琉，從兄璟瓚，先後皆衣柳汁釋褐，門閥之盛，甲於平江，而子姓繼之，文采風流，代各有集，則尤世祿之家所難矣。晚愛逃禪，所至廨舍，輒事掃除，或笑以爲傳舍何必乃爾，公曰：「宛其死矣！他人入室，吾未見故廬非傳舍也。」其達觀如是。詩頗圓熟，略與昆弟雁行。按幼玉科分，前於同和十二年，其爲綺生題詩，頗饒風趣。」

幼玉題綺生卜居江上詩，據趙慶楨青樓小名錄，所記殊有不同。小名錄綺生事蹟，乃合錢朱所撰兩小傳爲之。而末附幼玉詩，則云：「周綺生卜居江上詩云：「十里紅橋柳萬株，白蘋紅葉滿青渠。從今管領秋江色，總屬風流女校書。」「鴉黃初褪晚妝慵，獨上朱樓盼遠鴻。無賴秋光偏欲暮，惱人花外鯉魚風。此下有注云：「按明詩綜載幼玉綺生卜居江上詩一絕，與此不同云云。」大約幼玉此題詩，本非一首，明詩綜採其一，而小名錄所據之書，則別採其二也。

近人姚光懷舊樓叢錄：「西樓記爲袁籜庵所撰。我友吳江陳去病撰五石脂言：『吳江沈同和，字志學，隱跡白蜆江之潯陽灣，築西樓以居之，以私匿名妓周綺生，故好事者遂爲西樓記傳奇，記中所稱池三爺者，卽指同和，穆素徽以比綺生云。』此則所指，最爲明確。」

沈同和以會元除名，恰當清太祖建元天命之歲，野史家曾據此以言災祥，計六奇明季北略：「萬曆四十四年丙辰，清朝建國號大清，太祖武皇帝卽位，建元天命，開科取士，始有會元。而中朝會元沈同和，以弊發除名。洪承疇登進士。是清有元而明無元，承疇後爲清之勳臣，俱天也。」按計氏此則，附見於紀異之中，當是傳聞附會，未可盡據。清太祖初建號時，國名，後金，並未有大清之號，凡稱後金者二十一年，至太宗天聰十年，始改國號曰清，各家紀載皆同。王蔣兩東華錄，雖無後金之號，然改號爲清，則明在天聰十年。北略本書亦託始於丙辰，開卷第一條即云：「萬曆四十四年丙辰，大清朝建元天命，指中國爲南朝，黃衣稱朕，是爲太祖。然是時猶稱後金，後改大清。」此文明明甚確，所記沈同和事，未免矛盾。又丙辰後金改元，自是草草僭號之事，安有所謂開科取士？東華錄天聰八年四月辛巳，初命禮部考取舉人十六名，蔣錄並有注云：「此設科取士之始。」語必可信。其云：「清有元而明無元。」當是其時一種流行語，謂天命建元之年，會試適無會元耳。計氏因謂清於是年始有會元，亦誤。

綺生以能詩名，今就列朝詩閏集所採周文詩二十首，錄之以見一斑：游韜光庵與沈千秋分韻作：「轉徑白雲近，回風清磬殘。霜花欺客眼，江雁怯秋翰，片石泉聲細，千峯日影寒。烟深鳥不語，歸路已漫漫。」中秋鴛湖夜別：「泣別鴛鴦湖，湖流淚不竭。去住無兩心，水天有雙月。」吳江夜泊三首：「去魄如秋水，清暉未破雲。眼看林影黑，何處照離羣。」「月明波上白，風送夜聲寒。數點蒹葭露，渾疑淚眼看。」「愁人幾點淚，不許秋風吹。吹入吳江裏，江流無盡時。」中春道中送別：「酒香衣袂許追隨，何事東風送客悲。溪邊飛花偏細細，津亭垂柳故絲絲。征帆人與行雲遠，失侶心隨落日遲。滿目流光君自惜，莫教春色共差池。」秋日過吳門感舊：「香殘帶緩不勝愁，又見蕭條一片秋。身到故鄉翻是客，心惟明月許同舟。數聲新雁凌江下，幾點寒鴉逐水流。遮莫平生多少恨，閒吟敧枕更悠悠。」秋日汎舟懷友：「臨風思永夕，極目感深秋。月落應同照，溪陰故獨流。鳥啼清露下，雁過薄寒收。衰草猶如岸，空依此夜舟。」夏日和友人見贈並謝蘭膏名酒：「睡起獨憐人，吟詩感歎頻。蠶眠知入夏，溪漲覺餘春。搔首慚膏沐，停觴憶飲醇。蒹葭餘一水，何處問通津。」「題徧碧苔牋，吟殘綠水篇。流霞穿樹出，明月隔溪懸。乍聽聲聲笛，還逢汎汎船。琴心誰共識，山水自相憐。」有懷二首：「捲簾何所思，獨立數歸鳥。不恨落日遲，惟憐君去早。」「醉罷見明月，照我還照君。如何君不見，又見天邊雲。」暮春五首：「曾共看花發，無端又落花。春歸君亦去，誰與惜年華！」「鳥聲泣暮雨，蝶夢繞東風。花落不堪聞，春光半已空。」「坐起愁如織，空齋但寂寥。不關風雨妬春色，爲誰凋。」「堪嗟分手日，春色冷湖頭。柳絮空飛盡，長條轉繫愁。」「舊愁聊自息，新恨便相催。欲寄愁千縷，無由隻雁來。」有所思：「兩眼斷夕陽，兩鬢羞明鏡。重門閉不開，唯與愁相競。」二十初度：「作惡春風二十年，愁眉常到鏡臺前。去年楊柳爲誰折，今歲梅花黯自憐。」

以上爲西樓記中之池三爺，趙不將，穆素徽各種脚色。此外更詳其撰人袁于令，即記中之于叔夜。

汪琬堯峯文鈔袁氏六俊小傳：「臥雪公袁褒，生子年，萬曆丁丑進士，歷官陝西按察使。孫堪，萬曆庚子舉人，歷官肇慶府同知。坊，歷官絳州州同。曾孫于令，歷官荊州知府。」按袁氏六俊爲谷虛先生袞，志山先生裘，陶齋公表，謝湖先生褧，臥雪公褒，胥臺先生袠，皆以文行知名。堯峯夫人爲胥臺四世女孫，故撰六俊傳，蓋汪琬妻爲于令從姪女也。

褚人穫堅瓠續集：「袁韞玉西樓記初成，往就正於馮猶龍。馮覽畢置案頭，不測所以而別。時馮方絕糧，家人以告，馮曰：『無憂，袁大今夕餽我百金矣。』乃戒閽人勿閉門，袁相公餽銀來，必以更餘，逕引至書室可也。家人皆以為誕。袁歸，躊躇至夜，忽呼燈持百金就馮。及至，見門尚洞開，問其故，曰：『主人方秉燭在書室相待。』驚趨而入，馮曰：『吾固料子必至也。詞曲俱佳，尚少一齣，今已為增入矣。』乃錯夢也。袁不勝折服。是記盛行，而錯夢所以尤膾炙人口者也。」按前據里堂先生語，則馮自有改本西樓記，既可刪雷殛一折，亦可增錯夢一折，未必受袁氏之賂而為改之。

于令之勇於作傳奇，在明季啟禎之間。顧丹五筆記已舉其金鎖記、長生樂、玉麟符、瑞玉等諸名。其瑞玉一種，為五人墓事，雷琳等漁磯漫鈔：「明袁籜庵作瑞玉傳奇，描寫逆璫魏忠賢私人巡撫毛一鷺及織局太監李實搆陷周忠介公事，甚悉。詞曲工妙，甫脫稿，即授優伶，羣紳約期邀袁集公所觀唱演。是日諸公畢集，而袁尚未至，優人請曰：『劇中李實登場，尚少一引子。』乞足之，於是諸公各擬一調，俄而袁至，告以優人所謂，袁笑曰：「幾忘之。」卽索筆書卜算子云：「局勢趨東廠，人面翻新樣。織造平添一段忙。待織就，迷天網。」語不多而句句雙關巧妙，諸公歎服，遂各毀其所作。一鷺聞之，持厚幣倩人求袁改易，於是易一鷺曰春鋤。」

于令以乙酉蘇郡投誠，代紳士作表齎呈，以京官議敍守荊州，已見前引顧丹五筆記。今考于令之得京官，當在投誠以前；其與沈同和爭一妓而革衣衿，自是天啓年事。其製瑞玉傳奇，敢於直揭璫惡，而毛一鷺無奈之何，至納賄以祈免，此必在崇禎間逆案既定之後。蘇省投誠在乙酉六月，而乙酉春于令已在北都。龔鼎孳定山堂集，有乙酉三月十九日述懷詩，下有天慶寺送春，和舒章、韡庵、爾唯諸子，以下又有過鞏鴻圖都尉故居，過城東戚貴諸里第，二題皆注乙酉。則送春」乃送乙酉之春也。是時袁在北都，至六月北兵下蘇州，袁實表迎降，似由北而往，當已爲北人間諜。

定山堂集又有朱遂初謁告得請，和袁甔公韻爲贈，此詩亦在乙酉，其下有題云：

秋夕有懷和遂初，其前爲懷方密之在密之走粵以後。然則夏秋之間，袁仍在北，
是其奉表迎降，或係馳草俾蘇人遵用。其身並未離北。
鼎孳以丙戌六月丁艱，定山堂集有袁甇公水部招飲，演所著西樓傳奇，同秋岳
賦：「鳳管鵾絃奏合圍，酒場新約醉無歸，可憐薊北紅牙拍，猶唱江南金縷衣。詞客
幸隨明月在，清歌夜遏彩雲飛。上林早得琴心賞，粉黛知音世總稀。」「寒城客思繞
更籌，夢裏橫塘阻十洲。一部管簫新解語，六朝人物舊多愁。烏棲往事談何綺，鶯
囀當筵滑欲流。落魄信陵心自苦，徵歌莫訝錦纏頭。」本詩有「寒城」字，以下數詩亦
有冬寒等意義。此在乙酉以下；又丙戌冬鼎孳已出都，則此必乙酉冬。至此始稱
水部，或至此方得京官，前以遊士留京歟？
定山堂又有甇公舒章重九集飲有作，遙和原韻，此爲乙酉秋。又有冬夜同秋岳、
舒章、甇公集爾唯、藥房，限韻，此爲乙酉冬。又有謝袁甇公水部雨中寄懷，首句：「簷
桐受雨綠初深，」此當是初夏光景。其下題即爲午日李舒章中翰招同朱遂初孫

惠可兩給諫集小軒，演吳越傳奇，得端字。按丙戌春夏，袁已由水部郎任清源司榷，所云「寄懷」，蓋由清源見寄。

定山堂有袁凫公水部將之清源，同秋岳雪航集小齋賦別，「卿孟辭朔雪，肯惜客衣單。梅閣宜乘興，詩名恰稱官。鄉懷生渭雨，春草迓雕鞍。撚指桃花舫，聯吟比彈丸。（自注：余擬春初乞歸）橫笛吹行色，燕姬玉轡馱。風萍憐帶緩，烟柳愛裙拖。南國人初少，西樓夢漸多。座中公瑾散，絲竹悞如何！」味此詩是乙酉歲杪，約丙戌春南還，當過清源相聚之意。山東通志：「清源驛在東昌府臨清州東水門外。」蓋于令於其時爲臨清關監督也。賦別詩意正在冬春之交，惟必爲乙酉冬，丙戌夏秋。鼎孶過清源，別有與于令相聚詩。

乙酉冬京邸演西樓記，龔詩題言同秋岳賦。今檢秋岳侍郎靜惕堂集，正有此作。題言：令昭水部招同百史豈凡兩少宰，芝麓奉常，孝緒太史，雪航侍御，爾唯、舒章兩中翰，演自度西樓曲，即席賦二首。據此則席間客數咸備，大抵皆南中故人，而溧陽、吳江兩相，其時皆爲少宰，芝麓爲奉常。據貳臣傳：順治二年九月，遷太常寺少卿。是可證其的爲乙酉。又曹詩下一題爲芝麓閨人初度，則此詩在是年顧橫波生日以前。橫波生於十一月三日，別見橫波夫人篇。

曹詩云：「油碧簾深步障圍，客中嘉會綏思歸。塡詞白紵喧檀板，貰酒紅樓出舞衣。吳國迢遙雲未散，才人彷彿鳳初飛。若非江左知音在，安使當筵誤曲稀！」「勝日聯牀佞酒籌，依然絲管坐西州。宮園法部人人豔，紈扇新聲夜夜愁。走馬呼鷹餘樂事，攀嵇慕藺總風流。長安此後傳佳話，輕薄名居最上頭。」此詩用韻與龔詩同，自是同席所作。

曹侍郎又有西樓曲贈令昭云：「麴塵乙夜吳茵惹，袁公驕許鬢眉者。鳳指排笙恨兩開，粵珠論斛當筵瀉。鏤成元枕飛瓊羽，叢粉堂深吹辟褸。麟帶斑囊七尺人，化作紅窗幽月語。小蘭罵客輪截舌，飄情甲帳楊絲熱。十二湘波舞絳釵，吐香媚雪步臨階。鈿車遙遙春瓣打，沈腰新細宮中把。花星九野妖姬壓，難消入骨歌難招。

齊梁書客天無才，濃紘刮玉吹青苔。」

定山堂有袁凫公水部，自清源貽詩見懷，依韻寄答二首：「空齋冰雪裏，日日憶袁安。尺素愁中得，清歌興未殘。舊歡需酒幔，新夢託漁竿。衆女方謠諑，蛾眉好自完。」「水部稱才子，詞場起建安。同時人自失，當戶草先殘。物總催蓬鬢，狂應舞蔗竿。春吟吾漸減，粗報藥欄完。」此詩首言空齋冰雪，日憶袁安，乃乙酉冬送袁作別後事。末言春吟，乃丙戌春語。丙戌夏秋，龔出都，詩集別作起訖，此爲未出都時，時袁正權關清源，何以知其在清源爲權關？龔集中又有一題云：「贈清源霍龍淮水部，此地舊爲袁籜庵権差公署，余五年前南還，曾集於此」云云。五年前者，丙戌也。其後二題，爲盧紫房先生留飲畫扇齋賦謝四首，第一首中有句云：「看顏健較五秋多」。(自注：丙戌秋杪，晤先生於杜亭。)按此皆辛卯年詩。辛卯龔起復還朝，再經臨清運河北上，故其言如此。

龔詩又有五排寄懷袁籜庵水部，用杜少陵寄劉峽州伯華使君四十韻，有小引云：「丙戌秋，扶服南還，抵清源，則已爲中秋前二日。籜庵存我甚至，痛楚中得見故人，屬且聞戒，小爲停泊數宵。瀕行復挐舟送我，幾及百里，此義古人哉！不孝孤於世，棄核耳！自傷七尺，當骨入口，或不免以餘波濺知己。而籜庵長者，顧且安之，卽一日不死，豈敢忘旅食彭衙時耶？濟寧守渡，用杜韻粗述鄙懷。神理久荒，原唱復爾軋茁，勉而就此，知不滿大雅一軒渠也。」按丙戌六月，龔丁父艱，其秋南下，八月中旬抵臨清，途中始聞孫垍齡之嚴參，故云「聞戒」。「彭衙」行見杜集。于令當丙戌歲正在榷關任。

靜惕堂詩，舟過清源，袁令昭水部留飲數日，二首曰：「斜行酒對高臺，脫贈吳鈎勸莫哀。地接燕齊渾介胄，身當強壯轉蒿萊。河橋隔幔檣烏出，雪隴沾花獵騎迴。欲使片帆歸計穩，危疆仗爾發硎才。」「清源城市鬱嵯峨，十日淹留奈別何！恆衞北流蘭契少，干旄中斷鶴飛多。玉盤春讌搖鄉夢，錦帳郊迎變徵歌。却怪同人來往數，那無一字記經過？（自注：去歲舒章芝麓過此，俱不留詩也。）」按此詩必作於丁亥。李舒章扶柩南還，亦在丙戌。李龔過此，皆奉諱時，宜其無詩。然龔至濟寧郎寄詩，已見前。據此，則丁亥于令尚在清源。又按曹詩亦有袁令昭水部以酒醬見貽賦二十韻，末云：「知君南去後，饑渴遍吾儕。（自注：時令昭以分司清源，將出都也）」此爲乙酉歲杪，與龔賦別詩同時之作。

于令于丁亥以後，得外簡荊州守。曹侍郎集有彰德道中遇袁令昭詩，是爲于令將赴荊任時作。其詞云：「步出邯鄲城，道廣容軒車。忽逢同鄉人，下馬牽我裾。問我何所行，顏色何焦枯？淒雲西北起，猛虎臨路衢。暫辭堂上親，時艱不遑居。且欲守情志，敢復圖歡娛！欽子善自保，列綬多數腴。五十郡太守，良勝殿中趨。雙騶夾朱轂，直往荊南驅。愧乏一斗酒，何以明鄙軀？相去各數里，車頓馬踟躕。客子還送人，觀中爲欷歔。」此詩明言于令向荊南赴任，而其自述，則曰「顏色焦枯」，曰「守情志而不圖歡娛」，皆失職頹喪之語。貳臣傳曹溶傳：「順治三年三月，遷太僕寺少卿。先是恩詔錄七品以上京官子弟各一人，由附生充監生，由廪生增生充貢生。溶任學政時，所舉充貢監，有曾于明季襲世職及中武舉者。至是事覺，坐失察降二級調用。尋復以選拔貢生逾額，革職回籍。此傳文之一節，自三年三月起，當已敘至四年間。丁亥與于令敘于清源，已見曹前詩。今復以出守與曹相遇於彰德，必已在清源去任之後，詩中「淒雲西北起」四句，當指闖賊破都城，身陷於賊之事。而此詩前二題為以事北征，留別同社諸子五首，則至彰德遇袁，乃回籍後再北上矣。當在順治五年以次。

尤侗艮齋雜說：「籜庵守荊州，一日謁某道，卒然問曰：『聞貴府有三聲，』：謂圍棋聲，鬪牌聲，唱曲聲也。」袁徐應曰：「下官聞公亦有三聲。」道詰之，曰：「算盤聲，天平聲，板子聲。」袁竟以此罷官。此則與顧丹五筆記略同，為于令任荊州時事。

吳詩集覽引程迓亭曰：「順治十年三月，湖廣撫臣題參袁于令等官十五員，侵盜錢糧。時布政使林德馨已內陞左副都，而工科給事張王治，遂并劾之。」是為于令由荊守罷官時事。

于令既罷官，終身以西樓傳奇自豪；朋輩投贈，亦皆以此相推者。復爲綴輯如下。

吳偉業梅村詩集，贈荊州守袁大韞玉，有序云：「袁爲吳郡佳公子，風流才調，詞曲擅名。遭亂北都，佐藩西楚，尋以失職，空囊僑寓白下。扁舟歸里，惆悵無家，爲作此詩贈之。」據此序有「遭亂北都」語，益知甲申之役，袁方在燕。乙酉清兵下江南，用袁以誘蘇人，正是爲北方作虎倀，敘功得官，固非敘其在籍投誠也。

吳詩云：「曉日珠簾半上鉤，少年走馬過紅樓。五陵烽火窮途恨，三峽雲山遠地愁。盧女門前烏臼樹，昭君村畔木蘭舟。相逢莫唱思歸引，故國傷心恐淚流。」「霓裳三疊遍天涯，浪跡巴邱度歲華。賴有狂名堪作客，誰知拙宦已無家。西州士女章臺柳，南國江山玉樹花。正遇秋風蕭索甚，淒涼賀老撥琵琶。」詞客開元擅盛名，蕭條鶴髮可憐生。劉郎浦口潮初長，伍相祠邊月正明。擊筑悲歌燕市恨，彈絲法曲楚江情。原注：「袁西樓樂府中有楚江情一齣。」善才已死秋娘老，溼盡青衫調不成。」湘山木落洞庭波，杜宇聲聲喚奈何。千騎油幢持虎節，扁舟鐵笛換漁簑。使君灘急風濤阻，神女臺荒雲雨多。楚相歸來惟四壁，故人優孟早高歌」。此詩舉西樓記中楚江情一折。楚江情者，朝來翠袖涼一折，穆素徽爲于叔夜所奏，音節極佳，記中最勝處也。

周在浚尺牘新鈔，鄧漢儀與袁籜庵：「承示諸箋，得吳梅村太史奉贈四詩，風流婉約，眞如張緒當年。又如商女隔江唱六朝新曲，可妬亦可憐也。至讀曹秋嶽先生「老淚霑歌板，歸裝儉秫田」之句，又爲黯然。世有一代才人如袁令，而竟乏司業酒錢之贈乎！可爲世道嘆，並可爲遊人戒矣」。按孝威此書，以吳曹兩家贈詩爲于令重。今再錄曹詩如下。

靜惕堂詩，喜値袁籜庵，贈詩三首：「聯舫邗溝路，雲濤興渺然。柳無終歲別，月似故鄉圓。老淚霑歌板，歸裝儉秫田。桓家寒具美，一飽足高眠。（自注：籜庵以環餌餉予）」「救貧無善策，長歎各征衣。江上風波闊，口前喘息微。健帆因我住，古調向人非。近注蒙莊了，逍遙是德機」。「曾見熊旛出，章華弔故宮。罷傾沙市酒，閒掛廣陵篷。六代嗚弓外，三山拄笏中。盛傳金縷曲，吹盡柳條風。（自注：「籜庵罷荆州守歸，僑居白下。于令有音室稿，今未之見。」見尺牘新鈔所引與安公書云：「公詢老夫近況耶？昨題齋中一聯曰：「佛云：不可說，不可說。子曰：如之何，如之何！」老夫近況，如是而已。」此等語氣，必在罷官以後。梅村詩所爲「杜宇聲聲喚奈何」，正指此。

集覽引吳之紀春日袁荆州令昭過訪百花洲口占二絕：「契闊經今兩白頭，建牙吹角古荆州。東山嘯咏西樓夢，故國重逢話昔遊。」「一曲纔成傳樂府，十千隨到付纏頭。當時記得輕分手，王粲高樓鸚鵡洲。」此亦以西樓記推袁者之紀，字天章。

宋犖筠廊偶筆：「袁籜庵以西樓傳奇得盛名，與人談及，輒有喜色。一日出飲歸，月下肩輿過一大姓門。其家方燕賓，演霸王夜宴，輿人曰：「如此良夜，何不唱繡戶傳嬌語」，乃演千金記耶？籜庵狂喜，幾墮輿。」

吳詩談藪引鄒祇謨訂士倚聲集：袁籜庵以樂府擅名，塡詞獨獮寂然，紅樓唱和小令，乃猶不減風流。梅村先生云：「淒涼法曲楚江情」。阮亭云：「紅顏顧曲袁荆州」。正不必賀老琵琶爲寫照也。按音室稿既未見，據鄒說袁獨傳樂府，詞尚罕見，詩更可知。所云紅橋唱和小令見清王昶所輯國朝詞綜。袁于令浣溪紗：「郭外紅橋半酒家，柳陰陰下有停車。笙歌隱隱小窗紗，曲水已無黃篾舫，夕陽何處玉鉤斜，綠荷開徧舊時花。」

靜惕堂有贈徐君見詩四首，第一首云：「袁家樂府盛流傳，許汝新詞配蜀絃。夜半虎邱遊舫絕，一聲腸斷月明前。（自注：袁籜庵贈君見詩，甚稱其能。）」此詩亦以樂府推袁，而因及徐，且稱袁有贈徐詩，今未之見。

定山堂於袁罷荊州後，丙申有詩贈臨清馬生：「十一年前秋月圓，今來叢菊抱霜眠。浮雲車馬人何限！驢背西風送客船。」「野水清尊載荻牀，每攜翰墨當歸裝。袁宏烟艇空江遠，入座還憐馬季長。（自注：生善聲，曾識於袁籜庵坐上，今籜老罷荊州守歸矣。）」

宋犖西陂類稿漫堂草何次德見過漫堂感賦：「廚俊英遊幸拍肩，侯嬴鞭弭共周旋。緇衣需次仍遺老，白首重逢話往年。柳暗隋堤花是雪，月明邃步酒如泉。雲烟過眼嗟三絕，疏雨青燈一惘然。」自注：曩次德遊梁，主侯朝宗家，余同雪園諸子賦詩送之。後遇於金陵，與周櫟園、袁籜庵諸公讌集秦淮丁繼之水閣，今屈指三十餘年矣。」按前二題有康熙二十二年字樣，此當略在其後。漫堂在通永道署中舉分守時所題。其云：「屈指三十餘年」，乃溯次德遊梁之歲。雪園諸子雅集，在順治十年以前，故云然。其與籜庵等聚於秦淮，則康熙八年事。次德爲明故相何如寵之子。

漫堂年譜：「康熙八年己酉五月，觀競渡罷，返金陵，寓邀笛步丁叟繼之水閣，與周侍郎、袁籜庵于令諸公盤桓月餘。遂還楚，刻將母樓詩集。修黃州洗墨池，有記。」按觀競渡蓋在吳門，其時籜庵老矣。

籜庵之年，在康熙八年，當已踰七十，其歿在康熙十三年甲寅。籜庵作郡時，曹侍郎詩中有「五十郡太守」一語，時當爲順治五年左右。所云「五十」，亦未必正爲五十。

今假定爲順治五年己丑，籜庵五十，則明萬曆四十七年己未，其年爲二十。踰二年辛酉，天啓改元，此後卽李本寧罷官，結淮南詩社，沈同和娶周綺生等事，皆在天啓四年以前。蓋四年爲李本寧復起之歲也。籜庵與和同爭寵，正在其時，年方二十餘歲，同和以乙卯丙辰聯捷，在萬曆四十三四年，齒必甚稚，但略長於籜庵耳。

靜惕堂詩，又有客從白門來，得令昭于皇近信，寄懷二首，其第一首自注爲令昭作。詩云：「列卉讓蘭茝，當風布芬芳。麗藻不恆有，屯運多摧藏。袁生擅逸思，變雅爲離章。手自握翠羽，咳唾成宮商。荒淫感人心，勸戒理則長。懽會破幽默，質衣羅朋觴。今年七十餘，矯舉鍾山陽。酣暢如童嬰，我屬徒悲涼。尙憶廣陵城，彈棊夜未央。泛舟采紅蕖，錦席侈高張。羈蹤限南北，江流望湯湯。安得諧素期，並坐還鼓簧。近映珠玉輝，拂拭塵土腸。」據此詩籜庵已七十餘。

董含三岡識略：「甲寅年記口舌報一條云：吳中有袁于令者，字籜庵，以音律自負，遨遊公卿間。所著西樓傳奇，優伶盛傳之，然詞品卑下，殊乏雅馴，與康王諸公作輿臺，猶未首肯。其為人貪汚無恥，年逾七旬，強作年少態，喜談閨閫事；每對客淫詞穢語，衝口而發，令人掩耳。余屢謂人曰：「此君必當受口舌之報。」未幾，寓會稽，冒暑干謁，忽染異疾，覺口中奇癢，因自嚼其舌，片片而墮，不食二十餘日，竟不能出一語，舌根俱盡而死。」按此則頗詳籜庵態度。董氏性情長厚，不事放蕩，同時不喜金聖嘆，於籜庵尤斥言之。其所斥之狀態，則必甚確肖其人也。

尺牘新鈔又有袁于令與人書云：「辱君虛懷好問，敬以四語奉助：名譽，人之賊也；安逸，道之賊也；聰明，詩之賊也；爽快，文之賊也。」輕薄人學作見道語，殊亦可聽。

復考周綺生以能詩擅名北里，竹垞謂在沈純父林居之日。純父名思孝，明史思孝傳，敍其與孫丕揚分黨互劾事云：「其秋，丕揚去位，思孝亦引疾馳傳歸，朝端議論始息。久之，丕揚復起為吏部，御史史記事，復詆思孝與顧天埈合謀，欲搆陷丕揚。顧憲成、高攀龍力辨其誣，而思孝卒矣。」丕揚罷吏部，在萬曆二十四年閏八月。思孝傳所云「其秋，」即二十四年之秋也。思孝亦引疾，此後皆為林居之日。三十七年四月，丕揚復任吏部，至四十年二月致仕，俱見七卿表。丕揚再任吏部而史記事復詆思孝，顧高為思孝力辨，而思孝亦卒，則思孝卒在萬曆四十年以前。且其林居召妓，五月六日吟詩，尤必在萬曆三十八年以前。明施紹莘花影集樂府卷二舟中端午曲中有「酒贖蒲香冷」一句，跋云：「名姬周綺生才色兩絕，「酒贖蒲香冷。」其鴛湖口占句也。辛亥午日，偶譜入小詞，庶令個中人殘唾遺珠，猶傳人間幾四絹耳。綺生予未曾識面，間聞之閣生，大約風流高韻人也，應是值得一死。乃西樓記成，而于鵲身黜名辱。殊色誠可憐，美才亦可惜。為一婦人身為逐客，嗚呼悲夫！然吾輩惟此一點情血，庶為人間解穢。彼朝規而暮矩，左繩而右墨者，不知情字作何點畫？子夏曰：「焉能為有？焉能為亡？」吾謂此輩當亦云。今于鵲身隱而西樓記傳矣，才名不朽，差可無憾。乃知天之眷才人，養情脈，未始不寬其途耳。」自跋。按集中屬見閣生姓顧，戊午舉人。其前一科乙卯登乙榜，蓋萬曆四十三至四十六年科目。乙卯，即沈同和中鄉試之年。辛亥端午，用周綺生句入所作端午曲，此句即綺生在沈純父座中所作。其時爲端午後一日，則必在辛亥年以前，故知必在辛亥以前之庚戌，或更在其前。庚戌爲萬曆三十八年，故知綺生之豔名，必早著於三十八年以前，至四十二年甲寅，距康熙甲寅袁于令之死已六十年。于令年七十餘，當前甲寅爲十餘歲，未必便能與沈同和爲情敵，而作西樓記爲時傳誦，前所斷爲天啓初年事，必不妄，然去綺生作五月六日詩時已越十年，則其時綺生年齒已稍長，必長於于令若干歲矣。袁沈俱吳郡世家，沈純父嘉興人，竹垞記其林居召妓，施紹莘亦謂爲「鴛湖口占」，則其時綺生初出應徵，乃其在嘉興里中之日。後流轉舊院，至卜居吳江，稱「西樓」，當是已暱就沈氏。傳奇亦名西樓記，皆沈同和與綺生已有深交之後，而于令强欲攙奪其間，事不就而撰傳奇以詆毀之，顧丹五記其因此「褫革衣巾」。施紹莘所云于鶻，當是于令始尙有此號，亦謂「其身黜名辱」。又云「身爲逐客」。「身隱而西樓記傳」。當時多右袁而抑沈，大致如此。施之口吻，固于令一輩人也。華亭章鳴鶴荀儔谷水舊聞：「施子野紹莘花影集詞極工，然描情畫意，讀其詞者，得毋墮入韓冬郎香奩乎！此等書爲導淫文字，維風化者當焚之。」鳴鶴爲南明大學士曠之孫，有謨其從父也。乙亥再版時補記。

## 王紫稼考

易代之際，倡優之風，往往極盛。其自命風雅者，又借滄桑之感，黍麥之悲，爲之點染其間，以自文其蕩靡之習。數人倡之，同時幾徧和之，遂成爲薄俗焉。由近日之事，追配明清間事，頗多相類。偶舉王紫稼一則，與時事相比差，亦論世之一慨也。

清初文字之盛，以江左三大家爲眉目。三大家者，錢牧齋、龔芝麓、吳梅村是也。王郎之名，適盛傳於三家筆墨中，讀之令人神往，似亦勝於時下俳優之作。今考三家集，並採諸家記載，綴輯如左。

尤侗艮齋雜說：「予幼所見王紫稼，妖豔絕世，舉國趨之若狂。年已三十，遊於長安，諸貴人猶惑之。吳梅村作王郎曲云云，而龔芝麓復題贈云云，其傾靡可知矣。後李琳枝御史按吳，錄其罪立枷死，識者快之。然當時尚有惜其殺風景者，見吳詩集覽引。」

梅村王郎曲後自跋云：「王郎名稼，字紫稼，於勿齋徐先生二株園中見之，髫而皙，明慧善歌。今秋遇於京師，相去已十六七載，風流儇巧，猶承平時故習，酒酣一出其伎，坐上爲之傾靡。余此曲成，合肥龔公芝麓口占贈之曰：薊苑霜高舞柘枝，當年楊柳尙如絲。酒闌却唱梅村曲，腸斷王郎十五時。」據上兩則，王郎生長於吳，固爲吳中士大夫所狎。三十而北遊，然後以冶習動京師者也。其始出顛倒吳人，蓋在崇禎十年左右。梅村王郎曲，編次在順治甲午。據牧齋詩自注：王郎以辛卯北遊，西堂言「年已三十，遊於長安，」卽指辛卯時事。梅村言「遇於京師，相去已十六七載，」則當爲甲午年語。十六七年前，王郎爲十五時，則必在崇禎丁丑戊寅之際，卽十年十一年間也。

王郎曲云：「王郎十五吳趨坊，覆額青絲白晳長，孝穆園亭常置酒，風流前輩醉人狂。同伴李生柘枝鼓，結束新翻善財舞。鎖骨觀音變現身，反腰貼地蓮花吐。蓮花婀娜不禁風，一斛珠傾宛轉中。此際可憐明月夜，此時脆管出簾櫳。王郎水調歌緩緩，新鶯嘹嚦花枝暖。慣抛斜袖嚲長肩，眼看欲化愁應懶。摧藏掩抑未分明，拍數移來發曼聲。最是轉喉偷入破，殢人腸斷臉波橫。十年芳草長洲綠，主人池館惟喬木。王郎三十長安城，老大傷心故園曲。誰知顏色更美好，瞳神剪水清如玉。五陵俠少豪華子，甘心欲爲王郎死。寧失尙書期，恐見王郎遲。寧犯金吾夜，難得王郎暇。坐中莫禁狂呼客，王郎一聲聲頓息。移牀敧坐看王郎，都似與郎不相識。往昔京師推小宋，外戚田家舊供奉。只今重聽王郎歌，不須再把昭文痛。時世工彈白翎雀，婆羅門舞龜茲樂。梨園子弟愛纏頭，請事王郎教弦索。恥向王門作伎兒，博徒酒伴貪歡謔。君不見康崑崙、黃幡綽，承恩白首華清閣。古來絕藝當通都，盛名肯放優閒多。王郎王郎可奈何！」

孝穆即指勿齋。集覽清風使節圖詩注，引艮齋雜說言：「勿齋之子昭法。昭法名枋，其父名汧，字九一。然則勿齋卽汧。汧殉國，投虎邱新塘橋死。枋濟其美，操行極高。梅村之識王郎，在勿齋座中，忠孝大節之士，不廢風情如此。集覽引蘇州府志：徐文靖公汧宅在周五郎巷。汧少以氣節名，晚死國難。詳明史本傳。

牧齋有學集辛卯春盡歌者王郎北遊告別，戲題十四絕句，以當折柳，贈別之外，雜有寄託，諧談無端，讔謎間出，覽者可以一笑也：桃李芳年冰雪身，靑鞋席帽走風塵。鐵衣毳帳三千里，刀軟弓欹爲玉人。官柳新栽輦路傍，黃衫走馬映鵝黃。垂金曳縷千千樹，也學梧桐待鳳凰。(自注：時聞燕京郊外夾路栽柳。)紅旗曳掣倚青霄，鄴水繁花未寂寥。如意館中春萬樹，一時齊讓鄭櫻桃。篳篥休吹蘆管暗，金尊檀板夜沈沈。莫言北地無鸜鵒，乳燕雛鶯到上林。多情莫學野鴛鴦，玉勒金丸傍苑牆。十五胡姬燕趙女，何人不願嫁王昌。壓酒胡姬墜馬妝，玉缸重碧臘醅香。山梨易栗皆凡果，上苑頻婆勸客嘗。閣道雕梁雙燕棲，小紅花發御溝西。太常莫倚淸齋禁，一曲看他醉似泥。(自注：王郎云此行將倚龔太常。)可是湖湘流落身，一聲紅豆也沾巾。休將天寶淒涼曲，唱與長安筵上人。」「邯鄲曲罷酒人衰，燕市悲歌變柳枝。無復荆高舊徒侶，侯家一嫗老吹篪。」自注：以下三首寄侯家故妓冬哥。」「憑將紅淚裹相思，多恐冬哥沒見期。相見只煩傳一語，江南五度落花時。」「江南才子杜秋詩，垂老心情故國悲。金縷歌殘休悵恨，銅人淚下已多時。」「灰洞溟濛朔吹哀，離魂昔昔繞蘇臺。紅香翠暖山塘路，燕子楊花並馬回。」自注：范石湖云：涿南燕北謂之灰洞。」「春風作態楝花飛，清醥盈觴照別衣。我欲覆巾施梵呪，要他才去便思歸。」「左右風懷老旋輕，捉花留絮漫多情。白頭歌叟今禪老，彌佛燈前詛汝行。」自注：錫山雲間徐叟。」

辛卯為順治八年。是年春盡，芝麓尚未入都，蓋已作行計；而王郎告別於虞山，亦未必即日俶裝也。芝麓被譴，久居南中，至是北行，王郎遂倚以偕往。牧齋既贈其行，而時論非之，見董含三岡識略。

三岡識略云：「海虞錢宗伯謙益，一代偉人，操海內文章之柄，一時名流，奔走翕集。

晚自號蒙叟，賓朋諧謔，觴詠風流，躋貴仕，享高年，邇來文人罕見其比。然其大節，或多可議。本朝罷官南歸，有無名氏題詩虎邱，以誚之云：「入洛紛紜興太濃，尊罏此日又相逢。黑頭已是羞江總，青史何曾惜蔡邕。昔去幸寬沈白馬，今歸應悔賣盧龍。最憐攀折章臺柳，撩亂秋風問阿儂。」又嘗作詩贈歌童入燕，纏綿哀豔，熊侍郎文舉和韻以諷曰：「金臺玉峽已滄桑，細雨梨花枉斷腸。惆悵虞山老宗伯，浪垂清淚送王郎。」錢見之，不懌者累日。

按虞山送王郎詩，為態雪堂所譏，董氏識略謂「錢見之不懌者累日」，觀後來自定有學集，備載此十四首，則謂不懌累日者，未必確也。雪堂固亦貳臣傳中人，且曾從賊，未嘗非虞山一流人，五十步與百步之間，宜其亦不足相笑。清初漢人大官長於文字者，以陳百史名夏為領袖，雪堂、芝麓諸公，皆恃陳為援引。陳最得攝政王倚信，王薨數年，陳卒以黨誅。雪堂先以丁艱歸，丁酉芝麓使粵歸，以門下士之誼，謁雪堂於里第。雪堂贈詩，「有何人當國愁孤掌，有客還山避老箏」之句，此輩宦味可想。然其後且再起補官，老而不已，故論出處大節，殊不足以人重其言也。

又按嘲虞山之入洛一詩，鈕琇觚賸謂是陳臥子作。檢王蘭泉輯陳忠裕公全集，以此詩列入補遺，而加案云：「此詩徐雲將、鈕玉樵俱云是黃門作，但細玩詩意，語涉輕薄，絕不類黃門手筆。姑存之，以俟博雅審定」云云。惟「紛紜」作「紛紛」，「已是」作「早已」。「悔」作「愧」，「撩亂秋風」作「憔悴西風」。

牧齋既以詩送王郎，芝麓即有和韻之作。定山堂集，贈歌者王郎南歸，和牧齋宗伯韻：「吳苑曾看蛺蝶身，行雲乍繞曲江塵。不知洗馬情多少，宮柳長條欲似人。」「醉拋錦瑟落花傍，春過蜂鬚未褪黃。十里芙蕖珠箔捲，試歌一曲鳳求凰。」「香韉紫絡度煙霄，金管瑤笙起碧寥。誰唱涼州新樂府，舊人彈淚覓紅桃。」「漁陽鼓動雨鈴暗，長樂螢流皓月沈。不信銅駝荊棘後，一枝瑤草秀中林。」「將身莫便許文鴦，羅袖能窺宋玉牆。歸到茱萸溝水上，一叢仙藥擁唐昌。」「盤髻搊箏各鬪妝，當筵彈動舞山香。酒錢夜數留人醉，不是胡姬不可當。」生成珠樹有鸞棲，丞相鐘鳴邸第西。爲報五侯鯖又熟，平津花月賤如泥。」長恨飄零入洛身，相看憔悴掩羅巾。後庭花落腸應斷，也是陳隋失路人。」蕭騷蓬鬢逐春衰，入座偏逢白玉枝。珍重何戡天寶意，雲門誰與奏塤篪。」天半明霞繫客思，杜鵑無賴促歸期。紅泉碧樹堪銷暑，妬殺銀塘倚笛時。」金谷人宜障紫絲，杜陵猶欠海棠詩。玉喉幾許驪珠轉，博得虞山絕妙辭。」煙月江南庾信哀，多情沈烱哭荒臺。流鶯正繞長楸道，不放春風玉勒回。」韋公祠畔乳鶯飛，花下聞歌金縷衣。細雨左安門外路，一行芳草送人歸。」初衣快比五銖輕，越水吳山並有情。一舸便尋香粉去，不須垂淚祖君行。」

芝麓是詩，當作於順治十一年甲午。蓋梅村王郎曲，次於壽龔之後。龔以甲午壽四十，其時王郎猶在都。則送其出都，至早必在甲午。且知梅村之王郎曲，大約亦係送行之作。又王郎之出都，至遲亦不得過甲午。據褚人穫堅瓠集李森先訪拏王子嘉，正爲甲午。則一出都即見法，同在一年中也。龔生日爲十一月十七。梅村壽詩，未必逼近芝麓誕辰；否則吳詩敍次，不過大概以年爲次，並非細排月日之先後。

王郎以順治八年辛卯北行，十一年甲午南返。其間三年，皆其在都之日。定山堂集。有順治九年一詩題云，上巳，韓聖秋、丁野鶴、鄧孝威、段雨巖、白仲調、趙友沂過集，聽王子玠度曲，題注：「是爲順治九年。」碧窗樽酒聚繁弦，風日依稀玉溆邊。韋曲氣佳三紀月，永和代易九爲年。招尋花事重遊騎，浩蕩春情逼杜鵑。荃蕙勿憂賫菉損，當門已讓野夫先。」子玠郎紫稼，褚氏作子嘉，皆即其人。

李森先以明代國子監博士，受闖賊禮政府祠祭司從事之職。入清又爲臺諫，乃以風力著聞。蓋亦色厲而內荏者也。森先字琳枝，或作琳芝，計六奇明季北略從逆諸臣單。國子監一單：「李森先，山東掖縣籍，平度人，崇禎庚辰進士，官博士，僞禮政府祠祭司從事。」清國史無傳，故不見貳臣之稱。李桓輯耆獻類徵，例不錄貳臣，以不詳森先本末，仍輯各家紀載，列森先於耆獻。清初人事蹟，類此者頗多。檢從逆名單入者獻者不一而足，至幸而不入從賊案者，當更不乏濫入者獻之人矣。

堅瓠集：「順治甲午，李按院森先，訪拏三折和尚及優人王子嘉，立枷於閶門，三日而死。後一人自北濠歸家，聞水濱有二人清談，云：『惡人受報不爽，三折和尚死後，仍問斬罪。王子嘉死後，又問徒罪。變成馬騾之類，日日受負重行遠之報。』互相歎息，其人駐足審視，二人豁然入水而去，方知爲落水鬼也。」褚爲蘇人，且紀錄於康熙間，於順治甲午，耳目相接。

阮葵生茶餘客話：「王漁洋謂諫官稱楊以齋、魏環極，御史稱李琳枝，銓曹稱王伯勉，總督稱李鄴園，巡撫稱湯潛庵、張孝先。按以齋、環極、潛庵、孝先及武定、蔚州皆刻有疏稿。琳枝巡按下江，優人王紫稼及三遮和尚淫縱不法，皆杖斃之。紫稼即龔芝麓、吳梅村、陳其年所歌王郎者也。李素豪於飲，家有園名椒雨，椒雨酒之辛者。」又附戴璐按：「琳枝名森先，嘗陝西道，鐵面冰心匾尚存。」云云。此則陳康祺郎潛紀聞採取之。三遮和尚作遮，與褚氏作三折不同，總之是對音字。但褚係蘇人，且時代稍前，當以褚說爲近是。

王郎爲李森先所斃，芝龍又有輓詩，作於丙申以後。定山堂丙申使粵迄辛丑邸舍稿，王郎輓歌：「江左烟花盛綺羅，靑春對酒復當歌。白門病死王郎殺，天寶風流已不多。」「風急江城捲暮潮，銀樽碧月尙春宵。王郎已死淸歌歇，愁聽東吳紫玉簫。」「春風幾日拂朱絃，玉骨生將麈尾塡。雲散畫梁人未老，轉傷紅豆李龜年。」「鶴鷺瑤笙去渺茫，雙扉依舊掩垂楊。杜鵑滴碎紅蘭血，到底閶門片石香。」「當門芳草泣千春，欲殺猶憐總一身。腸斷墮樓兼賦鵩，天公作意有名人。」「龍松寒月夜鐘分，慣醉當筵白練裙。偏是江南好風景，落花時節不逢君。」「韋公祠畔紫游韁，鶯作淸歌對海棠。今日山塘花似霰，玉芙蓉翦五更霜。」「分手金昌雪打頭，風花重到海天舟。蕭條伏枕春纔半，月黑吳峰冷似秋。」「寒食梨堂野水昏，孤舟細雨隔江村。鷓鴣聲急千山暮，玉笛分明話斷魂。」「五陵風日縱雕鞍，寶瑟珠簾夾道看。不及永豐坊畔柳，長條天半恰春寒。」「柳七春風蛺蝶飛，一聲河滿淚沾衣。虎邱石畔眞娘墓，重與遊人數落暉」。錦纜橫塘繫晚春，玉箏彈淚上羅巾。只愁衛玠應看殺，那得樊琴汝輩人。」

龔詩「落花時節」句，「風花重到海天舟」句，「春纔半」句，似是使粵歸途過蘇州作。「那得樊琴汝輩人」句，詞甚怨毒，若深惡李琳芝者。其實龔、李雅故，其患難相同，出處相類，可想見其臭味之近。定山堂集中詩，與李往還甚多。丙戌以前詩，則有送李琳芝侍御還山云：「憂時賈傅心誠痛，請劍朱雲事獨難。鼎鑊自甘編虎齒，斧柯終擬斷龜山。殿爭氣逼千尋上，袖草風吹萬壑寒。晛柱衝冠君不覺，艱危頭與壁俱還。」「此則知甫仕於清，即遭蹉跌，身事異族，遽以諫官氣節自鳴，俯仰身世，可爲一歎。又辛卯迄丙申寄懷李琳芝侍御：「犢車揮手悵離羣，襟袖芳蘭怨御君。同日書曾連杜衆，大呼廷尙懾朱雲。滄洲落月懸千里，旗鼓當風振一軍。宣室急鑄前席對，近傳天語索彈文。」龔自辛卯仍以太常還朝，連躋臺省，正在要地。此詩末聯，頗有窺伺中旨，出賣風雲雷雨之意，要之均是熱中人，則可知也。

又丙中使粵迄辛丑偕六招同琳芝：「晚花香傍綠樽開，百尺招邀驄馬來。此度賜環恩更重，一生攀檻老難迴。（自注：琳芝三復官矣。）」天心最識批鱗苦，時論還誇繞指才。頭白故交須盡醉，黃沙成角夢頻催。」按自此以下，當皆已在殺王郎之後。

又洞門招同琳芝看家樂時偕六石江共集，坐中和友沂韻，似琳芝：「十四年前諫草寒，此宵明月耐同看。素交正愛鬚如戟，長路何當髮指冠。縱酒客多三黜後，聞歌聲似萬峯端。銀鐺絳燭春風滿，恰有青霜凍玉盤。」按「縱酒客多三黜後」句，見座中人升沈之感。洞門爲趙開心字友沂，爲開心子而沐。開心出處，與龔李同，皆歷三朝，皆遭三黜，得無謂窮達有命，徒齒貳臣耶？然非諸公所及見也。

又送李琳芝侍御察荒中州：「親見攀轅淚萬行，金昌城下水茫茫。圖書淨對三吳雪，緹騎驚無一鶴裝。河內火寧煩汲黯，都亭輪久憚張綱。戰餘民力還深惜，閭閻春開待皂囊。」「嵩洛行行雨滿轅，桑麻扶杖總君恩。已傳封事關陲遠，尚喜新詩犢背存。杜下汝爲眞鐵漢，山中吾有舊柴門。安危促膝須籌策，分手風烟那足論。」

森先之殺王郎，吳人似無寃詞。據艮齋雜說，謂識者快之。然當時尚有惜其殺風景者，則西堂固以惜其殺風景爲非。王郎與三遮和尚罪惡果至何度，下當詳言之，但從殺風景而論，森先實有此嫌。堅瓠集又載其一事云：「順治丙申秋，雲間沈某來吳，欲定花案，與下堡金又文重華，致兩郡名姝五十餘人，選虎邱梅花樓爲花場，品定高下。以朱雲爲狀元，錢端爲榜眼，余華爲探花，某某等爲二十八宿。綵旗錦幰，自胥門迎至虎邱，畫舫蘭橈，傾城遊宴。直指李公森先聞而究治，沈某責放，又文枷責，遊示六門，示許被害告理。下堡有嚴五，於鼎革時取又文餉，已而又文告官，置嚴五於獄。嚴妻顧氏，因赴訴，刎於直指前。李公杖斃又文於獄而釋嚴。松陵徐崧花場即事詩云：『自是雲巖色界天，綺羅簫鼓日紛然。騷人競欲題紅葉，冶女私曾寄白蓮。自欲酒澆歌舞地，何如粉飾太平年。無端一夜西風起，葉落枝頭最可憐。』」

據褚氏所記，森先之摧折豪士，可謂酷矣。顧當時文士祖森先者頗多，最錄如下。

王士禎撰李正華傳：「李正華，河間獻人。以明經爲令，累官知松江府，廉潔爲江左第一。順治末，東萊李御史森先，巡按下江，誅鉏豪右，有海忠介之風，中讒被逮，吳民號泣攀送者數萬人。既登舟，僚屬皆在，相視揮涕，正華最後至，攜一酒瓢，滿酌送侍御，慷慨言曰：吾曹期不愧天日，不愧朝廷，不愧百姓耳。成敗利鈍，造物司之。公今日之行，榮於登仙，諸臣何至作楚囚相對耶？侍御掀髯大笑，諸君改容謝之。後以考成不及格，鐫級去。行之日，囊無一錢，松江人醵金數百，强投舟中，復又製一衣獻之，正華一無所受。松人走白巡撫中丞，下檄使受之，移書慰勉，乃量受爲行李之費。既歸家，騎一驢，往來田間，歲一至郡城，渭南南禮部廷鉉官河間，與之往還甚稔。予過獻，正華已歿，問其所居，在縣西門，數椽僅蔽風雨云。」

漁洋與森先有鄉誼，頗繩其美，茶餘客話既言之。觀此傳，因敘正華事而旁見森先節概，亦具見傾倒。正華在當時頗有名，清初松人記載，就所見有譽者，亦有毀者。其毀者之說，似指所見不同之一事，言之不足爲據也。附錄如下。

章有謨景船齋筆記：「李公茂先，諱正華，河間獻縣人，以恩貢爲吾松太守。爲人狷介，不畏强禦，搢紳莫得干以私，吏胥不敢玩法。鼎革後巨寇猖獗，自公至，羣盜立斃杖下，無一幸免，境內肅清，民得安寢，皆公賜也。松民比之龔、黃。既以事去職，士民慟哭，爲之罷市。公有對聯書府門云：『是非秉天理之公，一任知我罪我；賞罰協民心之正，豈肯殺人媚人。』」

董含三岡識略：「知府李正華，議分華亭之半爲婁縣。正華患逋賦山積，委罪無從，謀立官以分咎。於是力請撫軍，分華之半爲婁，至順治十二年始得請。自分縣之後，凡學宮衙署官吏廩餼，勢不得不增，而遊手無賴投充胥役，弊端愈繁，民生騷然，而積逋如故，其貽害有不可勝言者。正華初未審究利弊，博採輿論，徒恃臆妄行，而上官誤信，我郡諸君子又不起而力爭之，吁可慨也。後言路屢陳，應照舊制合併爲一，竟不可得。正華之罪，可勝擢髮哉！」

諶瑤述聞錄：「李森先，平度州人。順治中巡按江南，置奸胥之十一人於法，民大悅。」

趙林成記事：「李森先，字琳之，平度州人。順治中，以監察御史莅汝州查荒，剛正廉明，士民戴如二天。時汝民公呈懇發弓式，以杜紛更，即刻石於州治前，永爲畫一之制，以廣開墾而杜弊端，至今奉行，其遺澤遠矣。大宗伯龔公鼎孳送李侍御之中州查荒詩云云，洵公實錄也。」

陳康祺郎潛紀聞，記李森先事，乃掇拾漁洋李正華傳，及阮吾山茶餘客話爲之。惟夾注云：「按李自選御史，兩經革職，俱起原官，後又以言事謫戍尙陽堡，尋赦還。」至是已四黜矣。

從以上各說，堅瓠集載森先殺王子嘉等在甲午，殺金又文在丙申，漁洋文記森先中讒被逮，在順治末，而察荒中州，芝麓送行詩，有「親見攀轅淚萬行，金昌城下水茫茫」之語，必在吳門就逮之後。據趙林成記，森先莅汝州查荒，仍在順治中。然則被逮失官爲時甚暫也。查荒時之德政，因汝民懇發弓式，遂爲之畫一而刻石於州治之前，此等應舉之政務，不能明定於前，至煩士民自請，而所畫一者又僅數衍汝州一地，不能推之國家，使謹權量，此眞天下之冗闒吏耳。紀述之士，輒張之以爲美談，專制國民之易與如此。

又按森先之四黜，未必俱在清世，即未必俱在諫垣。婁東無名氏硏堂見聞雜記，記數十年來之巡方，謂以余所見，未有如祁公彪佳、張公慎言、秦公世楨、李公森先者。祁按吳在崇禎間，張、秦、李相繼皆在順治間，其專記李事一節如下：

李公森先，山東平度人，崇禎庚辰進士。自秦公去後，繼之者皆不稱職，無何而李公來。公爲人寬厚長者，而嫉惡特嚴。當秦公時，大憝元惡，皆已草薙無餘，而踵起者猶蔓衍不絕，公一一擒治之，始根株盡拔無櫱矣。其最快者：優人王子玠，善爲新聲，人皆愛之。其始不過供宴劇，而其後則諸豪胥奸吏，席間非子玠不歡，縉紳貴人，皆倒屣迎，出入必肩輿，後棄業不爲，以夤緣關說，刺人機事，爲諸豪胥耳目腹心。遨游當世，儼然名公矣。一旦走京師，通輦下諸君。後旋里揚揚如舊，其所污良家婦女，所受餽遺，不可勝紀。坐間譚及子玠，無不咋舌。李公廉得之，杖數十肉潰爛，乃押赴閶門立枷，頃刻死。有奸僧者，以吃菜事魔之術，煽致良民，居天平山中，前後奸淫無算。公微行至其所，盡得其狀，立收之，亦杖數十，同子玠相對枷死。當時子玠所演會眞紅娘，人人嘆絕，其時以奸僧對之，宛然法聰，人見之者，無不絕倒。又有一金姓者，爲宰相金之俊宗人，恃勢橫甚，而家亦豪貴，爲暴甚多。前有殺人事未白。李公既來，復聚全吳名妓，考定上下，爲臚傳體，約於某日，親賜出身，自一甲至三甲，諸名妓將次第受賞。虎阜其唱名處也，將傾城聚觀，公廉得之，急收捕，並訊殺人事，決數十，不即死，再鞫斃之。歡聲如雷。此其彰明較著者。會公收捕貪墨，內有淮安司理李子燮、蘇州司理楊昌齡，皆巧宦善夤緣，前後諸上臺皆薦剡，而公獨發其奸，收之下獄。其司理既百計欲脫，而擠公，諸上臺胥騰薦，恐天子震怒，將株及，亦媒孼之不遺餘力。一日，公在郡考察諸吏，以次入，其超異者，鼓吹緋酒送出，吳人謂幾百年無此快典。方掩署，忽有緹騎數人排門突入，即於堂上縛公出，片紙云有詔就械，即桎梏不少縱。而搜檢衙署，如風捲，幸貧無金。是時公固大駭，不知事所從來。而吳民相聚號呼，知卽日械送京，乃立櫃通衢，曰：「願救李御史者，投金於此。」頃刻滿。彼緹騎旣縛公，而又須多金，今公貧無所得，乃長吳兩令及巡撫張，各醵金十萬與之。張公固所謂媒蘖者也，至是解橐亦甘心矣。停一夕，械去。吳民送者，道路號泣，咸願一見李使君。時公已入舟，緹騎不得已，露一面與之。公揮涕謝諸父老：「幸自愛，毋念我！」送者數十里不絕。至梁溪稍返。有感公德者，變裝挾金，間道尾公，願隨至京，以身代。聞公在路，備極楚毒，緹騎以公入皮袋中，掛兩馬間，身據其上，體無完膚。至京方知在雲間，曾出一重犯，而有人於其間中傷，以爲必入賄出獄，以此激天子怒，遂下於理。當鞫時，凡四十一棍，奄奄幾絕矣。後上怒稍解，知其無罪，仍賜還原官，入西臺理事，江南額手相賀。迺入臺，未幾，而公薑桂之性愈辣，前有建言諸人，以論事觸上怒，流尚陽堡，後雖陰用其言，而賜環無日。公入臺，以爲事莫切於此，卽抗疏廷諍，願予生還。上復赫然怒，謂：「方湔滌，汝復曉曉。」再下獄。部議公徙罪，上不允。按李公頎然偉長，貌極慈仁，紫髯過腹，待人以恩，絕不以尊官自恃，而頓折殆甚。當烈皇朝，卽以科場事，下詔獄，與難者裼枝起，救之者桐城孫晉也。後李賊破京，亦受轗軻，至此再蹶。秦公短小，如不勝衣，兩目閃閃有光，而貌嚴冷，專以搏擊爲事；李公則威斷中復兼愷悌。要之兩公皆千載人，而秦終任去，李遇奇禍。使竟於施，必更有可觀者。

從上所言，王郎之罪狀較晰，卽三遮和尚之罪狀亦略明，蓋皆以事關風化，故爲衆論所切齒也。森先之四黜，據此則一在明季，其在賊中所受轗軻，當指迫受僞職而言。至順治初以諫官落職，則在丙戌以前，龔詩所以有送李琳芝侍御還山之作。三黜則吳門被逮，到京卽復官，仍入臺。察荒是臺官偶膺之使命，旋復以赦他言事獲譴者下獄。無名氏言部議公徒罪而上不允，然則其後果抵何罪，本文不明。據郎潛紀聞謂謫戍尙陽堡，或有所據。

研堂見聞雜記，又言，張能鱗督學江南，贓污狼籍，所述張之舉動，俱出情理之外。張以理學著聞，學案小識特載其言論，研堂乃述其見聞如彼，詞多不備錄。末言：

「吾婁有諸生李漢者，目擊不平，條其事上之李公森先，李公卽面授張，張面如土色，叩首謝無狀，卽辭病告歸。而按君故持之，意將有所搏擊。適被禍去，張於是肆爲貪濫，狂瀾至不可收拾；迺索李生甚急，李生遂亡命江湖，於張任不敢歸。更可怪者，張喜道學家言，修輯宋儒書而布之梓。吾婁陸桴亭道威，實助之成，每搜諸生小過，坐以罰金，爲梓費。而要其梓費無多，蓋一書成而張之囊橐纍纍矣。其造玉峯書院，亦用此術。」按張能鱗督江南學，在順治十三年，至十六年去任。十三年爲丙申，正森先殺金叉文之年。能鱗爲森先所案，會森先被逮去，乃得終任，則森先被逮必在十六年以前。能鱗中順治四年丁亥進士，十三年督江南下江學，俱見清祕述聞。

至茶餘客話謂王郎卽龔芝麓、吳梅村、陳其年所歌。龔、吳詩俱見前述，陳詩未見。今按王郎盛時在明末，其年年輩在後，未合有所陶寫。至順治中葉爲京師貴人所愛玩，其年亦未通籍，故應不在詠歌之列。檢陳全集，惟詞集中有浣溪紗贈王郎一首，其詞云：十五吳兒渲額黃，鵝笙象罷口脂香，依稀記是小王昌。未解褰簾通暗語，已能映柱惱迴腸，箇儂年紀未須防。據此詞所贈王郎，年甚稚，當是又一王郎，決非王紫稼也。

按清一代御史題名，順治二年，有李森先，下注：山東掖縣人，前進士。由國子監博士，考選江西道御史，兩經革職，俱起復原官。又以請寬言臣之罰，流徙尚陽堡，宥免起用，河南察荒，陝西道有題鐵面冰心匾額云云。前進士者，明進士也。國子監博士，係明故官。賊中所受職，自不復及，頗與前所述合。其流徙尚陽堡，在江南巡按被逮還京，再復職以後，有免卽察荒河南，其距江南被逮時甚近，知並未赴戍所，卽見宥也。當時巡按是差，非缺，本官仍爲江西道御史，故履歷中竟未之及，但題名中他人履歷，恆見巡按、巡漕、巡鹽、督學等差，亦非定不入履歷也。

## 橫波夫人考

往余因近說董小宛卽清世祖董鄂妃之不經，爲作董小宛事考一篇，因頗憶明清之際，秦淮諸豔迹。又見曲園老人撰茶香室叢鈔，以略得橫波夫人一二軼事，舉爲珍異，似於橫波事實，所見甚少，爰更輯橫波夫人一篇。

余懷板橋雜記：「顧媚字眉生，又名眉莊。妍靚雅，風度超羣，鬢髮如雲，桃花滿面，弓彎纖小，腰支輕亞。通文史，善畫蘭，追步馬守眞，而姿容勝之。時人推爲南曲第一。家有眉樓，綺窗繡簾，牙籤玉軸，堆列几案，瑤琴錦瑟，陳設左右，香煙繚繞，簷馬丁當。余常戲之曰：「此非眉樓，乃迷樓也。」人遂以迷樓稱之。當是時，江南侈靡，文酒之宴，紅妝與烏巾紫裘相間，座無眉娘不樂。而尤豔顧家廚食品，差擬郇公李太尉，以故設筵眉樓者無虛日。然豔之者雖多，妬之者亦不少。適浙東一傖父與一詞客爭寵，合江右某孝廉互謀，使酒罵座，訟之儀司，誣以盜匿金犀酒器，意在逮辱眉娘也。余時義憤填膺，作檄討罪，有云：「某某本非風流佳客，謬稱浪子端莊。以文鴛彩鳳之區，排封豕長蛇之陣，用誘秦誆楚之計，作摧蘭折玉之謀。種夙世之孽寃，煞一時之風景。云云。傖父之叔爲南少司馬，見檄斥傖父東歸，訟乃解。眉娘甚德余，於桐城方瞿菴堂中，願登場演劇，爲余壽。從此摧幢息機，矢脫風塵矣。未幾，歸合肥龔尚書芝麓。尚書豪雄蓋代，視金玉如泥沙糞土，得眉娘佐之，益輕財好憐才下士，名譽盛於往時。客有求尚書詩文及乞畫者，繒箋動盈篋笥，畫款所書橫波夫人者也。歲丁酉，尚書挈夫人重遊金陵，寓市隱園中林堂。值夫人生辰，張燈開宴，請召賓客數十百輩，命老梨園郭長春等演劇，酒客丁繼之、張燕筑及二王郎（中翰王式之、水部王桓之）串王母瑤池宴。夫人垂珠簾，召舊日同居南曲呼姊妹行者與宴，李六娘、十娘、王節娘皆在焉。時尚書門人楚嚴某赴浙監司任，逗遛居樽下，褰簾長跪，捧卮稱賤子上壽，坐者皆離席伏，夫人欣然爲罄三爵，尚書意甚得也。余與鄧孝威、吳園次作長歌紀其事。嗣後還京師，以病死，殮時現老僧相。弔者車數百乘，備極哀榮。改姓徐氏，世又稱徐夫人。尚書有白門柳傳奇，行於世。」

橫波小傳，以前述澹心所記爲較詳。按澹心雜記，自言生萬歷末年，其與四方賓客交遊，及入范大司馬蓮花幕中，爲平安書記者，乃在崇禎庚辛以後。崇禎有兩庚辛：三年庚午，四年辛未，距萬歷末年戊午己未不過十二三年，必非遊四方作書記之日；至十三年庚辰，十四年辛巳，距萬歷末爲二十三四年，澹心蓋以其時跌宕南都，親見煙花之盛。其爲眉娘解圍，馳檄以逐傖父，此傖父爲南少司馬之姪，而澹心爲南大司馬范景文幕賓，此中不無憑藉，以故訟事易解，而終身得以方氏堂中演劇爲壽，有以見德於眉娘者自豪矣。

傖父與詞客爭寵，此傖父與詞客，今皆未能舉其名。但前乎芝麓而寵眉娘者，故紙中得一人焉。吳德旋聞見錄，記錢湘靈陸燦事云：「先是湘靈友劉芳與妓顧橫波約爲夫婦。橫波後背約，而芳以情死。湘靈爲經紀其喪，蓋尙氣好立名節，固其天性云。」湘靈爲清初老名士，於牧齋爲族孫。康熙甲戌，年八十三，與崑山徐健菴尙書之耆年會，居首座。見柳南隨筆。則當崇禎末年，已三十餘，其與爲友之劉芳，當不失爲詞客，約爲夫婦，可謂寵矣。後卒背之，以身屬龔，而劉爲情死，此亦橫波少年一負心事。同時文士，侈言歸龔之盛，無道劉芳事者，旁見於錢湘靈行實中，特爲拈出，意卽所謂寵顧之詞客其人也。

橫波之未嫁也，所居眉樓，豪侈已略具前小傳矣。曼翁雜記中，更時時見眉樓軼事，偏摭之，以存橫波在風塵中事實。

雜記曰：「曲中狎客，有張卯官笛，張魁官簫，管五官管子，吳章甫絃索，盛仲文打十番鼓，丁繼之、張燕筑、沈元甫、王公遠、宋維章串戲，柳敬亭說書，或召於二李家，或集於眉樓，每集必費百金，此亦銷金之窟也。」

又曰：「張魁，字修我，吳郡人，少美姿首，與徐公子有斷袖之好。公子官都府佐，魁來訪之，閽者拒之，出褻語，且詬厲，公子聞而扑之，然卒留之署中，歡好無似。移家桃葉渡口，與舊院爲隣，諸名妓家往來相熟，籠中鸚鵡見之，叫曰：『張魁官來，阿彌陀佛。』魁善吹簫度曲，打馬投壺，往往勝其曹耦。每晨朝卽到樓館，插瓶花，爇爐香，洗界片，拂拭琴几，位置衣裄，不令主人知也。以此僕婢皆感之，貓狗亦不厭焉。後魁面生白點，風眉樓客戲榜於門曰：「革出花面篦片一名張魁，不許復入。」魁慚恨，遍求奇方洒削，得芙蓉露治之良已，整衣帽復至眉樓，曰：「花面定何如？」

又曰：「歲丙子，金沙張公亮、呂霖生、鹽官陳則梁、漳浦劉漁仲、如皋冒辟疆，盟於眉樓。則梁作盟文甚奇，末云：『牲盟不如臂盟，臂盟不如心盟。』」

按劉漁仲名履丁，即玉成，董小宛之歸冒者。陳則梁名梁，爲巢民死友，南都時巢民避馬、阮之難，挈家往依則梁於海鹽，皆見影梅菴憶語。呂霖生名兆龍，而張公亮名明弼，則後爲小宛作傳，傳之至今者也。

又按冒襄同人集，載則梁盟文，其題爲盟言跋，題下注云：「癸未長至後，書於樸巢。」蓋盟於丙子，跋在癸未。文曰：「某月某日，某與某友善，天地父母，無不聞吾語，見吾誠，乘車戴笠，永矢勿諼，古之事也。某月某日，某與某盟，異日者富貴棄眦睚殺之，貧欺之，或老死不相聞問，情之常也。爲其古之事，而不怪其情之常，君子之自處也。丙子，烏衣巷口之事，燕毛序齒，諸君兄我。其時皆以忠孝文章自負，道義相期。爾年以來，或近依輦轂，或分寄守令，獨余與冒生，數會於呼吒刺棘之間，囚服蓬頭，相顧相憐，眷眷不已。乃扁舟過訪於樸巢，雖平原十日，左相萬錢，皆三倍過之，余心甚矍然。然命駕千里，或亦追蹤僅見之事，至如青漳四弟之纖舟邗水，金沙仲子之小謫西湖，天與意外之奇緣，轉覺流離之可樂。會辟疆刻盟書將竣，屬余重題之，古少者任勞，事長者竽焉，禮也。夫牲盟不若臂盟，臂盟不若心盟。願與諸弟共持之。

又曰：同人社集松風閣，雪衣眉生皆在飲罷聯騎入城，紅妝翠袖，躍馬揚鞭，觀者塞途。太平景象，恍然在目。按雪衣，李十娘湘眞字。

以上想見眉樓遊客之繁，眉娘豔名之噪。顧其時曲中品第，則門庭如市之盛，尚居其次。雜記雅游篇中又曰：妓家各分門戶，爭妍獻媚，鬭勝誇奇。凌晨則卯飲淫淫，蘭湯灩灩，衣香一室。停午乃蘭花茉莉，沈水甲煎，馨聞數里。入夜而擫笛搊箏，梨園搬演，聲徹九霄。李卞為首，沙、顧次之，鄭、頓、崔、馬，又其次也。按二李為李大娘宛君，李十娘雪衣。卞為卞賽，即後來之玉京道人。沙為沙才、沙嫩姊妹。顧則橫波。鄭乃妥娘，家本為曲中舊望，但妥娘已老。牧齋金陵雜題中有一首云：「舊曲新詩壓教坊，縷衣垂白感湖湘。閒開閏集教孫女，身是前朝鄭妥娘。」頓為頓小文，琵琶頓老孫女。崔為崔科，馬為馬嬌、馬嫩姊妹。皆見雜記小傳。言橫波自窘於傖父，然後「摧幢息機，矢脫風塵」，則前此之切切私訂嫁娶，固青樓慣技。劉芳竟以是情死，過矣。至其果有從良之決心，尚賴陳則梁之一勸，尤可見劉芳所訂之無謂。雜記云：「陳則梁人奇文奇，舉體皆奇。嘗致書眉樓，勸其早脫風塵，速尋道伴，言詞切至，眉樓遂擇主而事。誠以驚弓之鳥，遽為透網之鱗也。掃眉才子，慧業文人，時節因緣，不得不為延津之合矣。從此逗入歸龔一段」正文。今據定山堂本集排比事蹟，旁參之以諸家記載，庶稍備觀覽焉。

按同人集陳梁致辟疆書，有一首云：「眉兒今日畫扇有一字，我力勸彼出風塵，尋道件，爲結果計。辟疆想見，亦以此語勸之。邀眉可解彼怒，當面禁其此後弗出，以消彼招致之心。何如？此即橫波窘於傖父，則梁勸令適人之事。受窘雖經曼翁檄文而解，然釋怨之道，暗中仍由則梁周旋其間。既邀眉以解彼怒，可知橫波有向彼服禮之舉。又禁橫波復出，使彼無可招致，則欲不擢幢息機，胡可得也？又按則梁與橫波最善，觀同人集所載與辟疆書中及橫波者不一稱之曰眉兄，或曰媚兄，具見愛敬此君，座無此君不樂之意。彙錄如下。

「頃張公亮過我，知媚兄明日作主，請公亮。公亮辭以有方密之席，彼云：「即赴方席，一更二更過我不妨。」然則尊諭訂廿五，又成謊矣。少刻公亮又有話至我處，不信可面質也。」

又：「夜來甚擾，客中作此慰寂之事，獨費獨勞，爲不安也。媚兄有風人之致，可與角飲，當爲申報。一豆之舉，於監試之後，不識即可借重威靈邀致之否？容面圖之。即往監，不及走謝，留此布感。鄒臣老處遣使行否？兩日可即達也。」按一豆之學，是當日一種宴會之法。監試郎南京國子監之錄科，是年爲丙子鄉試。借重冒氏威靈，冀可邀致，是時則梁蓋與橫波，尚無雅故，而冒以貴介之素望，其氣力爲復社諸公所倚仗，則在曲中運用，故當不同。鄒臣老，即常州鄒臣虎之麟。又：「今日姚兄送我一舟，即泊小寓河亭之下。又送媚兄來，朱爾兼、顧仲恭、張幼青諸兄俱在我舟，吾兄可竟到我處。我來則迂道，且恐諸兄到，失倒屣。適一友送伽楠香，亦須法眼一賞，別眞贋。媚兄情緒，今日當見之。」按同人集別有松陵周永年安期一律，題云：「丙子秋，秦淮社集，夜泛，同冒辟疆、暨顧仲恭、朱爾兼、陸孟鳧、陳則梁、張公亮、呂霖生、趙退之、周勒卣、周簡臣及顧、范二女史。二女史善畫，顧復善歌。」詩云：「畫船十隻任分攜，隔舫傳箋互索題。人聚同心頭半白，酒收中戶量難齊。清歌一起微喧寂，粉本初成黛色低。正復不勞明月照，晚涼煙景滿青谿。」據此則橫波所善，除畫又有歌。至善畫之范女史，據板橋雜記：「范珏字雙玉，廉靜寡所嗜好，一切衣飾歌管豔靡紛華之物，皆屏棄之，惟闔戶焚香瀹茗相對，藥爐經卷而已。性善畫山水，模倣史癡顧寶幢，槎枒老樹，遠山絕磵，筆墨閒有天然氣韻，婦人中范華原也。又趙慶楨青樓小名錄，並稱范珠、范玨云：「珠玨皆金陵妓，珠字照乘，畫山水，能對客揮毫。」

又張卯官、陸三官、管五官、項子毅諸君，共十位，俱已約定在院中大街顧家，有鷗住作主人，魚仲副之，我輩公分，倘須每人五金。此事一夕有百金之費，不可無此，亦不可有此也。」按此下有注云：「以上丙子。」蓋則梁前數書皆崇禎九年作，皆秋試時事，橫波時年將及笄，正曲中煊爛時也。

又：「惠我太多，當之殊媿。夜臥思遠使相招，古人之誼，此段情緒，何以消受？更在餉贈之上也。老叔惠不敢辭，百川到海，無不收納，覺無厭足！奈何午後欲覓一舟，同漁仲過我，弗從陸來。媚兄一扇，當簡煩致之。元美適有一信至，薑孟履處，已作字問之。又漁仲過我，即以二十六自考倚仗陶英人之說語之。漁云：已爲我致書少司成，可得回書，俟回書看過，再作商量也。」今日賤體略可，已進粥二碗，但精神以絕粒三日，畏風如虎。守到二十六，只可支持監考，承漁仲勸我移寓，雖今日感其殷殷，畢竟初八過辟老之說為妥。但遠之相約，訂八月十五出場之夜，卽出城，相聚無多日，思之耿耿。千思萬思。漁仲二十二移入新居，我二人不可無費，各出三金，戲酌一敍，於心稍安。是日弗搭外客一人，或止邀眉兄，共四人。外二桌，內送一桌，桌不過三品，不妨盛酌之會，如夢裏別，如海外榜後光景，不知若何？此會不可省也。」按此又居鄉試矣，當在己卯。以上各書，皆有一橫波在內。以則梁之奇才高節，當時傾倒橫波如此。橫波奢靡之習，祇可與芝麓為偶，似不無稍辱則梁之知愛矣。茲述則梁之人品如下。

朱彝尊靜志居詩話，陳梁，字則梁，海鹽人，有莧園集。則梁好讀異書，索異解，與董思白交，不效其書；與鄒臣虎交，不效其畫，詩文詞必己出，寧晦不庸。晚歲隱居，僧服茹葷，治生壙於郭外，結屋三楹覆之，語其友曰：「此亳社遺意也。」題其柱云：「此佛自來耽米汁，至今孤冢有梅花。」又云：「天下何思何慮，老僧不見不聞，暇輒召客，縱飲壙前，亦達士也。」

王廷詔撰陳梁小傳：「陳梁，字則梁，海鹽人。善書工詩，自稱散木子，又號侖者山翁，亦稱浣公。亂後爲僧，稱个亭和尚。有覓園、侖者、浣筆池、个亭諸集。」

由此以觀，則梁固以明諸生爲淸初逸老，隱於僧而茹葷縱飲，不廢承平時意態。其歿以順治十五年戊戌。同人集則梁最後一書，注云：「戊戌絕筆。」書中書：「先寄一香，乞焚致叔臺墓舍。爲言陳生相從九京不遠云云。」蓋當辟疆奉父諱之後也。

又按則梁與公亮、霖生、漁仲、辟疆輩訂盟，在丙子八月朔。同人集則梁有詩，其題爲丙子桂月之朔，同公亮、霖生、漁仲、辟疆盟於眉樓，即席放歌。同時公亮有結交行同盟眉樓即席作，呂霖生亦同作，劉漁仲則有五交行七古五首，每一人繫以一詩，是爲眉樓一盟所傳之文字。其中以公亮詩爲與橫波最暱，且若爲橫波所眷而反不輕許者，然則亦一詞客之邀寵者也。節錄如下。

結交行中有云：「噫吁嘻！大地自有人，區宇難格物。揭來秦淮道上初見顧眉生，倭墮爲髻珠作袓。本歌巴蜀舞邯鄲，乃具雙目如星復若月。脂窗粉榻能鑒人，黃衫綠衣辨鴻碩。何年脅識琴張名？癡心便欲擲紅拂。顧我自慚瓦礫姿，女人慕色慕少恐負之。以茲君贈如意珠，我反長賦孤鴻辭。但有此心三山二水相證驗，彤管瑤篇無媿詞。薛濤老去眞堪醜，崔徽留卷徒爾爲」。詳其詩意，殆橫波果有心許之事耶？或亦劉芳之類耳！

公亮又有壬午秋仲揭陽署中寄懷辟疆盟弟詩，中亦云：「昔年交會白門垂，亦有顧家女郎能修眉。江南秀氣盡一室，至今秦淮之水異香澌」。凡此津津而道，知有餘慕。夫壬午則橫波已歸芝麓，雖未北去，名花固有主，乃猶戀戀舊好歟！

芝麓之入眉樓，始不過尋常狎邪之遊耳！定山堂集有登樓曲四首，蓋即爲始入眉樓之作。詞曰：「曉窗染研注花名，淡掃臙脂玉案清。畫黛練裙都不屑，繡簾開處一書生。」芳閣詩懷待酒酬，粉牋香豔殢殘籌。隨風珠玉難收拾，記得題花愛並頭。」

「彩奩勻就百花香，碧玉紗廚掛錦囊。淡染春羅輕掠鬢，芙蓉人是內家妝。」「末見先愁別恨深，那堪帆影度春陰！湖頭細雨樓頭笛，吹入孤衾夢裏心。」按此詩既寫出初會情境，而末首又見一晤即須告別之意，蓋北上過金陵時也。此下即接江南憶四首，正憶眉樓。其詞云：「銀蒜低垂月過牆，金屏小睡背蘭釭。春風玉枕含嬌怨，似訝遲來錦瑟傍。」「繡句驚人思未降，珊瑚筆格對雕窗。團香擘玉無人見，親領明珠廿八雙。」「別袂驚持人各天，春愁相訂夢中緣。縷金鞵怯長安路，許夢頻來桃葉邊。」「手翦香蘭簇鬢鴉，亭亭春瘦倚闌斜。寄聲窗外玲瓏玉，好護庭中並蒂花。」此詩第二首，知眉樓有贈芝麓詩五十六字，殆七律一或七絕二也。末首珍重護花鈴，殆已聞有傖父相窘事。

橫波以畫蘭擅名，詩不見多，據芝麓言，曾有見贈之詩。今按許夔臣香咳集選存，有徐橫波一家詩一首。其小傳云：「徐橫波，字眉生，一字智珠，號眉莊。本姓顧，名媚，江蘇上元人。合肥尚書龔芝麓側室，著有柳花閣集。」然則橫波詩固成集，不但偶見已也。今柳花閣集，未知尚有存書否？香咳集中所存之一首，題爲海月樓夜坐詩云：「香生簾幕雨絲霏，黃葉爲鄰暮捲衣。粉院藤蘿秋響合，朱欄楊柳月痕稀。寒花晚瘦人相似，石磴涼生雁不飛。自愛中林成小隱，松風一榻閉高扉。」

又陸以湉冷廬雜識：「程春廬京丞博雅嗜古，所蓄書畫甚多。余常於其姪銀灣參軍世樾處，見顧橫波小像一幅，丰姿嫣然，呼之欲出。上幅右方款二行云：「崇禎己卯七夕後二日，寫於眉生樓，玉樵生王樸。」左方詩二首云：「腰妬楊枝髮妬雲，斷魂鶯語夜深聞。秦樓應被東風誤，未遣羅敷嫁使君。淮南龔鼎孳題。」「識盡飄零苦，而今始得家。燈煤知妾喜，特著兩頭花。庚辰正月二十三日燈下，眉生顧媚書。」二詩中一係橫波作，併錄於此。

按己卯爲崇禎十二年，是年七夕後二日作畫於眉生樓，則固未離眉樓，爲橫波尚在風塵之日。畫徵錄：「王樸，字玉樵，保定人，以人物士女名於北。」歷代畫史彙傳，繫之清初，蓋亦鼎革時之有名人物，芝麓詩集中不見其詞氣，似尚未得橫波允嫁，而又知橫波有厭倦之意，但尚有障礙於其間耳。明年庚辰正月二十三，橫波自題詩，則係已定嫁龔，又係甫經定約者，殆卽以此照及詩爲允嫁之證耶？定山堂集於前詩江南憶之下，卽爲長安寄懷一首，其詞云：「纔解春衫浣客塵，柳花如雪撲綸巾。閒情願趁雙飛蝶，一報朱樓夢裏人」。此詩或亦爲橫波作，但無確據。

芝麓明末官給事中，有上元後一夕入直禁中四首，末云：「□將嫖姚未解圍，淄青將士鐵爲衣。不知何地軍中樂，一片蘆笳傍月飛」。此有缺字，當指壬午清兵入塞，直至癸未春，盤旋於青萊間。其缺字以犯淸諱而刊落之。則此上元乃癸未上元，癸未爲崇禎十六年也。其下卽爲秋夜省中賦懷，則多作膩語，蓋已娶橫波後作。其詞云：「暖豔寒香繡戶迴，昨宵詩思謝家才，攜將天上金盤露，灑向花間玉鏡臺」。「傾國溫柔老是鄉，却憐襆被待明光。鴛鴦瓦上如霜月，祗覺今宵玉漏長」。「秋砧遙送玉壺遲，辜負香衾是此時。小翦蘭膏封鈿合，退朝親爲點蛾眉」。「綺屏紅袖護初寒，賸有冰紘語夜蘭。封事經秋殊冷落，乞將鎬管代花彈。」「宮衣百濯鬢香浮，畫省人如畫閣幽。戶外玉繩低苑柳，棲烏應報漢宮秋。」「未央前殿月痕移，團扇猶吟桃葉詩。身是花間雙蛺蝶，金風吹上萬年枝。」「玉臺淡掃遠山生，當代爭傳是小名。珍重近來千喚熟，珊瑚敲枕易分明。」「天涯約夢到長安，□□□□□□□，今夜鳳凰池畔夢，依稀同作隔年看。」「揚雄初賦已成篇，清蘸芙蓉執戰邊。好傍玉罏添五夜，曉窗憑几有香肩。」「練裙閒改道人妝，斗室新開貝葉堂。聽鑰翻經風露迴，金門遊戲總清狂。」

以上數詩，「玉臺淡掃」一首，明謂眉生係此君小名。「珍重近來千喚熟，珊瑚敲枕易分明。」語意尤為淫豔。其「天涯約夢」一首，即述前江南憶中之第三首，可見江南憶之即憶橫波。其中缺一句，當是指山東路阻，即壬午清兵入塞事。「依稀同作隔年看」，是必癸未所作。然則橫波庚辰題詩，雖有許嫁之意，恐仍是青樓獻媚，以身許人慣態。至壬午兵警時，尚作詩相憶，癸未乃圓成好事耳。倉父之難排解者，為余曼翁，而曼翁自敘其就幕南都，在庚辛以後，橫波既紓難，尚有許多周折，至陳則梁苦勸，然後果於從良。故知庚辰正月允嫁之詞，乃口惠而實不至者也。

橫波癸未歸龔，乃指其北上而言，其先必已爲金陵外宅。龔集中有稱金陵閨人者，見其輓許太君詩自注。輓詩雖作於丙申以後，所敘事實當爲追溯之語，則橫波自有已正名爲閨人，而尚居金陵之日。輓詩別詳於後。

又曹溶靜惕堂詩集，贈龔芝麓二首，題注：「龔有金陵姬，故及之。」詞云：「人間無賴酒壚空，玩世今看曼倩工。失意戚姬燕趙曲，送懷湘客蕙蘭叢。神仙歲月消毛穎，煙水秦淮問守宮。一自玉臺遺詠貴，飄零轉得見雄風。」異方乘興恰秋清，扼腕同聲氣未平。抗俗文心留玉躞，懷香燕寢照桃笙。荒園歷落隨魚鳥，仕路交情間雨晴。連夕與君傾斗酒，烽煙息處望江城。」此詩前一題爲八月十五夜，後一題爲易州署中九日感懷。詩中稱「恰秋清」，當是八九月間作。又稱「煙水秦淮問守宮」，當是橫波已約定歸龔，而久未北來。時清兵入塞，故及「烽煙」。江浙未被兵，故言「息處望江城。」詳味詩意，爲崇禎壬午事。

甲申龔詩，有題善持君畫羅襪梅花水仙云：「雒妃乘露水雲鄉，疎影橫斜月未央。林下美人迴玉趾，倚闌親寫十三行。」又有墨畫荷花詩，亦題閨人畫，當亦爲橫波而作，其詞云：「花何嬝嬝葉田田，露質煙心晚自憐。倩取墨光描鬢影，美人兼許號青蓮。」

此下有生辰曲，當是橫波歸龔後第一生辰。橫波生於十一月三日，事更詳後，則此詩癸未仲冬作也。是時芝麓以疏劾周延儒、王應熊、陳新甲、呂大器等忤旨鐫秩，故其詞云：「一林絳雪照瓊枝，天冊雲霞冠黛眉。玉蕊珠叢難位置，吾家閨閣是男兒。」「奇襟逸思湧春潮，吐蕙含蘭靜若遙。長倚菱花隨意看，風前鬢影福難消。」「閒裁好句闕丹霞，碧玉奩藏錦字賒。翠羽明珠驚入掌，生成解語卽名花。」「綠紗窗几靜無塵，點染秋山入練巾。雙黛聯娟宜淡掃，倚風身是畫圖人。」「博山香冷鬱金釵，蔬筍看經月一街。繡佛應憐人寂寞，太常妻子更淸齋。」「蕭條四壁不堪愁，酒債琴心自唱酬。近識文君操作苦，侍臣無復鷫鸘裘。九閽豺虎太縱橫，請劍相看兩不平。郭亮王調今寂寞，一時意氣在傾城。星高魚鑰一燈寒，貫索烏啼夜未闌。敢望金雞天際下，妝樓小帖暫平安。琉璃爲餞貯冰霜，諫草琳琅粉澤香。笑泣牛衣兒女態，獨將慷慨對王章。今日初辭神武冠，明朝買棹白鷗灘。五湖大有同心客，弋外冥鴻天地寬。按集又有癸未十月初七日以言事下獄二首。

又靜惕堂集更見芝麓因閨人初度，招飲同社，用前韻二首調之，其詞曰：中聖連旬解帶圍，歌場踏月竟忘歸。西崑選豔驕蘭畹，南國知名照玉衣。桃葉渡方迎短檝，伯勞生未解孤飛。謝公不撤簾前樂，此日因令盛德稀。虬箭頻催丙夜籌，畫屏開處飲芳洲。三山縹渺分羣玉，六代聲華記莫愁。金屋自宜鄰漢闕，錦帆何日下江流。鳳樓一曲音如昨，肯遺新詩怨白頭。此所謂前韻，乃前一題之韻，前一題爲令昭水部招同百史豈凡兩少宰芝麓奉常孝緒太史雪航侍御爾唯舒章兩中翰，演自度西樓曲，卽席賦二首。蓋爲順治二年乙酉冬間事。與芝麓之作生辰曲，不在一時，特類及之耳。

此下題云，寒甚，善持君送被，夜臥不成寐，口占答之二首。橫波嫁龔後，龔號之曰「善持」，自此以後，皆稱善持矣。是時為崇禎十六年癸未之冬，當是鐫秩後尚有待訊等事，夜不歸寓，送被以暖之，故其詩中自稱羈臣也。詞云：「霜落幷州金翦刀，美人深夜玉纖勞。停針莫怨珠簾月，正為羈臣照二毛。」「金猊深擁繡牀寒，銀翦頻催夜色殘。百和自將羅袖倚，餘香長繞玉闌干。」

甲申為明亡之年，定山堂於前各詩之下，有上元詞和善持君韻，此必為甲申上元，蓋去國亡不遠。龔於平世，雖沈溺聲色，要猶噉名好客，自附清流，其所糾彈，未嘗不符公論。此詩亦與前數詩，頗有自許之意，其詞有云：「紫霧晴開鳳闕初，五侯絃管碧油車。芳閨此夕殘燈火，獨照孤臣諫獵書。」意態可想。

甲申三月十九，流賊陷都城，明亡，龔於是為從逆案中人，其本身之貽玷，當別有紀載，今惟錄其關係橫波者。明季北略「從逆諸臣六科給事中：龔鼎孳，南直合肥籍，江西撫州臨川人，崇禎甲戌進士，官兵科。僞直指使。每謂人曰：「我原欲死，奈小妾不肯何！」小妾者，所娶秦淮娼顧媚也。湖廣按臣黃澍有疏。按馬士英疏定從逆案，亦及此語。

冷廬雜識：「龔鼎孳娶顧媚，錢謙益娶柳，是皆名妓也。龔以兵科給事中降闖賊，授僞直指使。每謂人曰：「我原欲死，奈小妾不肯何！」小妾者，即顧媚也。見馮見龍紳志略。顧苓河東君傳謂：「乙酉五月之變，君勸錢死，錢謝不能。戊子五月，錢死後，君自經死。然則顧不及柳遠矣。按錢死非戊子，冷廬所引有誤。

芝麓於鼎革時既名節掃地矣，其尤甚者，於他人諷刺之語，恬然與爲酬酢，自存稿，自入集，毫無愧恥之心。蓋後三年，芝麓丁憂南歸，有丹陽舟中值顧赤方是夜復別去，紀贈四首，中有「多難感君期我死」句，自注：「赤方集中有弔余與善持君殉難詩。」云云。生平以橫波爲性命，其不死委之小妾，而他人之相諷者，亦以龔與善持君偕殉爲言，彌見其放蕩之名，流於士大夫之口矣。

芝麓事蹟，凡不涉橫波者本篇舉不闌入；惟其既陷於賊，旋即降清，始終皆與橫波俱。集中秋日感懷六首，述亡國事，述賊中事，述南都已立，君身為叛逆事，於龔當時情況，大可想像，特過而存之。其詞云：「碧瓦朱楹半刼灰，出池衰柳亂蟬哀。飛虹橋外清宵月，曾照含元鳳輦迴。」佳麗春殘苑草荒，蕨薹金鎖過斜陽。門前誰繫青驄馬，爭道新開政事堂。」「深罽曉日舊曈曨，寶瑟塵生玉帳空。座上休文愁不語，金猊對數落花風。」「萬年枝上月黃昏，鐘鼓沈沈掩涕痕。海內舊游膠漆解，故宮無復奏雲門。」柴車日夕碾春沙，紫鳳驕垂白鼻騧。只有玉河橋畔柳，解吹飛絮入宣華。」小葉疎花綴石斑，梳妝樓上隱煙鬟。千年雲物驚彈指，又過銷魂萬歲山。」按此詩第一首，思舊宮也。第二首言時事之變，政地皆馬上英雄也。闖賊入都，命西來逆官得騎馬，在京迎降者止許騎驢，或即指此。但秋日感懷已當九王攝政之日，所謂新開政事堂，當是清政府矣。第三首降臣中必有沈姓其人者，與龔為同類，且云「對數落花風」，必是春夏間同降闖賊者。考北略「從逆名單」有沈自彰，上元人，由吏部文選司郎中，夾二夾，留用。又有沈元龍，吳江人，由光祿寺署丞爲僞兵政司，頗用事，爲吳中逋客主人。二沈於襲爲江南同鄉，從逆單中沈姓者僅此，則所謂「休文」者殆必居一於是。第四首「海內舊遊膠漆解」，謂南都擁立，查辦從賊諸臣。第五首「柴車」事，自指滿兵以馬草爲重，橫行京師。吳梅村讀史偶述三十二首，皆指時事，注家不敢斥言，遂謂皆遼、金、元、明軼事，祇可多所闕疑。其中第二首云：「雪消春水積成渠，芻槀如山道不除。怪殺六街騶唱少，只今驄馬避柴車」，與此詩正相印證。「紫鳳」用杜詩天吳紫鳳事，言敝鞍雜用故衣等物。此種無狀騎兵，猶着一驕字，皆指滿人之橫。第六首明點烈皇殉國自縊身亡之地，其曰「銷魂」宜也。

橫波既於明亡時，因「小妾不肯」之言，爲史書一大紀念，旋於二年後，順治三年丙戌，又入彈章而傳國史。清貳臣龔鼎孳傳：「及流賊李自成陷京師，鼎孳從賊，受僞直指使職，巡視北城。本朝順治元年五月，睿親王多爾袞定京師，鼎孳迎降，授吏科右給事中，尋改禮科。二年九月，遷太常寺少卿。三年六月，丁父憂，請賜恤典，給事中孫垍齡疏言：「鼎孳，明朝罪人，流賊御史。蒙朝廷拔置諫垣，優轉清卿，曾不聞夙夜在公，以答高厚，惟飲酒醉歌，俳優角逐。前在江南，用千金置妓名顧眉生，戀戀難割，多爲奇寶異珍，以悅其心，淫縱之狀，哄笑長安，已置其父母妻孥於度外。及聞父訃，而歌飲留連，依然如故。虧行滅倫，獨冀邀非分之典，誇耀鄉里，欲大肆其武斷把持之談。請飭部察核停格。」疏下部議，降二級調用。

橫波之掛名奏牘者如是。所云「聞訃而歌飲留連」，實爲確事。觀集中丙戌南歸正値匍匐扶櫬之日，而所至聚飲留題，與平時無異。且敘其哀戚之事，輒用大篇藻麗之詞，蓋芝麓於禮教大防，直爲本性所不具。驚才絕豔，自是天賦，以此爲樂，遂不擇地而施之。集中五言排律，如南歸舟中述懷寄秋岳，用杜工部寄司馬嚴使君五十韻，如寄懷袁籜庵水部，用杜少陵寄劉峽州伯華使君四十韻，皆作於奔喪時山東道上。組織太工，若讀者按其身世而論之，已足齒冷矣。

南歸舟中述懷寄秋岳詩，明言貽累橫波事，中有云：「巧值焚琴候，羞稱感遇篇。蔘莪章自廢，謠詠語還傳。錄罪連螺黛，追讎及管絃。周攻眞有策，劉肋合承拳。令細讙驅客，人狂競飲泉。排疑煩一網，案坐訐同年。虎噬都無避，蛾眉那可捐。不妨投昊贊，幸有劚芝田。江令頭皆黑，揚雄字尙玄。浮沈聊復爾，草土獨休焉。此詩卽此數語，已見龔之人格。既値焚琴，然後羞稱感遇，則其先鴻毛遇順，自慶其擇木而棲可知。貳臣之無忌憚如此。此下直敘糾及橫波事：周攻有策，用周顗阿奴火攻出下策語，以輕薄孫垍齡；劉肋承拳，用劉伶語，以自訴其孤弱，寧遭虎噬，不捨蛾眉；歸守薄田，甘投有昊。江令黑頭，幸此身之未老；揚雄玄學，料問字之有人。蓋將浮沈草土終矣。數語頗不失爲丈夫氣，但亦惟爲橫波，而後有此氣節。此蓋梅村所詠吳三桂：衝冠一怒爲紅顏之類也。

秋岳者，曹侍郎也。侍郎與龔出處略有相似者在。又同以文字爲嗜好，年輩又相埒，故於橫波事一再見於集中，既如前述，玆於龔之得罪南歸，據靜惕堂詩，亦有牽率於橫波之處。蓋清初於明之舊臣，偶一招致以冀潛消反側，既來則務摧抑之，以作養奴隸犬馬之習。龔既由陷賊而降清，至乙酉江南略定，南人除兵事倚辦者外，其餘本在有意淘汰之列，至於丙戌丁憂，以請封誥之常事，引起彈章，在龔固有遺行，而清廷之必欲剝奪漢人名譽，以遂從龍諸武夫貴族之野心，龔等非不知之，其不能先幾決去者，又受小妾之累矣。請再以曹詩證之。

靜惕堂集再次前韻，爲芝麓見招，以事不克赴二首，中云：「松桂已申來歲約，蒓鱸專爲美人留。」可知陰有去志，並不待丙戌之丁憂。其遷延不行，乃順橫波之意，是詩作於乙酉冬，與前芝麓因閨人初度，招飲同社之詩相次。橫波初度之辰，爲十一月初三，此詩則作於其後八日。何以知之？則其第二首末云：「招隱遊仙無不可，知君更約飯青精。（自注：逾六日爲芝麓誕辰。）」芝麓誕辰爲十一月十七，故知此詩作於十一月十一。龔有去志，而優柔不決，始終以橫波尸其名，其實橫波何與大計，但爲龔分謗，或亦爲悅己者容之一道耳！

丙戌南歸以後，湖山文酒，時時有橫波點綴其間。論龔顧之性質才藝，未始不適合所長，但勢利富貴，又爲此二人所一日不可缺者。然則名爲跌宕風雅，實訴其三月無君之苦矣。

定山堂集有沂湖晚泛同善持君限韻，時小雨初霽二首，承上首南歸舟次有懷都門故人作之後，蓋卽丙戌扶櫬時途次，其詩卽可見毫無戚意。詞云：「殘霞如綺壓孤艭，夜色微茫客倚窗。北望風煙迷短岫，南來鷗鷺習寒江。驚秋殘荻聲長溼，近水征鴻影自雙。賴有謝家晴練句，爲寬愁鬢向銀缸。」「百頃煙波暮色開，輕帆信不數龍媒。五湖伴侶留煙月，六代江山付刧灰。衰柳斷汀眠鷺熟，遠村漁火捕魚迴。客心入夜偏蕭瑟，無限西風鬢髮催。」

又有偕善持君至山半西來精舍同賦，末云：「戰伐孫劉江水逝，眉峯青到亂山前。」蓋在鎭江作。其下有丹陽舟中值顧赤方，是夜復別去，紀贈四首，卽扶櫬由運河一路南下也。又有舟次丹徒，乘夜疾發，同善持君限韻詩，亦作於此時。

丙戌又有題善持君畫蘭詩，詩適當缺葉處，未及見。橫波能畫，尤以工畫蘭擅名。

後世。諸家集中，往往有詩。尤侗看雲草堂集題顧眉生畫蘭云：「佳人竟體是芳蘭，自寫湘君小影看。只有青青河畔柳，同移春色向雕闌。（自注：謂河東君也）」朱彝尊曝書亭集題顧夫人畫蘭：「眉樓人去筆牀空，往事西州說謝公。猶有秦淮芳草色，輕紈勻染夕陽紅。（自注：夕陽紅，蘭花名，見金漳趙氏譜）」彭孫遹題顧眉生畫蘭册：「無復當年弄墨辰，斷紈影裏認前塵。青溪畫閣秋如水，寫出芳蘭竟體人。」又查為仁蓮坡詩話：「錢虞山之於柳如是，龔合肥之於顧橫波，同類惜無蘭湯以洗之。宣城梅耦長題顧眉生畫蘭云：半幅雙鉤楚澤春，南朝舊部總傷神。蘼蕪詩句橫波墨，都是尚書傳裏人。（原注：蘼蕪，柳小字也）託諷遙深，亦屬實錄。耦長有漫興集。」按耦長自撰知我錄，有此則云：「己未春，詞人麕集都下，偶題橫波夫人畫蘭卷，予詩云云。汪舟次肩拍予曰：有此二十八字，吾輩何容着筆？」厲鶚樊榭山房詞集小桃紅題橫波夫人畫蘭扇云：「秦淮不見翠雙顰，摺扇香痕潤。往事眉樓有誰問？墨花春，靈均舊怨都銷盡。南朝豔粉，才人風韻，題詠到湘裙。（自注：龔宗伯有題畫蘭裙子，如夢令為橫波作也。按龔詞集未見。

畫徵錄：「顧媚，字眉生，又名眉，號橫波，龔宗伯芝麓妾。工畫蘭，獨出己意，不襲前人法。」又陳維崧婦人集：「顧夫人識局朗拔，尤擅畫蘭蕙，蕭散落拓，畦徑都絕，固當是神情所寄。」綜上所談，橫波畫蘭，固是一代絕詣。橫波以畫蘭名，據定山堂題畫詩，則略知其亦有他筆。又能畫人物，傳世者有所摹小青像。汪端自然好學齋詩鈔：「翁大人得隙地於孤山，為菊香、小青兩女士修墓，並建蘭因館。其上為夕陽花影樓，樓左為綠陰西閣，祀小青，右為秋芳閣，祀菊香。先是為明女士楊雲友修墓於智果寺西，因以祔祀。徧徵海內題詠，裒為蘭因集。端亦賦四律，第二首詠小青，末云：最憶橫波摹小影，眉樓一角寫斜陽。自注：顧眉生曾摹小青小影。」按端為陳文述子婦，所云：「翁大人」即文述也。又題河東君小像詩後云：「前詩意有未盡，更題三絕。」其第二首云：「嬋娟閨集費搜羅，翠羽蘭膏指摘多。自注：河東佐選明詩閨集，於徐小淑、梁小玉、許景樊、小青等，多寓譏貶，非篤論也。冷雨幽窗圖倩影，愛才終讓顧橫波。自注：橫波嘗繪小像。按明詩閫集，牧齋託言柳如是助成之。其於小青，直謂拆情字之謎，並無其人。後世因疑小青傳爲寓言，皆據牧齋之說。惟張山來書小青傳後云：讀吳口紫雲歌，其小序云：馮紫雲爲維揚小青女弟，歸會稽馬髯伯。則又似實有其人矣。云云。後人信小青爲有是人者，又皆據此。憶曾見某紀載中言得諸陸麗京先生談小青事甚悉，所云馮生，卽馮具區之子雲將。惜今不能舉其書名，附記於此。海內倘有代爲舉出者，當據此書之價值，以考定小青事之眞僞焉。

又按馮雲將納妾，及八十壽辰，牧齋皆有詩，見有學集。納妾在順治八年辛卯，八十壽在十一年甲午。小青傳世有二本：一卽張山來所跋，一見李衞西湖志志餘中，爲支如增作。支傳言小青死時年十八，爲萬歷壬子。壬子爲萬歷四十年，距順治甲午四十三年。若以馮雲將之年歲論，萬歷壬子爲三十八歲，亦無不合。且小青書中之楊夫人，世又指爲進士楊廷槐之妻以實之。牧齋則謂傳與詩皆其邑人譚某所造，其傳及詩俱不佳」。云云。夫謂其事不實，可也；謂其不佳，則所選明詩中，更下於此者尚夥。牧齋於沈同和，直謂其籧篨戚施，讀小詞不能句讀，陰祖袁于令之西樓記。當時皆知其誣，朱竹垞亦謂親見同和，決非如牧齋所云。則小青事亦或為馮雲將諱耳！生平多曲筆之人，原難盡信，并附於此。

婦人集有注云：「顧字橫波，合肥龔大中丞夫人。中丞名鼎孳，其尊拙集中，「辜負香衾事早朝」及「不知何福得消君」諸絕，俱為夫人詠也」。據此則龔別有尊拙集，其詩尚不在定山堂集內。橫波之稱夫人，實受清廷封誥，非泛泛美稱。板橋雜記：「顧眉生既屬龔芝麓，百計求嗣，而卒無子，甚至雕異香木為男，四肢俱動，錦綳繡褓，雇乳母開懷哺之，保母襄襟作便溺狀，內外通稱小相公，龔亦不禁也。時龔以奉常寓湖上，杭人目為人妖，後龔竟以顧為亞妻。元配童氏，明兩封孺人，龔入仕本朝，歷官大宗伯，童夫人高尚居合肥，不肯隨宦京師，且曰：「我經兩受明封，以後本朝恩典，讓顧太太可也。」顧遂專寵受封。嗚呼！童夫人賢節，過鬚眉男子多矣。」按此則張潮刻雜記入昭代叢書，刪去不載，蓋爲龔諱也。

横波之艱於子嗣，並見求子之切，曼翁既狀其誕矣。考横波無子而有一女，惟亦幼殤。阮葵生茶餘客話：「龔合肥司寇所寵横波夫人生女嬰，痘殤，司寇爲建醮於城外佛寺。時江南某上舍適寓寺中，寺僧以幡幢屏聯，囑其代書及女嬰靈前一聯曰：『已現童女身，而無壽者相。』次日司寇見之，詢其名籍，贈百金，力揄揚之，遂知名。」此見前刻客話之一卷本。後出足本雖較多，然亦往往不載原刻所有之各條，此條即其所不載者也。

横波幼女，殤於順治十五年戊戌。定山堂丙申迄辛丑詩，花朝一絕句，題下自註：「時有殤女之感，友沂園次過慰。」其詩云：「隔歲雲迷五嶺斜，（自注：去年是日，雨中過嶺。）鷓鴣聲裏夢還家。那堪對酒花朝過，腸斷東風落一花。」按丙申秋，龔以上林監丞使粵，明年春北還，花朝過嶺。集中有花朝雨中扶病過梅嶺，時天已暝矣二首，蓋在丁酉歲。此詩又稱之爲去年，故知其爲戊戌。集又有雪夜長椿寺爲文濡禮懺，感悼四首，第一首有「三年三哭少年人」句自注：「前年愛女殤，去年今年，連有內戚之痛。」此則在庚子年矣。

芝麓於丙戌丁憂南下，又獲譴謫官，遂久不赴闕。至辛卯乃北行，其間多寓居湖上，即曼翁所謂杭人目爲人妖時也。其時有秋分同善持君冒雨重游天竺靈隱，漫成口號十二首，其第十二首題下注云：「時同禮送子大士。」此亦求子之一證。其詞云：「蕭條生事臥柴桑，種秫無田也不妨。他日五男能紙筆，不知誰得老夫狂。」方在無子而虔求，已作多男之想，可謂善頌善禱。是詩第十首云：「萬里關河去住非，千秋香草碧蘿衣。空山靜處消金甲，回首乾坤一采薇。」於從賊從清之後，因謫官忽自擬「采薇」，襲之無羞惡，往往如此。其第十一首云：「京兆畫眉能惱人，長卿酒賦不憐身。鹿門大有龐居士，攜汝香衫作道民。」惓惓於枕席之愛，固是芝老本色。按此詩第一、二、三、四、五各首，皆以缺葉未見。

丙申以後，有輓石疏母夫人許太君二首，其二有「花外斗壇明絳燭」句，自注：「太夫人爲吾金陵閨人禮斗祈嗣。」石疏之號，屢見集中，未能詳其名氏，大約芝麓門下士。當時通殷勤於龔者，非假橫波之途不可。曼翁所作小傳，有門人楚嚴某，當夫人生辰，長跪上壽，殆即類此之流。龔以顧爲命，顧又以求嗣爲大恩，石疏有母爲效此勞。勢利之交，又何所不有也？

芝麓挈橫波寓居吳越，時在順治三年丙戌以後，八年辛卯以前。其間有冬仲三日，善持君三十設帨之辰，十七日，又余始降，達公於此月朔，爲誦經竟日，感其意至，因賦二首兼記歲月：「形容誰早歲，風俗尙他州。月放瓊花里，鴻高貝葉樓。浮生安杖笠，白髮抵觥籌。逃世還瀟灑，盧家有莫愁。」「寒天鐘磬發，歌吹古揚州。歸鳥銜殘日，深燈擁寺樓。戀閑蘇酒病，分興送更籌。白髮他時事，香林減片愁。」按此詩當作於戊子。蓋其前有聞警憶弟孝積，用少陵得舍弟消息韻，詩中自注：「壬午迨今七年，家園之變三見，舍弟皆未離膝下也。」自戊子上溯壬午，爲第七年，是年東華錄：「二月甲戌，江南江西河南總督馬國柱奏：「江西總兵金聲桓，據南昌叛，僞稱豫國公，王德仁僞稱建武侯，餘將各稱僞職，用僞隆武年號。攻陷郡邑，刼掠船艘，聲言將浮江東下，窺伺江南。請速發大兵以圖撲滅。」章下兵部。辛巳，國柱又奏：「官兵恢復無爲州，擒斬賊首王洪圖等，並獲降賊州同李敷沅。」得旨李敷沅著正法。」是爲皖北兵警之證。

橫波三十設帨，在戊子之冬，則其生爲萬歷四十七年己未。崇禎登極後數年，已十餘歲，正秦淮水榭高張豔幟之時，以故曼翁所記眉樓盛事，頗歷有年，上追李、卞之蹤，其視董小宛輩，則猶雛也。己卯爲崇禎十二年，玉樵在眉樓寫照，橫波年已二十有一，壬癸之間歸龔，據集中詩，似自癸未秋始見獵豔已獲，暢然得意之作。然則橫波適龔時已二十五歲，而龔則二十九歲也。

芝麓之年長於橫波者不過四歲。定山堂集有和陽叟苟德齋與余先後同乙卯，歷年九十五，神明不衰，賦贈一章以志人瑞，中有句云：「義熙甲子六朝多。」自注：「翁在先朝已閱六帝。蓋嘉靖乙卯也。嘉靖、隆慶、萬曆、泰昌、天啓、崇禎爲六帝。後乙卯爲萬曆四十三年。龔爲崇禎七年甲戌進士，時二十歲。作此詩時爲順治六年己丑，正三十五歲。順治十一年甲午，龔四十壽辰。吳梅村、錢謙益中集，皆有壽龔四十詩。

芝麓登第後，以縣令仕湖廣，補蘄春令。崇禎九年丙子鄉試，梅村偕宋九青典湖廣試，時龔爲同考官。見吳詩集覽：「宋，萊陽人，即清詞章家宋玉叔琬之兄也。」己卯當是行取入京，過秦淮而入眉樓，遂有婚嫁之約；至癸未而始遂。橫波從龔二十餘年，至康熙三年甲辰七月乃卒，得年四十有六。遭遇世變，除世以名節相糾外，其於文字之樂，翰墨之雅，揮霍之豪，聲氣之廣，頗極一時之盛，以下逐一詳之。

龔顧丙戌南歸，寓居湖上之日，可徵引之文字最多。徐釚詞苑叢談：「龔定山尙書與橫波夫人月夜泛舟西湖，作醜奴兒令四闋。自序云：五月十四夜，湖風酣暢，月明如洗，繁星盡斂，天水一碧。偕內人繫艇子於寓樓下，剝菱煮芡，小飲達曙，人聲既絕，樓臺燈火，周視悄然。惟四山蒼翠，時時滴入杯底，千百年西湖，今日始獨爲吾有，徘徊顧戀，不謂人世也。酒語情恬，因口占四調，以紀其事。子瞻有云：何地無月，但少閒人如吾兩人。予則謂：「何地無閒人，無事尋事，如吾兩人者，未易多得爾！」詞云：「一湖風漾當樓月，涼滿人間，我與青山，冷淡相看不等閒。藕花社榜疏狂約，綠酒朱顏，放進嬋娟，今夜紗窗可忍關。」又云：「木蘭掀蕩波光碎，人似乘潮，何處吹簫，輕逐流鶯度畫橋。白鷗睡熟金鈴悄，好是蕭條，多謝雙篙，折簡明宵不用招。」又云：「情癡每與明蟾約，見了消魂，爾許溫存，領受嫦娥一笑恩。戲拈梅子橫波打，越樣心疼，和月須吞，省得濃香不閉門。」又云：「清輝依約雲鬟綠，水作菱花，蘇小天斜，不見留人駐晚車。湖山符牒誰能管，讓與天涯，如此豪華，除却芳樽一味賒。」

又有雨中同閩人善持君汎舟雷峯諸勝，有春日山游卽事十首，其第八首自注：「與善持君同至韜光絕頂。」其詞云：「勝地招尋逸興，繁花篊決策勇林端。春禽慚引山蘭密，羅襪應防石蘚寒。京雒十年偕隱誤，登臨一刻畫眉難。險經豺虎留青眼，消得雲屏任意看。」又有歷十八澗至理安寺，與箬上人坐松巓閣，因觀法雨泉，迫暝歸，八首。第七首有「團蕉坐下衣香散」句，自注：「時與善持君同禮佛座。」又有初夏偕善持君游法相寺，坐石浪軒，筆墨閒適，看作畫蘭數枝於壁間，因漫題一絕，冀他日重游山中，幽窗竹石吾兩人不謂生客也，詞云：「道人不打午時鐘，石浪晴搖綠雪重。寫罷湘煙同隱几，畫眉啼上最高峰。」凡此皆湖山游蹟也。

又有爲善持君初度和巖子四首。巖子即卞琳之配，才女卞元文之母，一家以才名譟海內者也。其所謂初度，未能定爲何年，不知即三十設帨之辰否？其詞云：「水晶簾捲萬山開，百和深籠玉鏡臺。貝葉靜翻花雨落，衆香國裏對如來。」「一笑東華墮謫仙，玉皇香案記前緣。嫏嬛奇字何年讀，咳唾都成白雪篇。」「名山勝水度芳辰，此夕香奩韻事新。身在碧天圖畫上，半分銀月一雙人。」「犢鼻棲遲興未殘，遠山如黛吐珠欄。生涯只愛成都酒，賣賦黃金總不看。」

陳文述西泠閨詠藕花居詠吳巖子卞篆生，其小傳云：「按巖子初卜居石城青溪間，江東亂，乃與徐夫人智珠，登金焦，游虎阜，後至明聖湖。縱覽孤山葛嶺之勝，詩篇日富。所著名青山集，魏禧爲作序。晚年好道，得奇疾，疾作則右手自運動作字，不能自休，書紙上悉成元理。白髮朱顏，奕然有丹砂之色。長女元文，工詩辭；次女德基，善畫；先後歸劉。」徐智珠卽顧眉生也，橫波適龔後改姓徐，前已詳之，改名智珠，則始見於此。

巖子有橫波初度詩，芝麓有和作，已見前矣。至巖子由金陵移杭，定山集七古中，又有至白下，吳巖子以詩見貽，展玩之餘，輒爲遙和此篇，兼送其卜居湖上，蓋丙戌南還，初至金陵作。而五律中又有登北固和吳巖子韻三首，此則所謂與智珠夫人登金焦時矣。定山集中和巖子詩甚多，皆順治四五年，丁戊間作。則可知善持君初度詩，卽爲橫波三十設帨之歲，卽戊子冬也。

西泠閨詠又有湖上懷顧橫波詩，其小傳云：「橫波名媚，字眉生，一字眉莊，秦淮人。歸龔芝麓，改姓徐，字智珠，封一品夫人。工詩詞，善畫蘭，詞有云：「藕花社榜疏狂約，」

藕花社，湖上舟名也。著柳花閣集，有海月樓坐雨詩。月夜泛舟西湖，芝麓賦醜奴兒令四闋記之。」

冒辟疆影梅庵憶語：「客春，顧夫人遠向姬借閱此書，與龔奉常極贊其妙，促繡梓之。余即當忍痛，爲之校讐鳩工，以終姬志。」此指董小宛所著之奩豔也。又定山堂有金閶行爲辟疆賦一首，此即影梅庵憶語中所謂：「時余正四十，諸名流咸爲賦詩，龔奉常獨譜姬始末，成數千言。帝京篇，連昌宮，不足比擬者也。」往考小宛事蹟時，尚未見此詩，今乃見之。所云數千言者，詩詞也，其實不過五十二韻，七百二十八字耳。所云必須辟疆自注之「桃花瘦盡春醒面」七字，正在其中。又有「憶君四十是明朝」句，與辟疆言合。其末云：「更起爲君酌一斗，神仙游戲藏花酒。不須遙羨白雲鄉，棲烏各有長干柳。」正謂已有橫波，足與小宛相匹，不相歆羨之意。

又同人集，芝麓辛卯與冒書中云：「董社嫂清恙計已平，好紅窗擁爐，寒香初放，令人飄然有藐姑射之思。弟婦之懷想企念，又可知矣。」董社嫂即小宛，弟婦即橫波。

辛卯新正二日，小宛歿。在冒氏得此書在辛卯，書尾署嘉平十九日，當是庚寅歲杪所發。

以上皆辛卯以前事，辛卯龔還朝，是爲順治八年，自後詩中見善持君者較少。蓋龔在公卿中固爲浪子宰相一流，然已不能終日作冶蕩語。就定山堂集中觀之，惟有善持君臥病枕上口占四首，爲還京以後之作。至其時友朋之以顧夫人爲詩料者，則有錢謙益有學集乙未年有燈屏詞十二首，爲龔孝升顧夫人作。其詞云：「天河橫轉酒旗斜，月駕青銀駐絳紗。歌闋落梅人未醉，碧桃何事旋開花。」「神索風傳臺柏枝，天街星傍火城移。袖中籠得朝天筆，畫日歸來便畫眉。」「御席駝羹宣賜稀，金盤行酒著珠衣。笑他寒餓東方朔，自拔鸞刀割肉歸。」「換徵移宮樂句和，玉簫風急渡銀河。星娥月姊驚相詰，天上何人竊九歌。」「絡角星河不夜天，花開花合不知眠。小紅一片才飛却，却怪人間又一年。」「油壁青驄莫浪猜，飈輪倒景坐徘徊。香風却載紅雲下，忉利新看香市囘。」「潑墨崇蘭泛曉霞，石城玉雪漾平沙。騷人香草休題品，此是西天稱意花。」青瑣丹梯詰曲迴，燈花交處見樓臺。仙禽梵鳥紛如織，不涌身雲不入來。」陽翟新聲換竹枝，秋風紅豆又離披。囀喉車子當筵唱，恰似儂家絕妙詞。」璧月珠簾共一堂，繁星列宿正低昂。只嫌舞袖弓腰闊，尚是人間百戲場。」醉鄉麴部總華胥，唱月催花建酒旗。贏得夜珠簾幙外，諸天風雨細如絲。」「三月煙花玉蕊遙，文章江左倚靈簫。不知誰度燈屏曲，唱遍揚州廿四橋。」

定山堂集，有燈屏詞，次錢牧齋先生韻，同古古仲調。第七首云：「繡佛名香去不迴，春人春日罷登臺。錦屏看遍吹簫女，可似姍姍佩影來？」自註：「虞山燈屏曲，爲善持君壽也。」

乙未爲順治十二年。是年，龔以疏論任輔弼等事，牽涉馮銓，累經諭責。又以每於法司章奏，事涉滿漢，意爲輕重，降八級調用，又以他事再降二級。十三年四月，補上林苑蕃育署署丞，旋使粵。蓋攜橫波南下，至錢塘而別，龔獨入粵。集中所謂丙申使粵以後稿者也，有月夜虎林與善持君言別詩，有善持君移舟相送詩，題注：

「仲冬十七日，自錢塘開舟」，皆丙申事。十四年丁酉，返自粵，逗留南中，至十一月初三，爲橫波開壽宴於金陵，已見前小傳，宴畢卽北上，十七日泊舟清江以北陸家墩，集中有仲冬十七日長至，爲余始降，舟泊陸家墩四首。第一首末云：「遙知囘棹客，此夜憶黃河。」故知陸家墩爲沿南河地名。第三首起云：「他夕錢塘路，寒星對轉蓬。」自註：「去年以是日發舟錢塘」，又知其爲丁酉冬北上。此行蓋往返攜橫波，橫波當在金陵相待，久而後入都。自此一行，無復生出國門之日。曼翁所謂「還京師以病死」，正指此矣。

芝麓自康熙元年復官，至康熙五年丙午，又請假南還，則以橫波之柩歸葬矣。芝麓當康熙初，歷刑部、兵部、禮部尚書，累充會試正考官，清初名流，多出其門。十二年癸卯，八月致仕，九月死，諡端毅。未及撤藩之役，以芝麓之爲人，雅合貳臣資格，原可無災無難，平步公卿。順治間尚有愛名餘習，附和溧陽、海寧二相，未免略袒漢人，遂致蹉跌。再起以後，想能效法金之俊、王熙等，容容尸位，故以大官終，計其年不過五十九耳。詞華極富，科第甚早，若當平世，豈非風雅總持？惜乎遭際之不幸也。

何以知橫波之歿，在康熙三年甲辰也？定山堂集：壬寅迄丙午稿，送李素臣歸八寶，時南宮已雋，復失兼值悼亡，聊志同病之感一律。康熙自壬寅至丙午，惟甲辰年有會試，送李下第而兼悼亡，稱己同病，必龔之悼亡，亦在其時。東華錄：「康熙三年四月丙戌，賜嚴我斯等一百九十九人進士及第出身有差。」則南宮下第之信，自在春夏之交，但送李詩未必逼近榜後。據後錄詩，橫波忌辰禮懺，乃在中元，雖不必正爲七月十五，要當在秋初也。

此下有同古古伯紫諸君夜集限韻六首，首云：「他鄉椒酒動芳春」，當是乙巳新年。末云：「傷心青眼綦巾者，不見吾曹擊筑歌。」自注：「追憶善持君每佐余急朋友之難，今不可復見矣。」下一題爲人日同古古諸君作，則前詩尚在乙巳人日以前。橫波助龔輕財下士，曼翁小傳已言之。又戴延年秋燈叢話：「國初宏獎風流，不特名公鉅卿爲然，卽閨中好尚亦爾。龔尚書芝麓顧夫人眉生，見朱竹垞詞：「風急也，瀟瀟雨，風定也，瀟瀟雨。」傾奩以千金贈之。按此則朱題橫波畫蘭，所云「往事西州憶謝公者，」不但於龔有存歿之感矣。

青樓小名錄引袁子才云：「明秦淮多名妓，柳如是、顧橫波，其尤著者也。俱以色藝受公卿知，而所適錢、龔兩尚書，又都少夷齊之節。兩夫人恰禮賢愛士，俠骨嶙峋，閻古古被難，夫人匿之側室中，卒以脫禍。」據此則龔詩對古古懷善持，並非泛作。古古名爾梅，徐州奇士，世所稱白耷山人者也。清初高逸民之節，時有不遜語。如溧陽相欲令以前朝孝廉就會試，使親信許贈以會元，爾梅令仲掌書一「嚇」字示之事，見堅瓠集。集又言：「鼎革後，百史入內閣，在漢人中最用事，古古奔走於外，當事物色之。禍將及，乃入都與百史相聞。」據此則古古被難，正以明亡後奔走國事。百史卽溧陽相字，旣因難而與溧陽相聞，溧陽欲羅致之，仍以腐鼠相誚，其傲可知。而橫波以傾身營救聞，殊見風義。堅瓠集又言：「古古詩有誰無生死終難必，各有行藏兩不如。亦上百史句也。百史見之，不敢復言」云云，則溧陽亦殊解事。

又曝書亭詩集，龔尚書輓詩八首，其第六首云：「別有新詞麗，樽前賦物華。翻舊桃葉，笛按小梅花。檀板柳三變，金荃溫八叉。江南斷腸句，回首向誰誇（自注：公最賞予阻風湖口詞」。按竹垞江湖載酒集阻風湖口酷相思詞：「社鼓神鴉天外樹，見渺渺江流去。向晚石尤君莫渡。大姑也留人住，小姑也留人住，杜宇催歸朝復暮，轉把歸期誤。儘燈火孤篷愁幾許，風急也瀟瀟雨，風定也瀟瀟雨」。此詞即秋燈叢話所謂顧夫人傾奩以千金贈之者也。讀輓詩知竹垞亦自述其事矣。

橫波之憐才好士，爲清初名輩所稱，其中固不無芝麓之標榜，然橫波詞筆實亦不凡。其詩已輯於前，茲因其能愛竹垞詞，又考其倚聲之學，徐乃昌選閨秀詞鈔，有橫波詞三首，徐自注見衆香詞，蓋亦自選本錄出者，其詞如下：

花深深閨怨云：「花飄零，簾前暮雨風聲聲。風聲聲，不知儂恨，強要儂聽。妝臺獨坐傷離情，愁容夜夜羞銀燈。羞銀燈，腰肢瘦損，影亦伶仃」。虞美人答遠山夫人寄夢云：「春明一別魚書悄，紅淚沾襟小。卻憐好夢渡江來，正是離人無那倚妝臺。朱闌碧樹江南路，心事都如霧。幾時載月向秦淮，收拾詩囊畫軸稱心懷」。千秋歲送遠山李夫人南歸云：「幾般離索，只有今番惡。塞柳淒，宮槐落，月明芳草路，人去真珠閣。問何日衣香鈿影同綃幕？曾尋寒食約，每共花前酌。事已休，情如昨。半船紅燭冷，一棹青山泊。憑任取長安裘馬爭輕薄」。

閨秀詞鈔所輯橫波事蹟，均爲本篇所有，惟引惲珠閨秀正始集一則，中言龔尙書以爲亞妻，改姓陳，此爲異聞。他書皆言改姓徐，此獨言改姓陳，當是傳聞之誤。遍檢各家，無不言徐夫人者。

壬寅迄丙午稿中，又有中元爲善持君忌辰禮懺，六如師以詩見慰，和答二首，其詞云：「歲歲香燈憶水濱，慧光應不墮幽燐。獨憐愛海何時竭，每到西風涕淚新。「窮塵惟悟去來因，妙偈頻寬病後身。世相縱空難盡遣，斷腸歲月白頭人」。按此必爲乙巳中元。蓋丙午春龔即請假南旋，請假以後詩另入丙午迄庚戌稿，故丙午秋詩，不當列此矣。詩又言：「每到西風涕淚新」，可見忌辰之實爲中元，或其相近之日。

丙午迄庚戌稿，其開卷之始，有寒食感懷爲善持君旅櫬將南發，其詞云：「寒食春風廣柳時，兩行人去惜臨岐。吞聲已是三年別，悲莫悲兮死別離。」自甲辰歷乙巳至丙午，是爲三年之別。

又有清明同古古、伯紫、仲調、兔牀諸子，登妙光閣感悼二首，題注：「閣爲善持君所建。」其詞云：「淚痕沾灑到花光，散遺春愁此一方。拈草偶留霞外剎，撥灰難覓定中香。人隨寒食亭亭去，日落冬青樹樹長。老眼憑欄何限事，三更杜宇五更霜。」「石火平催白首春，芳蘭折盡感芳辰。布金園闊忘家儉，炊玉心枯念客貧。化去魂歸無色界，悲來佛是有情人。讓他簾外雙飛燕，又見垂楊碧草新。」「布金」一聯，見橫波之揮霍，既佞佛又好客，務爲其身後市惠也。

前詩之後，有善持君櫬南歸，六如上人禮懺有作，因和原韻，詞云：「經年業海逐中韓，暫脫羈籠夢亦安。廣柳人分三月雨，青蓮露灑六根寒。身爲杜宇啼歸晚，佛散名花笑刦殘。愧負生公頻説法，黃泉碧落斷腸看。」此詩首聯言刑部請假。貳臣冀鼎孳傳：「康熙三年，由左都御史遷刑部尚書。」其至刑部任，尚在三四年之間，故丙午春尚稱「經年。」「廣柳人分三月雨，」直是以三月出都耳。

是年又有仲冬三日山左道中有感是日爲善持君生辰。詞云：「朔風蓬轉正天涯，雲斷鄉山暮嶺斜。萬事吞聲成死別，君歸黃土我黃沙。」「生辰歲歲炷名香，幢蓋蓮華繡妙光。今日客途鐘磬杳，梅花沁水酹空王。」「慧業生天定不疑，蒲團燈火夜闌時。傷心拋下青螺管，懶向人間更畫眉。」「月病雲愁剩此身，青天碧海事沾巾。瑣窗豈少閒花鳥，四海論心有幾人！」此蓋橫波葬後，龔復回京時途中作。云「歸黃土」可知已葬。云「懶更畫眉，」云「豈少閒花鳥，」當是龔尚有他妾，特示其不忘舊之意。觀下詩可證。

定山堂庚戌秋冬近稿，雪後，古古、檗子、礎日、子壽、方虎、荆名、遙集、康侯、錫鬯、湘草、武曾、緯雲、竹濤、青藜、仲調、穀梁、武廬同集小齋，古老限杜韻，卽席四首。是日稚兒初就塾。按庚戌秋冬近稿，爲定山堂集最後之詩，集由龔手定，當是定於辛亥，故以庚戌冬截止。「稚兒初就塾」可見龔尚有兒，初就塾則以前固未入塾。詩中有「呼兒誦讀從吾拙，勿遣陳咸睡觸屏」句，又有「閒身送日逃三雅，薄宦傳家笑一經」句，皆老年期望後人之意，計此子當得之甲辰以後。若爲乙巳所生，則庚戌爲六歲，且在冬季就塾，恐尚生於乙巳之後，必非橫波出可知。此又橫波畢生祈子之歸結也。

靜惕堂集有龔芝麓宗伯請告南還，寄贈十首，中有「承歡玉樹枝」句。請告在癸丑，是子又長三年矣。是年芝麓卒。蓋有子送其終，故竹垞輓龔詩，亦有「含玉遺孤在」之句。橫波無子而芝麓卒有子，瑣窗花鳥，殆亦不盡偷閒，即畫眉亦未必盡懶也。

俞樾茶香室三鈔：「國朝戴璐藤陰雜記云：「妙光閣建自合肥尚書。近見定山堂集，乃姬人善持君所作，即所謂橫波夫人也。橫波仲冬三日生辰，恆於閣下禮誦。」按顧橫波稱善持君，十一月三日爲其生日，皆人所罕知也。」云云。藤陰雜記係得之定山堂集，而曲園則未見此集，故以爲異聞云。

孔四貞事考

清一代好爲文字之禁忌，本期隱蔽事實，憑其自造之官書，以彰美而諱惡。革命以後，流言轉多，多有不可究詰者，如王杲事、如董小宛事，皆嘗有所辨證矣。向見近人筆記，有謂孔四貞亦晚入淸宮，曾有曖昧事者。四貞少長宮中，自有一段故事，據耳目所及，輒爲搜輯而證明之焉。

四貞於淸宮最有關係之事，爲淸世祖曾有册立爲妃之意。此說官書固皆不載，私家著述，記此事者無多，以故前人卽以爲疑。而生當淸代，雖疑之而不敢深究，及今始可詳言，且不詳言之，則不經之說，將無所糾正也。按吳梅村詩集，有倣唐人本事詩四首，云：「聘就蛾眉未入宮，待年長罷主恩空。旌旗月落松楸冷，身在昭陵宿衞中。」「錦袍珠絡翠兜鍪，軍府居然王子侯。自寫赫蹏金字表，起居長信閤門頭。」「藤梧秋盡瘴雲黃，銅鼓天邊歸旐長。遠愧木蘭身手健，替耶征戰在他鄉。」「新來夫壻奏兼官下直更衣禮數寬。昨日校旗初下令，笑君不敢舉頭看。」靳榮藩吳詩集覽云：或云，爲定南王孔有德女賦，侯考。」吳翌鳳梅村詩集箋注云：「案集覽謂詩爲定南王女四貞作。四貞適孫延齡，康熙三年四月，上疏爲父請恤，見八旗通志。細案詩意，第二首以下或詠此事，第一首疑別有所指。」

今按梅村四詩，無一字不直揭四貞事蹟。以少女而充宿衛，開軍府，襲封爵，恆奉太后起居。來自藤梧，親扶歸旐，未能替耶征戰，而致輿尸。夫壻兼官，則以妻貴；校旗下令，至於不敢舉頭，其時其地其人，非四貞孰能當此？箋注謂第二首以下，當是詠四貞事，而第一首疑別有所指，蓋以「聘就蛾眉」「待年長罷」等語，不敢指實耳。集覽亦指出定南王女，而又云「侯考」，皆以此故。梅村歿於康熙十年辛亥，滇亂事非所及見，此詩當作於康熙初元。所云「昭陵宿衛」，則世祖之新喪也；所云「新來夫壻」，則與孫延齡始成婚也；其「聘就蛾眉」二語，就清初紀載，僅得一證焉。

葉夢珠續編綏寇紀略卷三爭挾主篇云：「九年壬辰，時定南王孔有德鎮廣西，李定國悉銳攻之，連破靖州、沅州、武崗州，湖南震動，有德發兵迎敵，輒解甲降，如是者三四次，調遣將盡，有德大怒，親帥師決戰於嚴關，敗績，退保省城，定國作長圍困之。有德料乘城將士，僅八千人，氣衰不振；七月四日城陷，有德自經死，家屬一百二十餘人皆過害。有女曰思貞，單騎突圍出，奔京師，上疏言其父死難，及續順公沈守忠頓兵不救狀，世祖憐之，將册立爲妃，知先許字孫延齡，乃止。至康熙元年，遣回給配將軍孫延齡。據此則册立爲妃，當時實有此意。終世祖之世，未嘗遣回給配，亦以四貞方幼，旣未可給配，亦卽未可册立，其遲遲之故，不盡緣四貞已許字也。梅村詩言「聘就」，言「待年」，當得其實。

世祖之欲納孔四貞，不必定緣漁色，草昧國家之軍隊，但知爲一姓家奴，無所謂國家觀念。當時廣西一軍尚屹在，線國安輩惟知爲孔氏家將，故以四貞遙領軍事，則可以維繫之，納四貞卽所以定廣西也。四貞之名，爲官書所印定，其實不必定是此二字，葉夢珠紀略作「思貞」，而據劉健庭聞錄，則云，「孫延齡妻孔氏似貞，定南王孔有德女也。有德歿，朝廷以延齡爲將軍，攝理王府事。然則又名之爲「似貞」矣。庭聞錄又云：「有德子士訓，三桂之壻，爲李定國所戮，故以延齡攝軍事。」夫有德子名廷訓，官書屢載之，此言士訓，或其乳名歟？又士訓與似貞或作思貞，官書作四貞，士、似、思、四，殆皆爲一聲之轉，其兄妹乳名上一字本係同字歟？

東華錄，順治九年八月丁巳，有兩諭。一諭定遠大將軍敬謹親王尼堪等，諭言：「聞賊入廣西，於七月初四日，攻陷桂林府，定南王孔有德自盡。」一諭平南王尚可喜、靖南王耿繼茂，亦言此事。是有德之死，爲壬辰七月初四。貳臣傳敘有德死事，但書七月，又接敘「大兵復桂林，女四貞以櫬歸京師，賜祭葬，立碑墓道，給四貞白金萬兩，並視郡主食俸」云云。按桂林之復，仍爲有德部將線國安之力。東華錄：「順治十一年二月癸酉，敘桂林戰守功，加提督總兵官線國安太子太保，總兵官全節左都督，餘各升級紀錄有差。」無名氏四王合傳孔有德傳亦言：「其將李如春、線國安，收集潰兵，大破定國之衆，廣西復平。」可知有德雖敗死，孔軍尚復振，清廷必以四貞爲奇貨而羈縻之勢使然也。按四王合傳，七月初四日，有德兵敗於嚴關，退守桂林，越三日，桂林乃破。

有德喪歸，東華錄載之順治十一年五月戊戌。又是年十月丁丑，書爲有德建祠。至十二年四月癸未，乃書「上以定南武壯王孔有德建功頗多，以身殉難，特賜其女食俸，視和碩格格，護衛儀從俱仍舊」。當時雖以四貞維繫孔氏舊部，然有德子被虜，未有死訊，故尚未以四貞掌定南王府事也。貳臣有德傳：「十六年，大兵定雲南，隨征總兵李茹春，舊爲有德護衛，訪知廷訓於十五年十二月，爲定國所殺，乃收其骸骨乞歸葬。奉旨：「定南王子久陷滇中，尚冀大兵克取，來京有日，據奏慘遭逆害，深可憫惻，下部議恤，特予祭葬」。蓋至十六年乃得廷訓已死確耗，於是四貞遂爲孔軍所係屬，而清世祖欲得四貞以收一軍之心者，當亦始於是矣。

四王合傳：「定國兵至城下，時粵西初定，人心未固，定國攻城，守陴者皆不力，桂林遂陷。有德整衣冠，默無一言，久之，謂夫人曰：「不幸少入軍中，飄泊鐵山，鴨綠間，冀立寸功，垂名竹帛。及大將軍以忠受戮，歸命本朝，歷被兩朝知遇，爵以親王，錫之藩土，榮寵至矣。我受國厚恩，誓以身殉，若輩亦早自爲計。」夫人曰：「君毋慮我不死。」指其子及女曰：「第兒曹何罪，亦遭此刼乎？」囑老嫗負之去，泣而送之曰：「此子苟脫於難，當度爲沙彌，無效乃父一生，馳驅南北，下場有今日也。」言畢，與其妾皆自縊。有德縱火焚其府，北向再拜，拔劍自刎死，家口百二十人悉被害。其子尋爲定國軍士所跡，死於安隆，女亦見獲，以年幼羈養軍中。上聞有德合門死難，震悼撤朝，下詔哀䘏，謚忠烈，賜葬京師，歲時祭祀。其將李如春、線國安收集潰兵，大破定國之衆，廣西復平。有德之女得歸，守臣具疏以聞，世祖與太皇太后憫有德沒於王事，其子廷訓已見殺，止遺一女，令送入宮，爲太后養女，名孔四貞」云云。傳文不甚注重於提清年月，故四貞之歸，與廷訓之死，似併在一時，當從東華錄乃確。且有德謚，貳臣傳、東華錄及八旗通志皆作「武壯」，此言「忠烈」，亦當以官書爲準；謚法固官中事，實錄必不誤也。有德所言大將軍，徐鼒小腆紀年，引此文而註其下云：「謂毛文龍，」是也。有德之死，王澐漫遊紀略，亦作自刺死，官書皆作自縊死。

東華錄，順治十一年六月辛酉，書：「有德櫬還，和碩親王以下，郊迎三品以上官，除諸王外，皆留喪次一宿。癸亥，遣禮部侍郎恩格德賫銀萬兩，賜孔有德女，令充日用之費，有德女跪受訖，隨奏曰：「臣父骸骨，原命歸葬東京，但臣兄既陷賊營，臣又身居於此，若將父體送往東京，孝思莫展，請卽於此地營葬，便於守視。」恩格德以其言奏，上允之。甲子，命工部給與定南武壯王孔有德葬地，造墳立碑。」據此，則有德遺櫬，確爲四貞由廣西載歸，足證梅村詩第三首之不可移易。

四王合傳：「四貞年十六，太后爲擇佳壻，四貞自陳有夫。蓋有德存日，已許配孫偏將之子延齡矣。因下詔求得之，奉太后命爲夫婦，賜第東華門外，廣西之再定也，以線國安統其衆，部曲如故，而藩府久虛，上念孔後無人，且慮及孔師無主，乃封四貞爲和碩格格，掌定南王事，遙制廣西軍。」此梅村所謂「錦袍珠絡翠兜鍪，軍府居然王子侯」者也。合之前言入宮爲太后養女，則又所謂「自寫赫蹏金字表，起居長信閤門頭」矣。

四王合傳云：「延齡爲和碩額駙、內輔政大臣、世襲一等阿思尼哈番。延齡美風姿，曉音律，長於擊刺，體勁捷，能超九尺屏風。惟不善讀書，然遇有章奏令幕官誦之，輒能斟酌可否。與人交必盡其誠，能容人之過失，時年十六云。四貞美而不賢，自以太后養女，又掌藩府事，視延齡蔑如也。延齡機知深狙，以太后故，貌爲恭敬，以順其意。四貞喜，出入宮掖，日譽其能。由是太后亦善視之，寵賚優渥，亞於親王。四貞不知延齡奸愚之也，謂其和柔易制，事益專決。延齡因愈不平，思所以奪其權矣。」又逆臣孫延齡傳：「孫延齡，遼東人。父龍，隨孔有德來歸，隸漢軍正紅旗，授二等男爵。世祖章皇帝時，封有德定南王，鎮廣西，龍爲部將，有德以女四貞字延齡。及有德殉節桂林，龍亦歿於陣，予卹典，以延齡襲二等男，復加一等雲騎尉。時四貞尚幼，特賜白金萬兩，歲俸視郡主；既長，適延齡。」按合傳所云延齡婚後爲和碩額駙、內輔政大臣，此卽梅村所謂「新來夫壻奏兼官，下直更衣禮數寬」也。四貞視延齡蔑如，及延齡貌爲恭敬，延齡爲部將孫龍之子，庭聞錄謂其起家素微，又卽梅村所謂「昨日校旗初下令，笑君不敢舉頭看」者也。至合傳所云延齡機知，思奪四貞之權，則要其後而言之，在梅村賦詩時，固未之知矣。

四王合傳：「康熙四年丙午，四貞面奏家口衆多，費用浩繁，欲就食廣西，奉特旨：「查定南王女孔四貞，於順治十七年，奉世祖章皇帝旨，掌定南王事，在京遙制。今應否給與其壻孫延齡掌管，着議政親王、貝勒、大臣、九卿、科道，會議具奏」。諸大臣皆以爲可。議上，卽奉旨：「孫延齡鎮守廣西將軍，其下應設都統一員、副都統二員，卽着孫延齡遴選具奏。線國安年老，着休致」四貞遂請和碩格格儀衞以行」。按丙午爲康熙五年，諸官書亦皆言延齡、四貞以康熙五年出鎮，則四年之四字，當係五字之誤。所奉特旨，言四貞於順治十七年，掌定南王事。四貞於康熙元年嫁孫延齡，見前引續綏寇紀略，惟前言封四貞爲和碩格格，掌定南王事，則封格格與掌定藩，當在同時，卽當同爲順治十七年矣。其封格格，當卽爲不行冊立爲妃之證。

梅村所謂「聘就蛾眉未入宮」乃其以前之事；所謂「待年長罷主恩空」乃指封格格嫁延齡時事也。世祖以十八年正月初七日崩，四貞旋即遣嫁，其前已掌藩府軍政。梅村所謂「旌旗月落松楸冷，身在昭陵宿衞中」者，正指此事。

集覽及箋註，於吳詩明以本事爲題，而不能詳其事。集覽僅據八旗通志孔有德傳之後半，略述四貞事，未能詳備，又不能得將册爲妃之證，卒致疑於第一首而不敢確指爲四貞，今特補註如右，即所以敍孔四貞前半歷史也。

四貞之身繫孔軍也，當考之逆臣線國安傳。國安於康熙十二年吳三桂反時，再授都統。十三年，叛從滇。及延齡爲三桂所殺，而後就撫，時在康熙十六年以後。則當康熙五年，國安所以安然聽命，以年老休致者，以來統軍者爲四貞夫婦耳。國安傳言：「十六年……七月，奉旨班師回粵。十二月，靖南王耿繼茂移鎮廣西，諭國安率所部來京。十七年二月，命爲廣東都統。四月，諭兵部：「廣西嚴疆，當厚集兵力鎮守，都統線國安，免赴廣東，統領定藩下官兵駐廣西，事宜應行速議具奏」。尋議：

「國安應以太子太保、三等伯鎮守廣西，加征蠻將軍總管定藩下官兵，再撥與綠旗兵三千，駐桂林。」得旨：「綫國安授廣西等處鎮守征剿將軍。」康熙五年，以老乞休，從之。」此中包含情節甚多，分述如下。

東華錄：「順治十六年四月甲寅，……定南王屬下梅勒章京總管官兵李茹春奏：「定南王孔有德子廷訓，順治九年失陷桂林時，被逆寇擄去，今入雲南訪問，已於十五年十二月十六日遭李定國慘害。臣隨同平西王吳三桂等赴土主廟，迎廷訓櫬於臣營，容臣扶櫬回京。」得旨：「定南王子久陷滇中，尚冀大軍克取來京有日，據奏慘遭逆害，深可憫惻，應行恩卹，並扶櫬歸葬事宜，著速議具奏。」然則廷訓之死，在十五年十二月十六，其死訊到京，在十六年四月二十四。是月朔為辛卯，故知甲寅為二十四也。國安以七月班師，清廷以為孔軍可從此抽調，撤去一藩，故十二月有率所部來京之諭。禮部奏廷訓恤典，在是年七月丙子，亦見東華錄，不贅。

且耿繼茂之移鎭，清廷亦未敢任意出之也。東華錄：「十六年十二月壬子，諭兵部：靖南王耿繼茂，久鎭東粵，勞績素著，今又自請移鎭，效力疆場，忠志可嘉，著移駐廣西。廣西提督線國安，著帶領所統兵士來京另用。」據此則耿藩移鎭，乃使耿以效力疆場自請，以藩制藩，使孔軍不敢阻難，而清廷又不自居主動，用意可謂婉曲。當時繼茂二子昭忠、精忠，聯翩尙主，可想見清廷要結之術。而其將册四貞爲妃，當亦在此時；四貞之所以不願，亦必有阻之者，俱可推定也。至十七年二月，命國安爲廣東都統，則已無庸率所部來京，但似與由粵移鎭之耿藩對調。至四月，則又命國安仍駐廣西，從此孔軍爲不可動搖。有德雖父子皆已死，而定南王不可革，則知世祖雖册四貞爲妃無益，遺嫁孫延齡，因而羈縻孔軍，又必至之勢矣。

東華錄：「順治十七年十二月丁丑，命靖南王耿繼茂移駐福建。」此爲了移鎭一案，大約耿固未嘗至廣西也，若至廣西，必與孔軍衝突矣。

於順治末年清廷之敷衍孔軍，見線國安等之不易馴；於康熙初年國安之安然請老，待十年以後，乃復倔强天南，見非四貞無能馴國安者。則世祖之欲得四貞爲妃，與四貞之不願，並清廷之不敢相强，彼此皆有利害關係存焉。謂此爲清帝之縱慾淺矣。夫清廷厚結四貞，四貞卒亦圖報清廷，三桂起事，延齡首鼠兩端，不爲大害，清廷頗得四貞之力。更輯康熙改元以後，四貞事實如左：

八旗通志：「康熙三年四月，有德女四貞疏言：臣父孔有德，死節桂林，蒙世祖章皇帝軫念孤忠，易名賜葬，仍命廟祀。乃建祠一事，工部疏議，以孝陵碑未建，不便卽行。泣思先臣航海投誠，捨生報國，北討南征，勳猷懋著。今煢煢孤女，僅延一線，所望國家春秋二祭，庶令忠魂有歸。伏祈再沛成命，速令興工，則勞臣報國之靈，與普天效忠之氣，俱感激無涯矣。」得旨：「定南王先奉世祖章皇帝旨，每年春秋致祭，著照舊遵行。」

東華錄：「康熙三年十一月丙午，賜定南武壯王孔有德女四貞銀三千兩，糚蟒色緞四十四。五年四月丙午，命定南王孔有德壻孫延齡，爲廣西將軍。八月丁巳，禮部議給定南王孔有德女四貞執事。得旨：定南王爲國捐軀，又復絕嗣，奉世祖章皇帝旨，將伊女照郡主品級給俸，今又令往廣西駐防，其執事依議准給，後不爲例。」以上皆清廷所以遷就四貞者也。

四貞既非男子，延齡又係女夫，非孔氏子姓，清廷遂有以構之，而四貞不悟也。四王合傳：「四貞與延齡南下，舟抵淮安，誥封敕書至，以延齡爲特進上柱國、光祿大夫、世襲一等阿思尼哈番、和碩額駙、鎭守廣西等處將軍，其妻孔氏爲一品夫人。四貞自以爲和碩格格，已居極品，不從夫貴也；今忽封一品夫人，則仍妻以夫貴矣，疑延齡囑內院爲之，不愜意，夫婦遂不相能。戴良臣者，原係四貞包衣佐領，頗有才知，希大用，力薦其親王永年爲都統，而已與嚴朝綱副之，延齡初不許，乃營求於內，四貞强之而後可，雖爲之請命於朝，而心甚忌之。良臣因構難其間，謂延齡獨信任蠻子，而薄待舊人，由是夫婦益不合。良臣佐格格，每事與延齡相左，所用之人，必逐之而後已，延齡竟爲木偶，不復能出一令。四貞初任良臣，以爲尊己，故惟言是聽，及其得志，並格格而藐之，權且漸歸於下，事無大小，皆擅自題請，廣西一軍，惟知有都統，不知有將軍，并不知有格格，四貞乃大恨，知爲良臣所賣，仍與延齡和好，然大權旁落，不可復制。三都統益自專，延齡積不能平，以良臣等僭亂不法事訴於上，三都統亦上疏訐之。已上命督臣金光祖究其事，光祖與副都統嚴朝綱爲至戚，奏延齡御下失宜，良臣等無罪。上疑其言非實，復令大臣按問，三都統懼得罪，併力以求伸，以故大臣亦不直延齡，延齡於是始謀所以報良臣者。十二年癸丑，吳三桂反，以事招延齡，延齡遂召良臣等十三人議事，伏力士擲盞爲號，盡縛而斬之，卽舉兵應吳，進封爲臨江王。

清廷用四貞名義以制定藩，用孫延齡以四貞之夫之名義以間四貞，於是戴良臣之離間得行，王永年等之挾制有隙，金光祖輩皆奉行中旨，延齡夫婦欲訴於清廷，以求伸理，固知其無能爲矣。撤藩變起，合吳三桂以求一逞，其後王永年、戴良臣、嚴朝綱及孟一茂等，皆列清國史忠義傳，附馬雄鎮以傳，可知其爲清廷之問諜。方延齡未叛以前，清廷所以待延齡者，屢用揚四貞抑延齡之術，以構煽定藩所屬之人心。更略舉如下：

東華錄：「康熙十一年九月乙未，御史馬大士奏參廣西將軍孫延齡，原無奇勳異績，皇上垂憐定南王乏嗣，令其掌管王旗，異數殊恩，蔑以加矣。爲孫延齡者，自宜懍遵國憲，以盡臣子之誼，乃題補營弁薛起鳳一事，部議以廣西非係題補省分，覆奏不行，屢經奉旨，孫延齡屢行陳奏，必欲違國家之成例，用本旗之私人，是誠何心？伏乞嚴敕，以爲恣肆不臣者之戒。下部察議。」延齡鎮桂，至是已歷七年，忽造一成例，以阻其用人之權。當諸藩盛時，吳三桂有選官赴各省之權，及康熙十年以後，天下漸定，清廷蓄意撤藩，若定藩者，尤爲荏弱，有離析之間，無怪其先加聲色也。孫延齡傳：「既而勒德洪鞫訊，永年所劾皆實，請治延齡罪，得旨寬免。」蓋時已全力注於滇矣。

東華錄：「康熙十二年七月甲戌，御史鞠珣奏：「孫延齡原係定南王藩下標員，年齒素輕，位權未重，祇因配定南王女，所以命之掌管王旗。但孫延齡終屬外姓，論名分，則無承襲勳爵之理；論軍心，多有未肯帖伏之情。近見廣東廣西總督金光祖奏稱，都統王永年等移文稱城門晝閉，鄉民不敢入城；又稱孫延齡委兄孫延基總管旗標官兵。此係孫延齡不能彈壓官兵之明驗也。且孫延齡駐紮廣西以來，或鎖辱職官，或擅題標弁，以致屢掛彈章，顯被訐告。况粵西苗、猺雜處，邊隅巖險，乞敕部確議，將王女與孫延齡撤回京師，其定藩舊標官兵，或歸併黃旗，或分隸八旗，仍令駐防該省，另差將軍統轄，則朝廷名爵無濫，而兵馬事務得理矣。下部確議。尋議：將軍孫延齡與都統王永年互訐，見差侍郎勒德洪審理，俟審結再議。

按是時尚藩已定遣撤，滇藩吳三桂亦已請撤，以餂朝旨，清廷躍躍欲試之狀，不可復止。指斥孫延齡，以挑藩下惡感，又明言舊標官兵仍駐該省，以羈軍人之心。若非三桂卽反，則定藩固亦立撤矣。

四王合傳：廣西提督馬雄，亦定南藩下人，爲都統之助，恐延齡害己，堅守不下。後三桂大軍至廣，雄乘勢亦降，爲僞東路總督。雖與延齡共事，而彼此相猜疑，延齡乃復萌反正之意。蓋其初叛也，激於良臣之訟，及見馬雄勢大，畏其逼己，四貞又日夜感上恩，勸延齡歸順。計且決矣，雄探得之，密告三桂，謂延齡有異志，宜急誅之，以絕後患。十六年，丁巳，三桂遣其姪僞金吾大將軍吳世賓領兵以恢復廣東爲名，駐師桂林城外，延齡出迎，世賓敍故，相得甚歡，及送之轅門，有苗兵數十突起馬首，延齡於馬箠中出利刃奮擊，斃數人，力不支，爲所殺。世賓送其頭於馬雄，雄掀髯大笑曰：「延齡亦有今日乎？」頭忽睜目張口，躍然而直向雄身，雄大叫曰：「延齡殺我！」遂嘔血而死。

孫延齡傳：「有傅宏烈者，舊爲慶陽知府，當三桂未反時，舉發三桂不軌事，坐誣謫戍蒼梧。延齡既叛，宏烈欲假事權，集兵圖恢復，受三桂僞職，爲信勝將軍，與延齡友善，數以大義陳說，延齡猶豫未決，妻四貞約宏烈往迎大兵，至卽反正。十六年，宏烈迎大兵於江西，先致書將軍舒恕，言四貞欲延齡歸順，曾告宏烈，謂無刻不以衆養隆恩爲念，若賜敕赦延齡罪，封四貞爲郡主，則粵西可定。舒恕以情入奏，詔督捕理事官麻勒吉，相機招撫，授傅宏烈廣西巡撫，合大兵進征。先是三桂屢脅延齡助寇河洛，延齡以部衆不從報謝，至是將歸順，爲三桂偵知，使從孫世琮糾賊逼桂林，誘執延齡殺之。」

據以上所載，延齡之不助三桂，及急謀歸正，四貞皆與有力焉。此則四貞之所以報清廷者。三桂所遣襲殺延齡之人，四王合傳作其姪吳世賓，官書如孫延齡傳，稱遣從孫吳世琮，東華錄則稱三桂之孫吳世琮，國史傅宏烈傳作從孫世琮，李紱傳忠毅公家傳作孫世琮，則合傳作姪世賓者誤也。八旗通志則直稱十四年，四貞勸其反正，代延齡具疏乞降，聖祖許之。十五年冬，吳三桂遣其孫吳世琮至桂林，誘執延齡，殺之。」其以四貞代延齡乞降爲十四年事，與諸書不合。傅宏烈遺書舒恕，言四貞云云，并求封爲郡主，可以成事，舒恕以聞，上諭兵部鈔錄舒恕奏疏，並傅宏烈移文發督捕理事官麻勒吉，俾招撫孔四貞。東華錄繫此事於十六年三月戊寅，於事理爲合。

四王合傳：四貞幼時曾爲三桂養女。延齡死，遂拘之入滇，其子亦爲吳世賓所殺。厥後雲南平，四貞歸京師，奉有德祀，延齡竟無後。據此則四貞有子而爲滇兵所殺。拘四貞入滇，正師清廷之敵智，以有德女維繫廣西軍也。魏源聖武記亦從此說，謂四貞以三桂養女入滇。而孫延齡傳則曰：四貞善騎射，能殺賊，賊相戒無犯。留僞將軍李廷棟於桂林，通聲援。凡延齡部衆，聽其舊將統之。世琮別掠平樂、潯州、橫州、南寧，爲大兵所敗，中傷死。宏烈至平樂，延齡舊將劉彥明、徐洪鎭、徐上遠等，擒斬李廷棟，逐走賊衆，偕線國安子成仁率桂林官吏兵民歸順。四貞還京師。所言延齡部衆，賊相戒無犯，似以四貞騎射足以威賊。四貞少長宮中，作旗下貴女子，未必有殺賊之勇。且傳言部衆以舊將統之，亦不謂卽由四貞自統。蓋定藩下人，非滇軍所能力取，乃姑聽其自立，爲滇聲援。取四貞入滇，予以統轄藩衆之名，則謂滇憚四貞而不敢奪其軍，於名義原無不合。有德死而四貞爲清太后養女，居京師；延齡死而四貞以舊爲三桂養女，居雲南，其倚以羈縻桂軍，爲術一也。官書多同逆臣傳，竊謂當以四王合傳爲得其實。

滇事，肅清，據東華錄，克雲南省城在康熙二十年十月二十九日；奏報到京奉旨之日，爲是年十一月癸亥，即十四日；處分各犯，在二十一年正月戊辰。又據國史麻勒吉傳：「二十一年撤定南藩屬，分隸八旗漢軍，麻勒吉率之還京。」孔軍至此爲歸結。四貞入京，必在其時之相近。從此爲孤豚腐鼠，不過爲孫氏一老寡婦，無爭相取重者矣。觀四貞一身，考見當時清廷因應之艱，諸藩積重之勢，而於吳祭酒詩，得其詳解，亦談詞章集掌故者之一快也。

孔有德事，僅見官書，無可考見其軼事，今從施愚山文集，得使廣西記一篇，極有味，錄如左：順治八年辛卯秋八月，皇帝婚禮成，上皇太后徽號。九月，遣使詔赦天下。時奉使無專官，臣閏章以刑部主事，與使廣西。廣西地險遠，歲爲期。是時天下初定，水陸驛不備，使者裹糧，遇舟車乏絕，輒三四日不得發。衡山以南，種火而食，人雜虎豹行。明年三月，始達桂林，宣詔書如典禮，明日謁定南王。定南王者，孔氏名有德，拓地定廣西者也。建藩獨秀峯下，貴重無與比，而巡撫王公一品，巡按王公荃可，聞閏章名，間嘗爲王言。至則王相勞苦，命前席，具言其生平及粵西用兵曲折。已賜食，王笑曰：「君來厚幸，往粵地阻兵，使者數輩，多反自衡永間，孤手闢此土，監司郡守，皆君同榜，盍徧游？觀吾所置吏士」。使諸郡爲治裝，閏章辭謝曰：「使於斯職也，義無客遊。」王顧盼叱咤自豪，言出，皆諸無敢後，至是色微怫，强笑曰：「向聞若名士，故與若驩，孤豈肯煦它客者耶？」已又曰：「君奉詔書，錄黃發諸郡，例取諸郡吏奉詔月日還報，事乃訖。今廣西郡縣荒遠，非數月不悉致，何坐鬱鬱也！此中江山，奇奧可娛，客卽徧遊兩粵，亦何不可，君行矣！」撫按兩公目余諾，謝出。時桂城無傳舍，又重違王意，念期遠，乃下灕江，抵平樂、梧州二郡，所過陽朔諸山，積疊峭詭，下涵澂碧，不可殫狀，作粵江賦。留蒼梧旬日，暑雨晝晦，蠻洞水多蛟涎，毒不可飲，挽舟又難上。蒼梧備兵僉事彭君爙，力促余遊粵東，遂出私錢買棹，乘江漲順流東，一日抵肇慶，古端州也。分巡僉事沈君鼒留避暑，爲十日飲，假館崧臺。過端溪，購得數硯。又三日至廣州五羊城。登越王臺，問陸賈說南越王佗處，大噉荔枝而西。秋七月，溯平樂，聞賊李定國破衡、永，薄桂林矣。知平樂府尹君明廷亟止余勿往，曰：俟王師破賊解圍，行未晚也。居頃之，定南王自殺，桂林城潰，浮屍蔽江下。余亟道蒼梧東歸，道梗困甚，所在山澤盜起剽掠。乃取詔書及郵符，裹黴繒中，隱姓名與賈人俱。至韶州，獲見海南道林公嗣環、巡按廣東御史楊公旬瑛，二公執手賀無恙，飭將吏驛送，復出郵符乘傳行。始余之困於蒼梧也，守將戒嚴，夾江置礮壘矢石，令無縱一人一艇，而余從舟載藥物，或聞王以下諸公謬相重，意橐中裝多，固尼余行。是時吏民有敢走者，輒斬，米斗一金。聞賊乘勝至，人相視哭。余使謂其帥請盡棄舟助戰艦，裸身歸，帥義之，以小艇送出境。是時桂林之變，推巡撫王公先引疾去，餘或死或亡，卒全者，余以定南王慫恿出遊，次平樂，得東向。未幾平樂陷，其守尹君死之，而余以先發得免。後數歲，詔使之役悉歸行人，諸部曹遂無復奉使者。」

愚山文摹寫極生動，其奉使適當有德將死之時，觀其意氣之盛，可想見草昧之國，一時草竊之雄，遭世擾攘，置身通顯，情狀不可嚮邇，此無軍事教育之軍人，其程度所以難言也。又章有謨景船齋筆記：「孔有德之亂也，吾郡王獻吉守膠州，獲一諜者，吉釋其縛，縱之觀府庫衙齋，謂：「帑歲已空，室家已潰，百姓他徙，僅一空城耳。有德即至，吾以身殉之，將奈吾何？」與之金，縱令去。後有德竟不至。」此與慶曆中高郵州守晁仲絢事相類。此則記有德作賊時事。蓋袁崇煥殺毛文龍後，有德等畔而大掠。逾年，明軍不能制，後祖大弼、吳襄督遼人之在寧遠者圍之，有德乃投金。時清太宗國號尚為後金，蓋崇德七年也。所見軼事無多，姑附於此。又明官制本有行人，清初未置此官，據愚山言，當順治九年後數歲，乃置行人，其後更裁，遂不復置，奉使而置行人，亦交通不便，視一國為等於封建之象也。

徐乾學憺園集徐越墓誌銘：「最後糾定南王女孔四貞，其夫方罹吏議，不宜妄請入朝。上曰：「此女太皇太后所愛。」對曰：「假使公主干憲，臣亦須糾。」上動容，可其奏。上之聽納忠言，而公得行其直道，蓋其所遭遇如此。」按撤藩以前，清廷竭力斷齕孫延齡，以迫之使去職，既見前述。四貞猶以舊恩，欲入京面陳，聖祖假諫臣之言以阻之，清不居寡恩之名，而使延齡夫婦無所控訴，帝王作用，大概如此。

無名氏選閨墨萃珍，有孔四貞致孫延齡書，未知所本，或出僞託，亦未可定，錄之俟考。其書曰：「余父在明，位不過一參將耳，而以百戰餘生，僅得中秩，明之待余父恩何薄也！大淩河之戰，有天意焉，朝旨詰責，震悼劉、杜之死綏，而欲以余父暨仲叔（即耿仲明）行法。余父見幾，單騎出關，謁太祖皇帝於興京，由是攀龍鱗，附鳳翼，爵至定南。桂林之役，余父死戰，今皇上恩卹稠渥，典禮有加，嗚呼！本朝之待余父情至矣！恩厚矣！昔豫讓有國士衆人之說，誠非無所見而云然。將軍幷無殊勳異績，徒以貞故，位崇專閫，儀同額駙。乃聞道路之言，將軍受滇藩蠱惑，潛結精忠、之孝爲援，頗蓄異志。噫嘻！市傳有虎，本不足憑，但貞與將軍，既共衾穴，生死幷之，安忍緘舌？至利害所係，貞亦不爲毛舉，第滇藩既能忍於水曆，豈獨不忍於將軍？則爲將軍計，似不應負本朝負余父，并負貞也。」

原按孫延齡反時，朝廷亦疑四貞，後於閩幕中得此信，乃釋然，取四貞歸京師養老焉。今按延齡應滇時，四貞當亦在軍府，何藉乎致書？且書又何以在閩幕？故疑其非眞出四貞也。

## 金聖歎考 附羅隱秀才

自小說中有聖歎外書，深印於世人之胸中，而聖歎之軼事，往往流傳衆口，近日乃以讖緯鄙俚之言，有所謂中國預言者，亦以聖歎評定爲名，致煩政府查禁而。聖歎之魔力，又躍躍有生氣焉，可謂奇矣。夫聖歎之爲人，具見於所批諸書之內，祇有文人好奇，並無神怪之蹟；然世以神怪奉之聖歎，殊不自今日始。聖歎被戮於清順治十八年，而其以神怪聳動世人者，乃在明天啓七年。蓋聖歎在世之日，已爲神怪之說所憑附者，近四十年矣。然則聖歎之見法，其年亦必已老。文人不得意，以筆墨動世，世即以神怪奉之。昔唐羅隱之蹭蹬，至今爲窮鄉僻壤婦人孺子所傳述之羅隱秀才，負鼓盲翁，編成羅隱秀才異迹，背誦如流水，抑亦聖歎之類矣。今彙輯清初紀載，爲愛談聖歎軼事者，詳所出焉。

錢謙益初學集天台泐法師靈異記：「天台泐法師者何？慈月宮陳夫人也。夫人而泐師者何？夫人陳氏之女，歿墮鬼神道，不昧夙因，以台事示現，而馮於乩以告也。乩之言曰：「余吳門飲馬里陳氏女也。年十七，從母之橫塘，橋上有紫衫紗帽者，執如意以招之，歸而病卒。」泰昌改元庚申之臘也。其歸神之地曰上方，矦曰永寧宮曰慈月，其職司則總理東南諸路，如古節鎮。病則以藥，鬼則以符，祈年逐厲，懺罪度冥，則以籤以表。以天啓丁卯五月，降於金氏之乩，今九年矣。問其宿因，則曰：「故天台之弟子朗智，墜女人身，生於王宮，以業緣故，轉墮神道；以神道故，得通宿命。再受本師記莂，俾以鬼神說法也。」問本師記莂云何？則曰：「大師以宿昔因緣，親降慈月宮，爲諸說神法。吳人尙鬼，好殺，故現鬼道；救殺業，善巧方便，漸次接引，歸於台事而已。其示現以十二年爲期，後四年而大顯，時節因緣，皆大師所指授也。「乩所馮者金生采，相與信受奉行者戴生、顧生、魏生，皆於台有宿因者也」。通體文甚長，此其首段，專述事實。所云「金氏之乩」，「乩所馮者金生采」。采爲聖歎原名。牧齋詩文作於明代者，入初學集；作於入清以後者，入有學集。此記爲明代所作，觀所云「天啓丁卯，降於金氏之乩，今九年矣」。則其時爲崇禎八年，此知聖歎靈蹟已著於當時矣。

王應奎柳南隨筆：「金人瑞，字若采，聖歎其法號也。少年以諸生爲游戲具，補而旋棄，棄而旋補，以故爲郡縣生不常。性故穎敏絕世，而用心虛明，魔來附之。錢宗伯天台泐法師靈異記，所謂「慈月宮陳夫人，以天啓丁卯五月，降於金氏之乩」者，卽指聖歎也。聖歎自爲乩所馮，下筆益機辨瀾翻，常有神助，然多不軌於正，好評解稗官詞曲，手眼獨出，初批水滸傳行世，崑山歸元恭莊見之曰：「此倡亂之書也」。繼又批西廂記行世，元恭見之又曰：「此誨淫之書也」。顧一時學者，愛讀聖歎書，幾於家置一編。而聖歎亦自負其才，益肆言無忌，遂陷於難，時順治十八年也。初大行皇帝遺詔至蘇，巡撫以下大臨府治，諸生從而訐吳縣令不法事，巡撫朱國治方暱令，於是諸生被繫者五人。翌日諸生羣哭於文廟，復逮繫至十三人，俱劾大不敬，而聖歎與焉。當是時，海寇入犯江南，衣冠陷賊者，坐反叛，興大獄。廷議遣大臣即訊，幷治諸生。及獄具，聖歎與十七人俱傅會逆案坐斬，家產籍沒入官。聞聖歎將死，大歎詫曰：「斷頭，至痛也；籍家，至慘也！而聖歎以不意得之，大奇！」於是一笑受刑。其妻若子，亦遣戍邊塞云。

俞樾茶香室續鈔，節引柳南隨筆此則，而加按云：「金聖歎爲靈物所附，或云狐也，此謂是慈月宮陳夫人，未知又何靈異矣。」曲園此按語，蓋未見牧齋泐法師靈異記原文。三鈔又引褚人穫堅瓠集云：「乩仙大約文人才士精靈之所託，有金某通其術，詭稱一陳夫人，號曰慈月智朗，與有婚姻之緣，請之即來，長篇大章，滔滔汩汩，搢紳先生亦惑其說。」按此即金聖歎也。

以上爲聖歎被慈月宮陳夫人所憑

宋長白柳亭詩話：「金聖歎既死，山左有官署召仙，仙乃聖歎，判一詩云：「石頭城畔草芊芊，多少愚人城下眠。惟有金生眠不得，雪霜堆裏聽啼鵑。」吳蘭次云。」

章有謨景船齋筆記：「金聖歎名人瑞，蘇州人，諸生，以順治辛丑哭廟案伏法，其前身爲杭州昭慶寺僧。歿後，吾郡朱眉方夢聖歎謂之曰：「吾前身乃僧也，常游觀愛河中，故有是劫，今脫矣，當爲鄧尉山神。君來吾乘風以迎，君可攜一尊祭吾。」眉方至蘇，彷彿於梅中見聖歎焉，因爲位以祭之。眉方有祭聖歎詩，詩長不錄。眉方名嵋，一字眉山，華亭諸生，與沈公荃善。」

周在浚在梁尺牘新鈔，稽永仁與黃俞邰書：「近有一絕異事，周計百使君司李賡南，讀才子書，慕聖歎爲人，遣使賫舟車之費往迎之。聖歎適有唐詩選，未赴也，然業已心許之。越明年，使君夢一人，披髮跣足，聳身案上，蒙面而泣曰：「我聖歎也。」使君晨起，謂客曰：「聖歎休矣。」遣使再至吳門，始知使君夢中之夕，即聖歎絕命之晨也。噫！異已。僕爲之作紀夢詩，追悼詩，足下和之。曲園茶香室叢鈔節引此書，按語云：「此聖歎身後之事，世罕知者。惟廣南不知何地，廣字亦未識，疑有誤。」

以上爲聖歎身後異蹟

無名氏辛丑紀聞：「金聖歎名人瑞，庠生，姓張，原名采，字若采。文倜儻不羣，少補長洲博士弟子員，後以歲試文怪誕黜革。及科試，頂金人瑞名就試，即拔第一，補吳庠生。聖歎取施耐庵水滸傳，王實甫西廂記，皆有批本。亥子之交，方從事杜詩，細加評點，未卒業而被難，天下惜之。有一子，曾請乩仙題號，乩仙判云：『斷牛。』不解其故。及聖歎獲罪，妻子流寧古塔，其居室之後，有一斷碑，但存牛字，殆亦前定數耶？」按聖歎爲乩仙陳夫人所憑，乃仙爲其子題號，終身未解其義，後待其子自悟，亦奇。

董含三岡識略：「吳人有金聖歎者，著才子書，殺青列書肆中，凡左，孟，史，漢，下及傳奇小說，俱有評語。其言誇誕不經，諧辭俚句，連篇累牘，縱其胸臆，以之評經史，恐未有當也。卽以西廂一書言之，昔之談詞者曰：「元詞家一百八十七人，王實甫如花間美人，自是絕調。」其品題不過如是而已。乃聖歎恣一己之私見，本無所解，自謂別出手眼，尋章摘句，瑣碎割裂，觀其前所列八十餘條，謂自有天地，卽有妙文，上可追配風、雅，貫串馬、莊，或證之以禪語，或擬之於制作，忽而吳歌，忽而經典，雜亂不倫。且曰：「讀聖歎所批西廂記，是聖歎文字，不是西廂文字。」直欲竊爲己有，噫！可謂迂而愚矣。其終以筆舌賈禍也，宜哉！」按此爲痛詆聖歎之語。聖歎謂所批西廂。「是聖歎文字，不是西廂文字。」此意讀西廂者共信之，其心好之，不啻若自其口出，聖歎有焉。乃以爲欲竊爲己有，未免笨伯。

袁枚隨園詩話：「金聖歎好批小說，人多薄之。然其宿野廟一絕云：「衆響漸已寂，蟲於佛面飛。半窗關夜雨，四壁掛僧衣。」殊清絕。」

按聖歎所著之文，皆存於所批書中，其詩僅見隨園稱道一首，又景船齋筆記載金桐蓮不第賦一首，末云：「金聖歎亦有此賦，較金桐蓮作更雋，此賦原文不可見矣。」許奉恩里乘，轉錄金清美豁意軒錄聞：「吾宗聖歎先生，絕世聰明，過目成誦，然放誕不羈，視青紫如兒戲。入泮未幾，旋以六等被黜，第二年仍以冠軍獲雋。如是者非一度矣。既而學使者法公海歲試蘇郡，先生信筆直揮，頃刻脫稿，即以呈公。公展閱，見文體詭異，佶屈聱牙，微哂曰：「好秀才，姑退。」先生揖而進曰：「稟問大宗師，生員出署回寓，路中設遇美婦人，觀者是乎？不觀者是乎？」公亦不怒，徐應曰：「一看君子，再看小人。」先生又揖曰：「敬奉教。」乃昂然出，意中以為必又列六等也。明日，公坐堂上，獨判先生為四等，即日發落，將重施夏楚，廣文以其名士，為之緩頰，公弗許。士子數十人亦同聲籲請，公愈怒，立召先生至。先生始懼惶悚，伏地，眾亦知其不免。公一見，顏色忽霽，命左右曳起，曰：「余在京師，慕子名久矣，昨見奇構，誠知天才，然國家考校，不宜玩弄牢騷之氣，君子貴有以養之，子能痛改前轍，余之願也。余豈真忍以子殿多士耶？」因於袖中出全榜，而弁冕實先生名。於是先生感悔，伏地大哭曰：「士得一知己，可以不恨。某雖不敏，請事斯語矣。」自此，公遂與先生為莫逆交。後數歲，先生以哭廟被收。棄市之日，作家信託獄卒寄妻子。臨刑大呼曰：「殺頭至痛也，滅族至慘也，聖歎無意得此，嗚呼哀哉！然而快哉！」遂引頸受戮。獄卒以信呈官，官疑其必有謗語，啓緘視之，上書曰：「字付大兒看，鹽菜與黃豆同吃，大有胡桃滋味，此法一傳，我無遺憾矣。」官大笑曰：「金先生死且侮人。」按此則情理多未盡合，且法海督江南學政，在雍正元年，未知清初更有一學政法海否？聖歎並未滅族，本則亦自言寄信妻子，何以自相矛盾？當從柳南隨筆作籍家。

以上為聖歎軼事。當時毀聖歎者亦多，而崇拜聖歎者亦不少，身分正合。聖歎之於小說，猶路閏生之於八股，極意發揮奧窔。然聖歎見地自超，非路所及也。

世傳聖歎科歲試遭黜之文，未見正確紀載，恐出傳會。

附羅隱秀才

茶香室叢鈔引黎士宏仁恕堂筆記：「今豫章兩越、八閩人凡事俗近怪者，皆曰：此曾經羅隱秀才說過。俚語方言，流傳委巷，久之承訛襲誤，遂曰『羅衣秀才』矣。」

不知昭諫從何得此。」余按吳任臣十國春秋云：「世傳隱出語成讖，閩中書筒灘玉髻峯，皆留異迹，則似非無因也。」又王漁洋五代詩話引纂要云：「建德有金雞石，羅隱題云：『金雞不向五更啼，』石遂破裂，有雞飛鳴而去，此正其一證。

又三鈔引錢曾讀書敏求記云：「吳越備史四卷，今本序次紊亂，脫誤孔多。如王引衣錦城被寇，命同元先生閭邱方遠建下元金籙醮，於東府龍瑞宮，其夕大雪，惟醮台上星斗燦然，一黑虎蹲宮門外，罷醮乃去。羅隱師事方遠，執弟子禮甚恭，諸事皆失載。」按世傳羅隱多異跡，余已略載於叢鈔十四，今觀此，乃知羅江東固從事元門者也。

從仁恕堂筆記所言，知每事必稱羅隱秀才者，遍於豫章、兩越、八閩，今證以吾鄉之俗，則毗陵如是，蘇省恐大約相同。此皆隣近於吳越舊地，自昔重羅隱之言，故傳為此俗乎？今更采羅隱事迹，足以啓後來之附會者如干條於左。

吳任臣十國春秋羅隱傳：「隱性不喜軍旅，而料事多中。初，武肅王城西府，命賓僚巡覽顧謂左右曰：「百步一敵樓，足言金湯之固，」隱徐曰：「敵樓不若內向爲佳。」

及武勇都之變，援兵多自外攻，內人皆以爲先見。」

夾注云：「世傳隱出語成讖，閩中書筒灘、玉髻峰，皆留異迹。而黃滔贈隱詩亦云：

「三徵不起時賢議，九轉丹成道者言。」

又云：「唐末時，新城鼉江，恆有二氣亙江上，晝夜不滅。至隱與杜建徽生，二氣不復見。識者以爲文武秀氣焉。」

以上爲羅隱之異迹。

鄭方坤刪補王士禎五代詩話，引吳越備史：「王初授鎭海節度，命沈崧草謝表，盛言浙西繁富，以示隱。隱曰：「今浙西兵火之餘，日不暇給，朝廷執政，方切賄賂，此表入奏，豈無意要求耶？」乃請更之。略曰：「天寒而麋鹿常游，日暮而牛羊不下。」朝廷見之曰：「此羅隱之詞也。」及爲賀昭宗更名表曰：「左則虞舜之全名，右則姬昌之半字。」當時京師稱爲第一，按昭宗更名曄。」

又引唐詩紀事：「鄴都羅紹威學隱爲詩，自號其文爲偷江東集。青州王師範遣使齎禮幣求一篇，隱以詩寄之，曰：「盛業傳家有寶刀，況闌餘力更揮毫。腰間印綬黃金貴，卷內文章白雪高。宴罷嘉賓吟鳳藻，獵回諸將問龍韜。登壇甲子纔三十，猶擬回頭奪錦標。」王得詩大喜。」

又引吳越備史：「隱有江東集十卷，其詩自光啓以後，廣明以前，海內亂離，乘輿播遷，險阻艱難之事，多見之賦詠。時魏府節度使王智興學隱詩，自號詩卷爲偷江東集。」

又引唐詩紀事：「令狐滈，趙公綯之子也，登進士，隱以詩賀之。趙公謂滈曰：「吾不喜汝及第，喜汝得羅公一篇耳。」」

以上見隱語言當時見重於王公貴人。

又引清異錄：「自唐末無賴男子，以劄刺相高，或鋪輞川圖一本，或砌白樂天、羅隱二人詩百首，至有以生平所歷郡縣、飲酒、攡博之事，所交婦人姓名、年齒、行鋪、坊巷、形貌之詳，一一標表者，時人號爲針史。

以上又見當時并見重於市井無賴。

又引閒談錄：錢氏時，西湖漁者，日納魚數觔，謂之使宅魚。其捕不及額者，必市以供，頗爲民害。一日，羅隱侍坐，壁間有磻溪垂釣圖，武肅索詩，隱應聲曰：呂望當年展廟謨，直鈎釣國更誰如？若教生得西湖上，也是須供使宅魚。武肅大笑，遂蠲其役。

以上爲羅隱一言利及衆人，其爲舉世見重，所由來者漸矣。

《心史叢刊》三集

# 心史叢刊三集

## 袁了凡斬蛟記考

眉公祕笈中有斬蛟記一篇，篇末眉公題字云：「右斬蛟記，或云是了凡作，或云他作，以窘袁者。」姑記之，以資嗢噱。

□□□□□□。□□□□。□□□。□□□□□。□□□□□也，昔旌陽許真君斬蛟時，有小蛟從腹而出，以木有罪，不加誅，縱入江，歸大海，至□□□□□□□□□焉。歷一千二百餘年，所害物類，不可勝紀。今又化為人，即□□□也，奸謀狡計，遠出常人之上。□舊有土居山城，號令不行於各島者百餘年，各島爭鬭無已時。今王即位僅二十一年，□從徒中崛起，□□□□奪其位，以智力收服六十六洲。各洲之民，不虞其為異類，但見其詭譎莫測，畏而服之。其部下諸將三十六員，有王卿者，今為僧，最親愛，而總兵權，亦蛟屬焉，□□□皆故賓服。□□十七、十八、十九年，各遣使朝貢，不敢失禮。二十年四月，□□二十餘萬犯境，由□□□至□□□登岸。□□居民，望風逃遁。□將□□嘉據王京，行長據□□，淸正據安邊，沿途屯聚，絡繹相通，其意實欲從中犯遼，憑陵上國，亦氣數宜然也。數年前已有□星牛女之間，游行不定，其兆爲□□□□□□告急，其王竄居□□。朝廷用將徂征，而經略宋公，荐予及劉玄子，贊畫軍務。蒙仙師遣人相諭，因緣會合，數不可逃。及抵遼陽，仙師復遣程師兄洞眞來訪，索銀欲買鵝三千六百隻，且言許師兄在東阿相候。許名道源，卽旌陽裔孫，先從師而得道者也。予盡出橐金二百餘兩，與之程師兄攜往東阿，買鵝一千一百隻，復同至東平，主於吳二家，買鵝不多，卽至東昌，共買一千八百隻，又至萊山，買鵝七百隻。駝至海濱，祖師遣張師兄英接，浮海而東。祖師同黃石公、徐茂公、丘長春及許張二師兄上鳳凰山，周視，謂山中有至寶，人無識者，三千年後，山崩寶現，然後聖人出焉。有僧持不語戒，知爲異人，相勞問良久。祖師常曰：「東有陳盧養氣，西有郭祿擒魔。此僧蓋姓陳名盧，今普天下修行得力者，僅此二人」。予曾同劉員外訪之，不敢細問，意欲伺日再叩，竟不及也。羣仙相與酌議，謂勝□不難，但既破□兵，□□必親師師而來，我兵不能當，彼卽浮鴨綠，據遼東入山海，薄京城，覆而後圖難矣！於是相與浮海至□□□，頃刻而達其石如豬，其水如茶，其山濯濯無草木，兩崖遺積羽毛，深者丈餘，淺者六七尺。祖師將羣鵝在江中圍繞成圈，爭鳴如胥鼓。黃石公書符作法，有一物在圍中舉首，其狀巨如洪鐘，有赤髮披面，其面甚醜，兩目黃色，瑩瑩然若明若滅。揮劍一擊，其頭墜，其身浮出水面，約長數十百丈，蛇形而魚鱗，穢氣充塞，其白如霧，咫尺不辨人色。頃之開霽，祖師命徐茂公取去首而瘞之，其時蓋萬歷癸巳正月初七日，其人則我老祖師、黃石公、徐茂公、丘長春、張、許、程三師兄也。蓋□□□□□亦有天命，尚有十五之數未盡，應食天鵝三千六百隻，今如數驅鵝至其島中，則其食數已畢，始可誅滅，所謂先天而天不違者非耶？祖師曰：「袁某欲卽度之，尚有福祿未盡，欲俟其緣滿，又恐行軍殺戮，廣害生靈，或至墮落。」黃石公曰：「不然，我昔適齊度孫臏，渠又殺害生靈數萬矣！度有緣弟子出苦海，何必拘拘。」遂相與訂期而別，是日約三更時，予在□□，見□星從東飛墮，心知□□已死，大勢無虞。又知國家寧夏既平，□□既定之後，尚有兵革，其事未已，恐不得解冠，有誤從游之期，急圖歸。初不虞拾遺之及也，遂作呈求致仕，劉員外文主政皆見之，其略曰：黃，萬曆十四年進士，授寶坻令，歷任僅五年。督臣蹇達，撫臣成遜，聯章薦黃有異才，請陞備倭僉事，科臣許子偉，復薦職當用。李汝華論職，當罷，蒙朝廷涵育，陞授今職。職聞謗不敢辨，聞命不敢辭，擬蒞任三月，即遵例乞休，以完半殘名節。不意未一月，即有贊畫之命。命下之日，義不謀生，即與妻孥訣別，遣之南還，准擬一死以報陛下。賴經略虛懷，提督奮勇，□□□□大事以定。則黃自今以後，不死之年，皆死而復蘇之日也，請如例乞骸骨歸。昔堯、舜與皐、夔、稷、契都俞於朝，故巢父、許由得以行其志；湯武與伊尹、周召勤恤於上，故務光、伯夷得以遂其高。晉文中興，而狐、趙輩同心翊贊，故介子推得入山不受祿；漢高創業，而蕭、曹輩爛焉有勳，故張子房得從赤松遊。今陛下明聖，羣賢滿朝，當師師濟濟之日，而有一急流勇退之臣，乃更足以妝點太平，裨益世教，則黃雖不告而去，亦二帝三王所不禁也。然論古人之高，則洗耳洸沙，皆盛世所不諱，而論今時之法，則委職為民。倘念職微勞，姑容致仕，此非常之大恩也，黃死且不朽。如不聽而迫職于逃，因而削職之籍，此國家之常法也，亦死且不朽。云云。專候東征稍有次第，即懇經略力求轉奏，豈料聖恩隆重，特准放歸。黃聞命，輒投冠解衣，如蟬蛻，晝夜兼行。將至都門，潘尚寶遣人約會，則斬蛟之事，予所願祕而不敢洩者，渠皆預道之，于我心有戚戚焉。前行至任邱，遇程兄問祖師所在，則云□□□□□，□□□□□，至八月始返。及抵□□之眞武廟，則許兄遺鞋在焉，知祖師已酉來程，大駭。及至東阿，果五月七日也。予向在軍中，懼以虛名賈實禍，絕口不談，人無知者，不但我軍不知，即將行長等亦未必盡知。蓋關白既死，其部將王卿等亦係蛟化，祖師以其罪未盈，且未誅戮，彼恐人心離貳，必不發喪，必當假□□之號令，以攝伏六十六洲之人，此不可不說破者。且□向約益兵來征，今竟不益，向欲長驅直犯，今竟不犯，則□□之死，昭然在目。稍知兵機者，不待予言而定應預識矣。故予知囗之欲退，其信甚眞，特以無徵不信，不敢明言耳。今旣西歸，當明發之。

右記文，據眉公言，似是明萬歷末流行之小說，但其託之於了凡自撰，卽眉公亦不敢質言。以今考之，此卽眉公所以嘲了凡者也。了凡頭巾氣極重，應爲眉公輩所姍笑。學究者流，相沿用了凡功過格，於是了凡之名，盛傳於里塾間，幾於無人不知。通人固亦不以爲然，朱彝尊靜志居詩話可證也。

靜志居詩話：「袁黃，字坤儀，嘉善人。萬歷丙戌進士，除寶坻知縣，遷兵部主事，有兩行堂集。職方導人持功過格，鄉里稱爲愿人。其說實本於愛禮先生劉翺，加發揮焉。然順親友兄弟，皆自居以爲功，終於心有未安，君子之學，無伐善焉可矣。此功過格之評騭也。

眉公爲太倉王相國錫爵館賓。王相子衡，與眉公極相得。衡字辰玉，有緱山集。四庫子目緱山集提要言，「與王世貞雖同里閈，而不蹈其蹊徑，然頗染陳繼儒之俗格。明史隱逸傳，稱錫爵招繼儒，與衡讀書支硎山，其所由來者漸矣。云云。陶石簣爲眉公書齋額云：「可以棲遲。」或告眉公云：「此言吾子在衡門之下，即王衡相公門下也。」眉公甚慚。凡此皆可見眉公與衡爲同聲氣。今按衡有與袁了凡主政書，意頗不滿於袁，此亦見斬蛟記之必出於眉公輩輕薄之筆矣。錄衡書如下。

周在浚尺牘新鈔王衡與袁了凡主政：「捧讀尊函，先生贈我以道，所以待我者甚不薄，極感極感。惟是居塵出塵，即事鍊心之道，固衡所稔聞也。明知情有所著，蓬宮瑤池與廁溷原無二相，而根性頑獷，習與性成，如凔雪蛆，作蓼蟲，焦悶且死。接客未數語，而背如蝟刺；讀書未數行，而急欲完卷。嵇中散、陶元亮之樂，更無有，而所云嬾著衣冠，讀書不盡解者，病更倍之矣。此對眞人前不說假話，姑俟琢磨客氣幾分，乃敢稱先生弟子耳。」

錢謙益初學集，文毅趙公神道碑：「東南財賦甲天下，賦斂日增，而科派無別，徵輸日急，而隱漏多端。公訪求悉其利弊，在宮坊，延進士袁黃商榷四十七晝夜，條陳十四事上之。執政不說，以謂南人不當言南事，終閣寢不行」云云。文毅者，趙用賢之諡也。觀此則了凡固南省賢士大夫，能悉南中利弊，而為清流所倚重矣。明史無了凡傳，其行事殊少概見，略為旁摭如此。

至東征之役，了凡贊畫軍務，實亦有特別之處。且所主張，頗右石星、沈惟敬輩，與時論不同，即與史文亦不能不異。必其時了凡於□□獨持異說，為時所訝，因作斬蛟記以騰笑耳。錢謙益初學集有東征二士錄一首云：萬曆二十年，□□□□□□□□□，天子念屬國殘破，國王亡走求內徙，興師往援，命兵部侍郎宋應昌為經略，武庫郎劉黃裳、職方主事袁黃贊畫。職方訪求奇士，得山陰人馮仲纓，吳縣人金相，羅致幕下。十月，抵山海，而□先鋒行長兵已渡大同江，繞出□□西界。石司馬所遣辯士沈惟敬，三入□□，得其要領，行長許撤兵，議封貢，遣部下小西飛彈□□□如意，從惟敬見大將軍李如松，問大閤入朝班次云何。大閤者，□□□□□□□□也。如松厚勞遣之，約以明年正月入平壤，受冊退師，行有日矣，職方問仲纓曰：「□請封，信乎？」曰：「信。」「東事可竣乎？」曰：「未也。」職方問曰：「何謂也？」仲纓曰：「□□□初立國，內未附，行長□□□□□□，欲假寵於我以自固，故曰信也。」如松恃寵桀驁，新有甯夏功，加提督，爲總兵官，本朝未有也。彼肯令一游士掉三寸舌成東封之績，而東甲以還乎？彼必詐惟敬，借封期□□□□□，襲而不克，則敗軍；襲而克，則敗封。故曰東事未可竣也。」相曰：「□□□□必克，克而驕，必大敗，敗封與敗軍互有之。」職方曰：「善。」正月七日，惟敬遣其奴嘉旺報行長，質明，天使行册封禮，自南門入，行長候於風月樓□□□夾道，欣欣望龍節。如松擁衆襲之，弓刀擊戛。□知有變，退保風月樓、牡丹臺二壘，諸營合攻不能下。行長夜半渡大同江，江冰，引還龍山，如松不知也。旦日下令進攻，良久，□□□乃建大將旗鼓，誓師入空城，命諸將上首功。西兵、南兵奉軍令不割級，而遼兵出所匿□□□□以獻，一軍譟聲如沸，爭欲□□□□。如松佯弗聞也。□進則魚貫而營，退則捲簾而撤，所過多張虛壘以疑敵。如松自□□□□□□。六百餘里，中塗列四十寨，攻開城，自旦至午，城中寂無人聲。令西兵梯而入，收其所設戈幟，割道旁□人腐首，報再捷。□人恨如松，紿之曰，□□□□□□。如松驕而貪，戒西兵南兵列營江邊，提遼兵三千獨進。經碧蹄館，館人復以□□□。如松益喜，輕騎疾馳。至大石橋，馬蹶傷右額，蘇而復上。橋外□□□□，李友昇率家丁據橋攢射，□□得過。兩山麓皆稻畦，李如柏以其弟如梅爲左右翼，夾如松出淖中。李友昇中鉤墮，□來益衆，双及如松，□□會楊元兵至，得免。大兵退守開城，而經略駐定州，相去八百里。行長據龍山，清正自咸鏡趨截鴨綠江。經略前後皆□□，計無所出。馮仲纓言於職方曰：師老矣，退又不可。清正狡而悍，□□□□□□□。願與金相偕，使，可撼而間也。職方具以仲纓前語告經略，經略許之。清正者，□□君之介弟也。□□□心畏之，使其□□行長將前軍，而清正爲後繼。清正倍道取咸鏡，□□□□及其二子，及將相樞筦三人，擁兵斷後，意不欲屬行長，恥爲之下也。仲纓往，清正盛軍容迎仲纓。仲纓立馬大言曰：諸酋恃强，不知天朝法度，汝故主源道義，受天朝封二百餘年。汝輩，世世陪臣也。

汝敢慢天朝，忍遂忘故主乎？」仲纓欲暴□□□□也，故以故主挑之。清正喃指曰：

「唯唯。」仲纓就帳宣言曰：「汝巨州名將，故主之介弟。今破王京者，行長也；議封典者，

行長也。彼以一弄臣，儼然主封貢，挾天朝以爲重，而汝雄踞海濱，自甘牛後，心竊

耻之。且持此安歸乎？今與我定約，急還王子陪臣，退兵決封貢，勿令册封盛典出

自弄臣，此亦千古之一時也。」清正手額曰：「請奉教。」解所著團花戰袍與仲纓歃血

約盟，令王子陪臣謁仲纓，叩頭謝，訂期歸國，即日自王京解兵而東。仲纓之入說

清正也，金相勒兵以待，相計之曰：「仲纓職方所使也，劉武庫內忌之，□□□□□之

役，職方面數其襲封殺降，今得無以□□□□□爲媒孽職方地乎？」乃領健卒二

千人分伏南山觀音洞，邀其歸師，殺九十餘人，生擒倭將一人曰葉實。仲纓歸，武

庫果以□□爲言，仲纓取相所□□□示之，且分遺其幕客，乃止。而如松以十罪

列職方，職方遂巾簝典仲纓與相皆罷歸。如松駐開城久，去□□千里，兵疲糧盡，

與參軍李應試謀復遣惟敬議封事，事垂成而敗，石司馬與惟敬皆論死。而東征

之役，更易督師制府。先後七年，老師費財，飾功掩敗，海內爲之騷動。迨□□□□□□□□□，始告成事。惟敬之再使也，李參軍密告如松，遣仲纓別使清正，使兩虎共鬭，此上策也，如松不能用。邢益都爲制府，遣人聘仲纓。東人王君榮戒仲纓曰：「大丈夫肯俯首爲邢小人用乎？」仲纓謝弗往，僦屋長安市中，讀書賣藥以老。相敘東征功，當實授守備。往謁兵部吏，吏笑曰：「長安中金銀世界，君徒手來何爲？」慟哭，焚其文牒以歸。遼事之殷也，相老矣，往來燕中塞下，欲有所爲，依故人於薊門，死濟河舟中。屬其僕歸骨虞山，余爲葬之北麓，祔其母之兆。相事母至孝，從其志也。相年十五，見老僧有羸疾，憐而飯之。老僧精武藝，授以四十八字，曰：「熟此則無敵於天下矣。」嗣父死，負官錢七萬。隷捕相急，度不可脫，誘而之曠野，以老僧所授訣試之，數十人應手而倒。走□□□□□□□見相，藝絕人，不忍殺，居三年，益厚遇之。相歸內地。□爲資，送至□□。始去，從袁職方論天文歷法，從徐閣學論屯田海運，從李中丞論復舊遼陽。按圖畫地，歷歷如指掌。每爲余道東征事，與世所記錄絕異。已而遇丁贊畫之子，出其父手記，知相言有徵也。仲纓爲人短小，善談笑。家貧，坐客恆滿。出清正所贈戰袍示余曰：「此老禪和衲頭也。」相深目戟髯，俯躬徐步。舟行順風揚帆，則伏地喀嘔且死。語其僕曰：「置我棺船艙中，勿令見水，使我魂悸也。」其曲謹多畏如此。

楊復吉夢蘭瑣筆：「葉虞部天寥，世居吾邑之分湖，幼育於了凡先生，故名紹袁。」

息影偶錄：「吳下稱奴爲鼻頭。嘉靖中王氏僕吳一郎，富而驕，以貲得官，嘗乘四人轎赴姻家席，孝廉張伯起惡之。時有關白之警，伯起乃謂吳曰：「近聞邸報，□□已就擒。」吳欣然問之，伯起曰：「□□□□□身長數十丈，腰大百圍，截其頭亦數千斤。」吳曰：「那有此事！」伯起曰：「只一個鼻頭，亦用四人擡之。」吳知其誚己，不終席去。此雖惡謔，亦讕語之所由來也。」

了凡兩行堂集未見，郝敬藝圃傖談：「嚴滄浪借禪喻詩，近時袁坤儀即禪爲詩，坤儀之說，可矯浮靡之偏，失詩人葩藻之意。」今按袁詩不過寡薄耳，尚未至如他講學家純用俗語爲詩，若「太極圈兒大，先生帽子高」等作。略錄袁詩如下。

靜志居詩話載其潯陽夜泊云：「潯陽江上鷓鴣啼，茅屋青燈隔水西。獨坐孤篷傷往事，寒鴉飛盡楚天低。」

陳田明詩紀事載其爛溪夜泊云：「載酒攜琴訪翠微，前邨燈火對漁磯。孤舟自傍蘆花宿，老鶴應疑道士歸。明月滿前春樹冷，好山猶在主人非。百年心事同流水，半夜聞雞淚滿衣。」又林居云：「簾捲東風日未斜，松蹊竹徑野人家。空庭寂寞無人到，閒看黃鸝啄杏花。」

## 董小宛考

清世祖出家之說，世頗有傳者。其時董鄂貴妃之故後承恩，具在國史。時人因董鄂之譯音，定用此二字，遂頗用董氏故事影射之。陳迦陵之所謂董承嬌女也，吳梅村清涼山讚佛詩之所謂千里草也，雙成也，皆指董鄂事，何必另於疑似之間，强指他人而代之？又何必於凡姓董之人中，牽及冒氏侍姬之董小宛？事之可怪，無逾於此。

凡作小說，劈空結撰可也，倒亂史事，殊傷道德。卽或比附史事，加以色澤，或并穿插其間，世間亦自有此一體。然不應將無作有，以流言掩實事，止可以其事本屬離奇，而用文筆加甚之；不得節外生枝，純用指鹿爲馬方法，對歷史上肆無忌憚，毀記載之信用。事關公德，不可不辨也。

董小宛之殁也，在順治八年辛卯之正月初二日，得年二十有八。蓋生於明天啓四年甲子，是爲清太祖天命十年，國號後金，未定名爲清也。越十四年，爲明崇禎十一年戊寅，清太宗於是年之前一年改元崇德，始建國號曰清，於此爲崇德二年，正月三十日戌時，世祖始生，而爲小宛之十五歲。

陳其年湖海樓詩壽冒巢民先生七十云：「先生庚子屆五帙，我適來捧金屈卮。婁東作序字椀大，砑繚綾上蟠蛟螭。十年庚戌再祝嘏，合肥夫子爲之詞。花前禿筆掃屏幛，酒痕墨瀋交淋漓。今春庚申又七十，佳郎賭著斑斕嬉。」據此，則巢民生於明萬曆三十九年辛亥，至順治十七年庚子爲五十，康熙九年庚戌爲六十，康熙十九年庚申爲七十。庚申之前一年己未，爲清代第一次開鴻博科，其年以是年入翰林。巢民之五十壽言，出吳梅村手；六十壽言，出龔芝麓手；七十壽言，乃出其年手，正其年入翰林之次年也。梅村壽文，今見集中。巢民至八十三而終，八十壽言，出韓元少手，亦見有懷堂集。

由庚子上推順治七年庚寅，爲巢民之四十歲。巢民憶小宛之情，詞具在影梅庵憶語。憶語云：「客春三月，欲長去鹽官，訪患難相恤諸友，至邗上，爲同社所淹。時余正四十，諸名流咸爲賦詩。龔奉常獨譜姬始末，成數千言，帝京篇、連昌宮不足比擬。奉常云：「子不自註，則余苦心不見。」如「桃花瘦盡春醒面」七字，綰合己卯醉晤，壬午病晤，兩番光景，誰則知者？余時應之，未即下筆」云云。又曰：「詎謂我侑卮之辭，乃姬誓墓之狀耶？讀余此雜述，當知諸公之詩之妙，而去春不注奉常詩，蓋至遲之今日，當以血淚和隃麋也」云云。據此，則巢民之作憶語，在庚寅四十初度之明年，爲順治八年辛卯。

奉常詩全篇，見定山堂集中，題云金閶行爲辟疆賦，詩云：暮春柳花吹雪香，故人坐我芙蓉堂。酒酣燭跋詩思歇，欲言不言還進觴。共請故人陳夙昔，十年前作金閶客。朱絃錦瑟正當樓，妙舞清歌恆接席。是時江左猶清平，吳趨美人爭知名。珊瑚爲鞭紫騮馬，嫣然一笑逢傾城。虎邱明月鴛鴦槳，經歲烟波獨來往。茶香深夕玉纖纖，隋珠已入秦簫掌。寶藿驕奢勢絕倫，雕籠翡翠可憐身。至今響屧廊前水，猶怨苧蘿溪上春。臨風惆悵無人見，雙成烟霧迴鸞扇。綺閣青燈伴藥爐，桃花瘦盡春醒面。橫塘風好不迴船，鍥臂緣深子夜前。促坐已交連理樹，同心寧學獨枝蓮。桃葉渡江還用檝，龍舟錦纜開歡醼。孫劉事去水湯湯，金焦兩點飛蝴蝶。登山臨水送將歸，裹粉親沾遊子衣。木刻斑騅人獨去，啼憎烏柏手難揮。憔悴空閨衣帶緩，刀環夢逐征鴻斷。桂華清露碧成團，鳴榔到日秋光滿。乍離乍合事無端，不贈當歸贈合歡。俠骨自能輕遠道，長恩不待祝加餐。

爾時結交多畏友，正色相規言不苟。皤然意氣重金鈒，急之勿失眞佳偶。片帆東下舞衣斑，又載明珠江上還。風雨熟經揚子渡，車輪長轉望夫山。殷勤爲信玄霜約，四海肝腸誰可託。翩然一片有心人，義重恩多沁香澤。黃衫驄馬此緣奇，玉鏡臺前鬢影移。豈有鸞鐃堪浪擲，百年天意在蛾眉。七寶裝車九霞幔，支機星采搖銀漢。雍睦能調濩汭琴，幽貞對舉梁鴻案。南陔天壤樂難支，鳩杖相扶上壽時。花竹一門封太古，始知佳婦似佳兒。風塵動地人蓬轉，潘鬢蕭疎沈郎倦。桃笙玉臂自支持，患難深情於此見。牙籤湘軸盡經營，餘事文人標格清。花裏抽毫香博士，林中掠鬢女書生。辟疆約略言如此，雙頰津津猶未已。黃雞三唱曉缸青，浮白高歌送吾子。憶君四十是明朝，清酒平原與已饒。一下緱山黃鶴背，揚州橋上聽吹簫。人生此日稱强仕，蕭然獨著名山史。柴桑歲月義熙餘，薇蕨山川樸巢似。餐霞吐玉剩風流，南岳西川萬里遊。子安年少推才子，今日相逢未白頭。旗亭好句雙鬟譜，寒食東風動人主。羽獵長楊又一時，誰令英雄老歌舞。盡道元方孝友偏，平生隱德夢中傳。板輿袒褐清門裏，千尺松筠結大年。更起為君酌一斗，神僊遊戲藏花酒。不須遙羨白雲鄉，栖鳥各有長干柳。」

此詩正巢民所云中有「桃花瘦盡春酲面」句，但並無數千言之多，蓋侈言之也。結句芝麓自鳴得意，蓋詡其亦有橫波夫人同為一時俊選，不須徒羨宛君，是時正龔與橫波，久羈吳越，將起復北上矣。

憶語又曰：「客歲新春二日，即為余抄選全唐五七言絕句上下二卷，是日偶讀七歲女子「所嗟人異雁，不作一行歸」之句，為之淒然下淚，至夜和成八絕，哀聲怨響，不堪卒讀。余挑燈一見，大為不懌，即奪之焚去，遂失其稿，傷哉異哉！今歲恰以是日長逝也。」云云。所云客歲，即是庚寅，所云今歲，即是辛卯，新正二日長逝，其確證如此。

冒氏同人集壽文有陳維崧奉賀冒巢民老伯暨伯母蘇孺人五十雙壽序，中云：「孺人天性謹厚，知大義，視先生所愛之姬董，同於娣姒。姬歿而哭之慟，且令兩兒白衣冠治喪焉。春秋祭祀不使絕」云云。此序文不見於湖海樓集，當輯補迦陵軼文。其足證小宛之死，更無疑義。

憶語又云：「姬在別室四月，荊人攜之歸。入門，吾母太恭人與荊人見而愛異之，加以殊眷。幼姑長姊，尤珍重相親，謂其德性舉止，均非常人。而姬之侍左右，服勞承旨，較婢婦有加無已。烹茗剝果，必手進；開眉解意，爬背喻癢。當大寒暑折膠鑠金時，必拱立座隅，强之坐飲食，旋坐旋飲食，旋起執役，拱立如初。余每課兩兒文，不稱意，加夏楚，姬必督之改削成章，莊書以進，至夜不懈。越九年，與荊人無一言枘鑿，至於視衆御下，慈讓不遑，咸感其惠。余出入應酬之費，與荊人日用金錯泉布，皆出姬手。姬不私銖兩，不愛積蓄，不製一寶粟釵鈿，死能彌留，元旦次日，必欲求見老母，始瞑目；而一身之外，金珠紅紫盡却之，不以殉。洵稱異人。」云云。此處又可證小宛之死，爲元旦次日。巢民記其彌留之狀，并記其殉物，此爲夭死於家，絕無影響異詞，可供攟摭也。巢民之婦蘇氏，與巢民同年，見梅村壽文。

小宛之年，各家言止二十七歲。既見於張明弼所作小宛傳，又余澹心板橋雜記云：「小宛事辟疆九年，年二十七，以勞瘁死。辟疆作影梅庵憶語二千四百言哭之。」張、余皆紀小宛之年，澹心尤記其死因，爲由於勞瘁，蓋亦從影梅庵憶語中之詞旨也。然據憶語，則當得年二十有八。

明崇禎十二年己卯，爲淸太宗崇德三年。南都鄉試，巢民來秦淮，吳次尾、方密之、侯朝宗咸盛稱小宛，巢民初未過訪也。至下第後，送其尊人入粤，乃至吳門，時小宛已移居吳，巢民與之相見於半塘，是爲識面之始。是年小宛十六歲，淸世祖則爲二歲，巢民則爲二十九歲。

己卯，應試南都，從吳、方、侯諸公聞小宛名，見張明弼所作傳。憶語則云：「己卯初夏，應試白門，晤密之，云：秦淮佳麗，近有雙成，年甚綺，才色爲一時之冠。」余訪之，則以厭薄紛華，挈家去金閶矣。嗣下第浪遊吳門，屢訪之半塘，時逗遛洞庭不返。名與姬頡頏者，有沙九畹、楊漪炤，予日遊兩生間，獨咫尺不見姬。將歸棹，重往冀一見，姬母秀且賢，勞余曰：君數來矣，予女幸在舍，薄醉未醒。然稍停復他出，從花徑扶姬於曲闌，與余晤。面暈淺春，纈眼流視，香姿玉色，神韻天然，孏慢不交一語。余驚愛之。惜其倦，遂別歸。此良晤之始也。時姬年十六云云。據此則小宛之年，當以巢民所自記者爲信。若如張傳余記之言，是年當止十五，否則當死於順治七年庚寅，總之與憶語不合。故斷爲小宛死於二十八歲時也。

巢民有和書雲先生己巳夏寓桃葉渡口，卽事感懷原韻詩一首，詩後長跋一首，中有云：至牧齋先生以三千金同柳夫人爲余放手作古押衙，送董姬相從，則壬午秋冬事。董姬十三離秦淮，居半塘六年，從牧齋先生遊黃山，留新安三年，年十九歸余。云云。此段與憶語合，尤足證小宛歸冒之年爲十九歲，而順治辛卯死時爲二十八，不當從諸家作二十七也。書雲先生爲李宗孔，原唱見同人集。己巳爲康熙二十七年，巢民已七十九歲。跋中述秦淮事實頗詳。書雲原作推巢民與牧齋、梅村、芝麓輩同擅風流，巢民乃獨以風流教主屬牧齋。「謂梅村並非曲中熟客，於牧齋送董姬歸冒時，餞於虎邱，梅村在座，僅能致語豔羨，蓋純以門外漢稱之。芝麓亦僅爲橫波，稍有留戀，並非久溷曲中者。惟已與定生交尾，爲庶幾夢入遊仙」。云云。小宛於崇禎壬午以前，從牧齋至新安，淹留至三年之久，固於此老香火緣不淺。又小宛以十三徙半塘，則在崇禎九年丙子，其間亦時至秦淮，故己卯應秋試，諸公爭道雙成。巢民過訪，則已歸半塘。其留新安三年，亦即在居半塘六年之內。牧齋至新安，在辛巳春，集中歲月可考。明年壬午春，小宛已歸半塘，爲與巢民訂嫁娶之始。然則所云「從牧齋先生游黃山」，乃小宛已留新安之日，牧齋來而從之游，非偕往也。

巢民記與小宛相見情狀如此，則張傳所云方侯、吳諸公稱小宛，而巢民不信，因不訪小宛；小宛則時時從人問巢民，及半塘相見，連稱巢民爲「異人！異人！」皆未免過爲妝點。

崇禎十五年壬午春，小宛病中再晤巢民，始有委身之意。豎從至南都鄉試，九月七日榜發，巢民中副車。十月至潤州，謁房師鄭某，乃聞小宛歸冒念切，生死以之。某刺史任黃衫押衙，而負累轇轕，事已決裂。旋得虞山錢牧齋聞訊而來，以大力斡旋，三日爲之區畫立盡。以十二月望，送至如皋。巢民不敢白其尊人，居之別室，四閱月乃歸。蓋在十六年癸未之春矣。是爲小宛之以十九歲歸於冒，二十歲始與大婦同居。時巢民爲三十二至三十三歲，清世祖爲五歲至六歲；清太宗以癸未歿，世祖六歲嗣位，明年改元順治矣。

憶語云：「壬午仲春，都門政府言路諸公，恤勞人之勞，憐獨子之苦，馳量移之耗，先報余。時正在毘陵，聞言如石去心，因便過吳門慰陳姬，蓋殘冬屢趣余，未皆答。至則十日前復爲竇霍門下客以勢逼去。先吳門有嫟之者，集千人譁劫之；勢家復爲大言挾詐，又不惜數千金爲賄，地方恐貽伊戚，劫出復納入。余至，悵惘無極。然以急嚴親患難，負一女子無憾也。」云云。巢民當辛巳壬午之間，嫟陳姬，訂嫁娶甚堅。自己卯晤小宛，彼此初無意也。此陳姬，在憶語中於辛巳早春相識，審其蹤跡，當即陳圓圓。以無預小宛事，不贅。

又云：「是晚壹鬱，因與友覓舟去虎疁夜遊，明日遣人之襄陽，便解維歸里。舟過一橋，見小樓立水邊，偶詢遊人此何處？何人所居？友以雙成館對。余三年積念，不禁狂喜，即停舟相訪。友阻云：「彼亦為勢家所驚，危病十有八日，母死，鐍戶不見客。」余强之上，叩門至再三，始啓戶，燈火闃如，宛轉登樓，則藥餌滿几榻，姬沈吟，詢，何來？余告以昔年曲闌醉晤人，姬憶，淚下曰：「曩君屢過余，雖僅一見，余母恆背稱君奇秀，謂余惜不共君盤桓，今三年矣。余母新死，見君憶母，言猶在耳。今從何處來？」便强起揭帷帳審視余，且移燈留坐榻上，譚有頃。」云云。此時情景，決其於己卯初見時，非有深契，益證張傳之不免附會。所云「勢家」，當即后父周奎，時思間田貴妃之寵，選色於吳，冀蠱思宗，圓圓去而小宛獲免也。後吳三桂之得圓圓，即得之於周邸。至巢民之眷圓圓，更有紀載可憑。陳其年婦人集云：

「姑蘇女子圓圓字畹芬，戾家女子也，色藝擅一時。如皋冒先生常言：「婦人以姿致爲主，色次之，碌碌雙鬟，難其選也；蕙心紈質，澹秀天然，生平所覯，則獨有圓圓耳」。據此則巢民之傾倒於圓圓，少日風流可想矣。又云：「壬午清和晦日，姬送余至北固山下，堅欲從渡江歸里，余辭之力，益哀切不肯行，舟泊江邊」云云。又云：「偕登金山，時四五龍舟衝波激蕩而上」云云。此爲壬午四五月間事。又云：「登金山誓江流曰：「妾此身如江水東下，斷不復返吳門」。余變色拒絕，告以期逼科試，年來以大人滯危疆，家事委棄，老母定省俱違，今始經理一切，且姬吳門責逋甚衆，金陵落籍，亦費商量，仍歸吳門，俟季夏應試，相約同赴金陵，秋試畢，第與否，始暇及此，此時纏綿兩妨無益。姬仍躊躇不肯行。時五木在几，一友戲云：「卿果終如願，當一擲得巧」。姬肅拜於船牕，祝畢，一擲得全六，時同舟稱異。余謂果屬天成，倉猝不臧，反僨乃事，不如暫去，徐圖之。不得已，始掩面痛哭，失聲而別。余雖憐姬，然得輕身歸，如釋重負。纔抵海陵，旋就試，至六月抵家，荆人對余云：「姬令其父先已過江來，云姬返吳門，茹素不出，惟翹首聽金陵偕行之約。聞言心異，以十金遣其父去，曰：「我已憐其意而許之，但令靜俟畢場事後，無不可耳！」余感荆人相成相許之雅，遂不踐走使迎姬之約，竟赴金陵，俟場後報姬。」云云。此爲壬午五六月間事。明南畿設提學道二，江北學道署在泰州，江南學道署在江陰，清初尚沿之。巢民就試海陵，應是年科試耳。

又云：「金桂月三五之辰，余方出闈，姬猝到桃葉寓館。」云云。又云：「場事既竣，余妄意必第，自謂此後當料理姬事，以報其志。詎十七日，忽傳家君舟抵江干，蓋不赴寶慶之調，自楚休致矣。時已二載違養，冒兵火生還，喜出望外，遂不及爲姬商去留，竟從龍潭尾家君舟抵鑾江。家君閱余文，謂余必第，復留之鑾江候榜。姬從桃葉寓館，仍發舟追余。」云云。又云：「七日乃榜發，余中副車，窮日夜力歸里門，而姬痛哭相隨，不肯返，且細悉姬吳門諸事，非一手足力所能了，責逋者見其遠來，益多奢望，衆口狺狺，且嚴親甫歸，余復下第意阻，萬難即詣，舟抵郭外

樸巢，遂冷面鐵心，與姬決別，仍令姬歸吳門，以厭責逋之意，而後事可爲也。」云

云。此爲壬午八九兩月間事。

又云：「陽月過潤州，謁房師鄭公。適奴子自姬處來，云姬歸不脫去時衣，此時尚方空在體，謂余不速往圖之，彼甘凍死。劉大行指余曰：「辟疆夙稱風義，固如是負一女子耶？」余云：「黃衫押衙，非君平所能自爲。」刺史舉杯奮袂曰：「若以千金恣我出入，即於今日往。」陳大將軍立貸數百金，大行以葠數斤佐之。詎謂刺史至吳門，不善調停，衆譁，決裂，逸去吳江。余復還里，不及訊。姬孤身維谷，難以收拾。虞山宗伯聞之，親至半塘，納姬舟中。上至縉紳，下及市井，纖悉大小，三日爲之區畫立盡，索劵盈尺。樓船張宴，與姬餞於虎疁，旋買舟送至吾皐。至月之望，薄暮侍家君飲於拙存堂，忽傳姬抵河干。接宗伯書，娓娓灑灑，始悉其狀，且即馳書貴門生張祠部，立爲落籍。吳門後有細瑣，則周儀部終之；而南中則李總憲舊爲禮垣者，與有力焉。越十月，願始畢，然往返葛藤，則萬斛心血所灌注而成

也。」云云。是爲壬午十月至十二月間事。是年仲春因訪陳圓不遇而改覓小宛，遂堅訂歸冒，至是歷十月，故言越十月願始畢也。

賴古堂尺牘錢謙益與冒辟疆云：「武林舟次，得接眉宇，乃知果爲天下士，不虛所聞，非獨淮海維揚一俊人也。救荒一事，推而行之，豈非今日之富鄭公乎？閫中雖能物色，不免五雲過眼，天將老其材而大用之，幸努力自愛。衰遲病發，田光先生所謂駑馬先之之日也。然每見騏驥，猶欲望影嘶風，知不滿高明一笑耳。雙成得脫塵網，仍是靑鳥窗前物也；漁仲放手作古押衙，僕何敢貪天功，他時湯餅筵前，幸不以生客見拒，何如？嘉貺種種，敢不拜命，花露海錯，錯列優曇閣中，奕香酌酒，亦歲晚一段清福也。」此札不入汪東山所刻牧齋尺牘之中，今刻補遺乃入之。詳其文義，尚是一面之後，初通書問，且於巢民誤中副車，方作慰藉之語，知必係周旋小宛事之後所通第一書，卽憶語所謂「接宗伯書，娓娓灑灑者也。」觀書末有「花露海錯」，致謝嘉貺，則虞山之好事，亦冒氏有以求之。又言歲晚清福，則作書時必已在臘月；至書達時爲月之望日，可知其必爲十二月之望也。

小宛至冒氏，先居別室，四閱月乃歸與嫡同居，則在癸未之初夏矣。

崇禎十七年，卽清世祖順治元年。春，流賊入京師，莊烈帝以三月十九日縊死。四月望後，確信始達如皋，一時駭走。時南都方議擁立宏光，以五月朔卽位，而冒氏亦以五月五日返其居。中秋日，巢民入南都，別小宛五閱月，歲杪回里挈家之父嵩少公江南糧儲任所，旋卽流寓鹽官。是年小宛爲二十一歲，巢民三十四歲，清世祖則七歲也。

憶語云：「甲申三月十九之變，余邑清和望後始聞的耗，邑之司命者甚懦，豺虎猙獰踞城內，聲言焚刼，郡中又有興平兵四潰之警，同里紳衿大戶一時鳥獸駭散，咸去江南。余家集賢里，世恂讓，家君以不出門自固。閱數日，上下三十餘家，僅我竈有炊煙耳。老母荆人懼，暫避郭外，留姬侍余。姬扃內室，經紀衣物書畫文券各分精粗，散付諸僕婢，皆手書封識。羣橫日刼，殺人如草，而鄰右人影落落如晨星，勢難獨立，只得覓小舟，奉兩親挈家累，欲衝險從南江渡澄江北，一黑夜六十里，抵泛湖洲朱宅。江上已盜賊蜂起，先從間道微服送家君從靖江行。夜半，家君向余曰：「途行需碎金，無從辦。」余向姬索之，姬出一布囊，自分許至錢許，每十兩可數百小塊，皆小書輕重於其上，以便倉卒隨手取用。家君見之訝且歎，謂姬何暇精細如此。」

又曰：「午節返吾廬，衽金革與城內梟獍爲伍者十旬，至中秋始渡江入南都。別姬五閱月，殘臘乃回，挈家隨家君之督漕任，去江南，嗣寄居鹽官。」云云。據此，則甲申殘臘，巢民回里，挈家憶語即接「寄居鹽官」，似尚爲甲申年內之事。又按陳其年嵩少冒公墓誌銘：「甲申復補漕儲，而南北之變起，公於是不復仕矣。」夫南北變起，正謂和議決裂，偏安之局無成。蓋宏光時猶稱清爲北朝，而明以南朝自居也。嵩少之任糧儲，蓋已無意仕宦，以挈家赴任爲名，實則寄居鹽官。證之各家詩文，當在高傑亂時。說詳下。

宏光乙酉，清順治二年，五月破南都。巢民先奉父移家鹽官，依死友陳梁。與小宛頗事文藝。小宛著奩豔，不廢娛樂。至南都破後，清兵復下江浙，亂離奔走閱百日，復返鹽官，九月而巢民病，自冬徂春乃已，冬至後渡江北歸，暫棲海陵，以養疾焉。

是年小宛爲二十二歲，巢民三十五歲。

陳其年嵩少冒公墓誌：「時江淮盜賊蠭起，臯邑城外則竈戶，而城內則中營，白晝殺人，縣門火日夜不絕。公度無可如何，則率家屬而依鹽官之陳梁以居。陳梁者，公子死友也。梁當未與公子交時，則已從公遊矣」。據此，則率家屬往鹽官，實爲嵩少之意。江淮盜賊，正指高傑輩。吳梅村題冒辟疆名姬董白小像八首，中有一首云：「亂梳雲髻下高樓，盡室倉皇過渡頭。鈿合金釵渾拋却，高家兵馬在揚州」。可以證之矣。又梅村詩題下小引，亦有「高無賴爭地稱兵」語，皆指此。黃黎洲弘光實錄鈔：「高傑以乙酉正月十三日，爲許定國所殺。其逼揚州也，在甲申九月間，與黃得功相攻。嗣是督師史公恆為高傑所脅，江北騷然。冒氏挈家避之，正在甲申之冬，若至乙酉正月傑死以後，梅村不應言高家兵馬矣。或以梅村此詩，疑小宛先為高傑所得，後乃由兵間流轉入燕，則又未知傑死在乙酉正月；而小宛之著書侍疾，世所豔稱之蹟，皆在乙酉正月以後也。」

憶語云：「乙酉客鹽官，嘗向諸友借書讀之，凡有奇僻，命姬手鈔。姬於事涉閨閣者，則另錄一帙；歸來與姬遍搜諸書，續成之，名曰奩豔。其書之瑰異精祕，凡古人女子自頂至踵，以及服食器具，亭臺歌舞，針神才藻，下及蟲魚鳥獸，即草木之無情者，稍涉有情，皆歸香麗。今細字紅箋，類分條析，俱在奩中。客春顧夫人遠向姬借閱此書，與龔奉常極讚其妙，促繡梓之。余即當忍痛為之校讎鳩工，以終姬志。」云云。按乙酉五月以後為喪亂，九月以後又為疾厄，觀下文自明。此節雅興，必為乙酉春夏間事。

又云：「乙酉流寓鹽官，五月復值奔陷。余骨肉不過八口，去夏江上之累，緣僕婦雜沓奔赴，動至百口，又以笨重行李，四塞舟車，故不能輕身去。且來窺瞯，此番決計置生死於度外，扃戶不他之。乃鹽官城中，自相殘殺，甚鬨。兩親又不能安，復移郭外大白居。余獨令姬率婢婦守寓，不發一人一物出城，以貽身累。卽侍兩親挈妻子流離，亦以子身往。乃事不如意，家人行李紛沓，違命而出，大兵迫檇李，薙髮之令初下，人心益惶惶，家君復先去惹山，內外莫知所措。余因與姬決：「此番潰散，不似家園，尚有左右之者，而孤身累重，與其臨難捨子，不若先為之地。我有年友，信義多才，以子託之，此後如復相見，當結平生歡，否則聽子自裁，毋以我為念。」姬曰：「君言善。舉室皆倚君為命，復命不自君出，君堂上膝下，有百倍重於我者，乃以我牽君之臆，非徒無益，而又害之。我隨君友去，苟可自全，誓當匍匐以待君回，脫有不測，與君縱觀大海，狂瀾萬頃，是我葬身處也。」方命之行，而兩親以余獨割姬為憾，復攜之去。自此百日，皆展轉深林僻路，茅屋漁艇，或月一徙，或日一徙，或一日數徙，饑寒風雨，苦不具述。卒於馬鞍山遇大兵，殺掠奇慘，天幸得一小舟，八口飛渡，骨肉得全，而姬之驚悸瘁瘏，至矣盡矣。」

又云：「秦溪蒙難之後，僅以俯仰八口免。維時僕婢殺掠者幾二十口，生平所蓄玩物及衣具，靡孑遺矣。亂稍定，匍匐入城，告急於諸友，卽襆被不辦，夜假蔭於方坦庵年伯。方亦竄跡初回，僅得一氈，與三兄共裹臥耳房。時當殘秋，窗風四射。翌日各乞斗米束薪於諸家，始暫迎二親及家累返舊寓。余則感寒，痢瘧沓作矣。橫白板扉爲榻，去地尺許，積數破絮爲衛，爐煨霜節，藥缺攻補，且亂阻吳門，又傳聞家難劇起，自重九後潰亂沉迷，迄冬至前僵死。一夜復甦，始得間關破舟，從骨林肉莽中冒險渡江，猶不敢竟歸家園。暫棲海陵，閱冬春百五十日，病方稍痊。此百五十日，姬僅捲一破席，橫陳榻旁，寒則擁抱，熱則披拂，痛則撫摩；或枕其身，或衛其足，或欠伸起伏，爲之左右翼。凡痛骨之所適，皆以身就之。鹿鹿永夜，無形無聲，皆存視聽；湯藥手口交進，下至糞穢，皆接以目鼻，細察色味，以爲憂喜；日食粗糲一餐，與籲天稽首外，惟跪立我前，溫慰曲說，以求我之破顏。余病失常性，時發暴怒，詬誶之至，色不少忤，越五月如一日。每見姬星鬢如蠶，弱骨如柴，吾母太恭人及荊妻憐之，感之，願代假一息。姬曰：「竭我心力，以殉夫子，夫子生而余死猶生也。脫夫子不測，余留此身於兵燹間，將安寄託？」更憶病劇時，長夜不寐，莽風飄瓦，鹽官城中日殺數十百人，夜半鬼聲啾嘯，來我破窗前，如蛩如箭，舉室饑寒之人，皆辛苦齁睡，余背貼姬心而坐，姬以手固握余手，傾耳靜聽，淒激荒慘，欷歔流涕。姬謂余曰：「我入君門整四歲，蚤夜見君所爲，慷慨多風義，毫髮幾微，不鄰薄惡，凡君受過之處，余敬之亮之，敬君之心，實踰於愛君之身，鬼神讚歎畏避之身也。冥漠有知，定加默祐，但人生身當此境，奇慘異險，動靜備歷，苟非金石，鮮不銷亡，異日幸生還，當與君敝屣萬有，逍遙物外，慎毋忘此際此語。」云云。坦庵者，方拱乾也。

按憶語僅言避兵，其實當時并避仇，吳梅村題董白小像又有云：「念家山破定風波，郎按新詞妾唱歌。恨殺南朝阮司馬，累儂夫壻病愁多。」阮司馬指阮大鋮也。又其小引云：「則有白下權家，蕪城亂帥，阮佃夫刊章置獄，高無賴爭地稱兵，奔迸流離，纏綿疾苦，支持藥裹，慰勞羈愁。」據此，則以權家與亂帥並稱，阮佃夫與高無賴駢舉，同指爲奔迸流離之原因，此可知甲申冬間之情事矣。

又梅村冒辟疆壽序：「甲申之亂，彼以攀附驟枋用，興大獄，修舊郄。定生爲所得，幾塡牢戶。朝宗遁之故鄣山中，南中人多爲辟疆耳目者，跳而免。」又侯朝宗年譜：「甲申，阮大鋮復逮捕公，公渡江依史可法於揚州。乙酉，省司徒公於徽州，假道宜興，訪陳定生，阮大鋮廉得之，就定生舍逮公。大兵下江南，弘光出奔，明亡，公獄得解」云云。以其時考之，乙酉之春，阮禍方急，鹽官所投者爲死友陳梁，當南都未破以前，巢民蹤跡，不敢自暴，非尋常避難之比，以故深居簡出，與小宛怡情翰墨。迨五月以後，則仇解而兵迫，乃眞避亂時矣。

梅村小引又云：「苟君家免乎，勿復相顧；寧吾身死耳，遑恤其勞！」此卽撮敘憶語中詞意。張明弼董小宛傳：「中酉崩坼，辟疆避難渡江，與舉家遁浙之鹽官，屢危九死。姬不以身先，則願以身後，「寧使兵得我則釋君，君其間我於泉府耳。」中間智計百出，保全實多」云云。此亦敷衍憶語而爲之。世乃以其中「寧吾身死耳」句，「寧使兵得我」句。遂生無數疑團。豈知小宛之侍疾等事，皆在此後，張傳明言：「後辟疆雖不死於兵，而瀕死於病，姬凡侍藥不間寢食者，必百晝夜，事平，始得同歸故里。」云云。則文意本甚明白，甚矣！好事者之故生支節也。

是年巢民由鹽官歸，渡江暫住海陵，以如皋方亂之故。東華錄：「順治二年乙酉十二月癸巳以後，書漕運總督王文奎奏：如皋賊首于錫凡、劉一雄等，久聚江海，爲總兵官孔希貴、蘇見樂所擒，如皋一帶悉平。」癸巳爲十二月十五。東華錄所謂賊首，卽明之所謂遺民。如皋兵事至歲杪乃有平靖之奏報，則可知冒氏於是冬逗遛海陵之故矣。

順治三年丙戌春，巢民病未愈，至春暮乃起。是年小宛二十三歲，巢民三十六歲。憶語無涉及是年事，惟巢民以乙酉深秋病，自冬涉春，歷百五十日乃愈，則知以是年春暮病起耳。世傳小宛爲清豫王多鐸兵間擕之入宮。多鐸下江南，乙酉五月破南都，六月卽入浙，十月班師還京。小宛之事巢民事蹟固多在是年之後，卽世言孀婦劉三秀事，傳者明謂其入宮，亦絕非豫王所掠致。豫王以二年十月還京，卽不再南下，六年遽卒。三秀事據過墟志亦至李成棟叛後，隨李家屬送南京。鄉曲流言，固多不足信也。

順治四年丁亥，巢民遭蜚語，幾殆。夏復病，歷兩月而解。於是江南多事，故明遺老，多有起兵受禍者。是年小宛年二十四歲，巢民年三十七歲。

憶語云：「丁亥讒口鑠金，太行千盤，橫起人面，余胸墳五嶽，長夏鬱蟠，惟蚤夜焚二紙告關帝君。久抱奇疾，血下數斗，腸胃中積如石之塊以千計，驟寒驟熱，片時數千語，皆首尾無端，或數晝夜不知醒。醫者妄投以補，病益篤，勺水不入口者二十餘日。此番莫不謂其必死，余心則炯炯然，蓋余之病不從境入也。姬當大火鑠金時，不揮汗，不驅蚊，晝夜坐藥爐傍，密伺余於枕邊足畔，六十晝夜，凡我意之所及，與意之所未及，咸先後之。

按東華錄：丁亥四月辛卯，江寧巡撫土國寶奏，蘇松提督吳勝兆謀叛。五月己酉，初，故明廢紳侯峒曾等，遣奸細潛通僞魯王，爲柘林遊擊陳可所獲，中有僞敕一道，反間招撫大學士洪承疇，及巡撫土國寶等事，聞，覺其詐，於是諭江寧等處昂邦章京巴山張大猷曰：爾等鎮守地方，遇有亂萌及奸細往來，嚴察獲解，具見爾等公忠盡職。大學士洪承疇，巡撫土國寶，皆因致力我朝，故賊用間諜誣陷。總兵吳勝兆監收奸細謝堯文供稱，嘉定縣廢紳侯峒曾子侯懸瀞等，具逆疏付堯文潛通魯王。爾等即將奸細謝堯文齎逆之孫梢，及有名各犯，拘提到官，公同大學士洪承疇，操江巡撫陳錦，嚴行審究具奏。己未，招撫大學士洪承疇，奏故明推官陳子龍，陰受僞魯王部院職銜，結連太湖巨寇，潛通舟山餘孽。

以上皆丁亥四五月間事，其侯懸瀞之疏，被獲於四月初四日，亦見東華錄中。

縣瀞後亡命投揚州天寧寺爲僧以死，法名圓鑒。梅村詩話載圓鑒詩，不敢舉其故名，但稱爲練川大家子者也。又按有學集，牧齋亦於丁亥三月晦日被急徵，至江寧下獄，旋釋之。巢民與遺老多通聲氣，此鑠金之口所由來歟？

順治五年戊子，患難初定。小宛有製金條脫，以摹天上流霞事，蓋稍自寬矣。是年小宛爲二十五歲，巢民爲三十八歲。

憶語云：「姬之衣飾，盡失於患難，歸來澹足，不置一物。戊子七夕，看天上流霞，忽欲以黃條脫摹之，命余書乞巧二字，無以屬對。姬曰：曩於黃山巨室，見覆祥雲眞宣爐，款式佳絕，請以覆祥對乞巧。」鐫摹頗妙，越一歲，釧忽中斷，復爲之，恰七月也。余易書比翼連理。姬臨終時，自頂至踵，不用一金珠紈綺，獨留條脫不去手，以余勒書故。長生私語，乃太眞死後，憑洪都客述寄明皇者，當日何以率書，竟令長恨再譜也。」

順治六年己丑秋，巢民復病疽，閱百日乃瘳。小宛以三侍危疾，爲諸家傳狀詩文所豔稱，蓋至是爲畢乃事矣。是年小宛年二十六歲，巢民年三十九歲。

憶語云：「己丑秋，疽發於背，復如是百日。余五年危疾者三，而所逢者皆死疾，惟余以不死待之。微姬力，恐未必能堅以不死也，今姬先我死，而永訣時惟慮以伊死增余病，又慮余病無伊以相侍也。姬之生死，爲余纏綿如此，痛哉痛哉！」

按小宛侍巢民裒集四唐詩，當創始於是年以前，至遲亦必在是年。憶語云：「余數年來，欲裒集四唐詩，」云數年來，則小宛以辛卯正月二日死，憶語卽成於辛卯，知裒集之事，必不始於庚寅。又云：「編年論人，準之唐書。姬終日佐余稽查抄寫，細心商訂，永日終夜，相對忘言。閱詩無所不解，而又出慧解以解之。尤好熟讀楚辭，少陵、義山、王建、花蕊夫人、王珪三家宮詞，等身之書，周迴座右，午夜衾枕間，猶擁數十家唐詩而臥。今秘閣塵封，余不忍啓，將來此志誰克與終，付之一歎而已。」

巢民以是年秋病疽。而重書「比翼連理」之條，脫據上述，在今年七月，則病在七月以後。

順治七年庚寅正月二日，即有詩讖，爲明年是日之咎徵。先是冒氏雖已歸里，而尚往來於鹽官，至是年三月，乃長去鹽官。龔芝麓在南中，與諸名士爲巢民稱壽，篇什甚富，無不兼美小宛。三月杪，巢民又得凶夢，亦兆小宛之死。小宛與巢民論學，有論後漢陳仲舉、范、郭諸傳事，並爲買侍兒吳扣扣。是年小宛爲二十七歲，巢民爲四十歲。

憶語云：「姬書法秀媚，學鍾太傅，稍瘦，後又學曹娥。余每有丹黃，必對泓穎，或靜夜焚香，細細手錄，閨中詩史成帙，皆遺跡也。小有吟咏，多不自存。客歲新春二日，即爲余抄選全唐五七言絕句上下二卷」云云。和七歲女子詩，事已具前。

又云：「客春三月，欲長去鹽官，訪患難相恤諸友，至邗上，爲同社所淹。時余正四十，諸名流咸爲賦詩。龔奉常云云，事亦具前。他如「園次之自昔文人稱孝子，果然名士悅傾城。」「于皇之大婦同行小婦尾，」「孝威之人在樹間殊有意，婦來花下卻能文，心甫之「珊瑚筆架香印屧，著富名山金屋」，尊仙期之「錦瑟蛾眉隨分老，芙蓉園上萬花紅」，仲謀之「君今四十能高舉，羨爾鴻妻佐春杵」。吾邑徂徠先生「韜藏經濟一巢樸，游戲鶯花兩閣和」。元旦之「蛾眉問字佐書幃」，皆爲余慶得姬。詎謂我侑卮之詞，乃姬誓墓之狀耶？讀余此雜述，當知諸公之詩之妙。而去春不注奉常詩，蓋至遲之今日，當以血淚知險釁也。按小宛於乙酉撰奩豔，至是爲顧夫人借閱，與龔奉常極贊其妙。憶語所謂客春，卽此時事也，已見前引。又云：「三月之杪，余復移寓友沂友雲軒，久客臥雨，懷家正劇。晚霽，龔奉常偕于皇、園次過慰留飲，聽小奚管絃度曲時，余歸思更切，因限韻各作詩四首，不知何故，詩中咸有商音。三鼓別去，余甫著枕，便夢還家，舉室皆見，獨不見姬。急詢荊人，不答。復徧覓之，但見荊人背余下淚。余夢中大呼曰：「豈死耶？」一慟而醒。姬每春必抱病，余深疑慮。旋歸，則姬固無恙。因間述此相告。姬曰：「甚異，前亦於是夜夢數人強余去，匿之幸脫，其人狺狺不休也。」詎知夢眞而詩讖咸來先告哉？

又云：「猶憶前歲，余讀東漢，至陳仲舉、范、郭諸傳，爲之撫几，姬一一求解其始末，發不平之色，而妙出持平之議，堪作一則史論。」云云。友沂趙開心子名而忭。

陳其年吳姬扣扣小傳：「今年中秋後二日，綺歲正十九，先生將爲飾孔翠傳阿錫，備小星嘉禮焉。而先期一月，姬遂病，病一月遂死，先生哭之慟。」據此則扣扣歿時年止十九。又曰：「先生曰：姬八歲從父受書，習戈法，英慧異常兒，舉止娟好，肌理如朝霞，眉嫵間作淺黛色，宛君見而憐之，私謂余曰：「是兒可念，君他日香匳中物也。」然姬性頗厭鉛華，十歲即守木叉戒，茹素，隨余母太恭人誦佛及金剛經，晨夕不輟，已知其再來人矣。而余自宛君新歿，香爐茗椀，拂拭無人，殘月曉風，徬徨四顧，暇時偶憶宛君前言，內人復慫恿不置，十三四即留姬隨余讀書。」據此，則扣扣八歲以前從父受書，未入冒氏，八歲始歸冒，而小宛猶在，且不云病時語。小宛死於辛卯正月初二，扣扣之來侍小宛，必在辛卯以前明矣。又吳詩集覽引辟疆蘭言云：「辛丑夏，余滯邗上。時閨中有小姬扣扣，寄小箋云：「見蘭之受露，感人之離思。余歸戲詢曰：「那得此好句？」答云：「選賦見紅蘭之受露，」我僅翦却一紅字耳。」去今十六年，扣扣化影梅庵畔黃土矣。據此則辛丑年扣扣猶在。扣扣年止十九，則辛丑必即扣扣之歿年。上溯庚寅正爲八歲，故知納扣扣爲是年事也。影梅庵爲小宛葬處，故憶語以此命名。詳下。

順治八年辛卯正月二日，小宛死。是年小宛爲二十八歲，巢民爲四十一歲，而淸太祖則猶十四歲之童年。蓋小宛之年長以倍，謂有入宮邀寵之理乎？當是時江南軍事久平，亦無由再有亂離掠奪之事。小宛死葬影梅庵，墳墓具在。越數年陳其年偕巢民往弔有詩。迄今讀淸初諸家詩文集，於小宛之死，見而輓之者有吳薗次，聞而唁之者有龔芝麓，爲耳目所及焉。

陳其年詩集有題云：春日巢民先生挐舟約同務旃諸子過樸巢，并問影梅庵，自注題下云：「庵爲董姬葬處。」按其年以順治十五年戊戌始至如皋，戴務旃則以十六年己亥至，然則此詩必己亥以後之作。蓋據其年集，別有將發如皋留別冒巢民先生詩，首云：「憶我過如皋，太母正懸帨。是爲戊戌冬，層冰養寒厲。中云：「湯餅宴未終，椒盤條踰歲。新年戴生至，高齋日聯袂」自注：「戴生，務旃也」又云：「荏苒六七年，華軒命予憩，吁嗟數年中，舊事不堪計」。然則陳、戴同客冒氏，始於己亥之春，其後六七年，其年常在如皋，或亦與戴相偕，要必在己亥以往矣。小宛之死爲正月二日，憶語共兩見，皆已見前，務旃爲和州戴重子，名本孝，遺民也。

林蕙堂集有輓董少君四律，并序。序言：「少君名白，字小宛，桃葉名媛也」。中敘始末，與諸家所述略同。末云：「某偶遊射雉，恰値騎鸞，見奉倩之神傷，爲安仁而氣盡」。此可知薗次乃親見而輓之者。其詩第二首云：「蔴姑去後小姑閒，獨剩雙成又早還」。似巢民尙有他姬先逝者。

結鄰集，龔芝麓與冒辟疆書：「洞老至都，出示手翰，一時風雨颯然，玉碎珠銷，斷魂千古。弟於宛君如嫂，雖缺謦欬金堂下一拜之緣，而玉蘭花底，醉瀋淋漓，猶髣鬟歡場，宣揚幽情，至今美人雲氣，繚繞玳瑁之牀，香魂有知，姍姍紫幄中，倘謂金蘭譜中人，有為助哭，申吁泣名花而悲曉露者，不可云非弟管幅之遺也。阮公鄰女之戚，情至不堪，況於我輩，骨肉關情，尤宜分痛。鍾退谷云：好友在四方，而造物或收之，矧其在閨閣之中，天不憐才，遂令犀鈿蟬鬢，與文士平分鶗鴂之恨！道翁其姑念琉璃易碎，能少解黃壓碧海之鬱陶乎？憶語大刻，鍾情特至，展之不禁雪涕，沈香親刻管夫人，不是過也。詠詞二十餘言，宛轉淒迷，玉笛九迴，霜猿三下矣。欲附數言於芳華之末，為沅澧招魂，劈箋探韻，絮語神傷，而蟋蟀哀音，轉多幽咽。屬思未竟，惆悵無端，徐之必有以祝桂旗而酹翠羽，未敢忘也。」此知芝麓乃聞而唁之者，函中涉及「憶語大刻」，則已在憶語刻成之後矣。洞老者趙開心，字洞門。

同人集吳園次影梅庵題詠係駢體一文，律詩八首。林蕙堂集中止存四律，蓋其四為園次集外軼詩矣。中又有云：「可憐一片桃花土，先築鴛鴦幾尺墳」，則小宛明有葬地，在影梅庵中，與迦陵詩合。又石城周士章號吳昉者，和園次八律原韻，中有句云：「咫尺郊南同絕塞，至今青塚不悲王」，則又指明墓地之所在。新城王西樵有巢民先生出吳梅村祭酒弔董少君十絕索和，勉成應教，殊慚牽率也，一題，是爲後來之作，詩亦十首，其第一首句云：「綺骨埋香十六年，春風墳草尚芊芊」。亦言其有墳。又周積賢悼亡賦序云：「如皋冒辟疆先生，天下士也，與余善，其所愛妾曰董氏，亦女中士也，美容色，工翰墨，善於事舅姑，相所天，歸辟疆九年而董氏卒。辟疆哀之，自爲文以哀之，且命知舊作文以哀之，余遂賦焉」。賦中有云：「歷墓門而巡視兮，聽松柏之蕭蕭」，此亦明證其有墓存焉者也。

以上紀小宛事，按年分列，曲折具備，可以掃近日粃說，又有妄引清初人詩，爲不根之談者，附誌以見其謬。

王漁洋有題冒辟疆姬人圓玉女羅畫三首，第二首云：「記取淩波微步來，明珠翠羽共徘徊。洛川淼淼神人隔，空費陳王八斗才」。說者以是指圓玉女羅爲小宛之廋詞，謂漁洋至不敢明言小宛，而謬爲圓玉女羅之名，一若冒氏姬人僅一小宛也者，不考孰甚？至此詩自註「水仙」二字，蓋二姬雜畫，漁洋偶題其三首：題疎篁寒雀，次水仙，次則蘋花戲魚也。

陳其年壽冒巢民先生七十詩，末云：「插花獻壽者誰子，此是紅閨雙畫師。」自註：「先生有兩姬人，善丹青。」則當巢民七十時，尚有此善畫之兩姬。若小宛之畫，既見憶語，又見梅村詩，當時固亦擅此。然漁洋之識巢民，已在作揚州推官時，題此畫之年，集又明載爲丙辰，則爲康熙十五年，與巢民七十之年近矣。

阮文達廣陵詩事：「辟疆姬人繼小宛後者，有蔡女羅含，嘗學繪事，工蒼松、墨鳳、山水、禽魚、花草，與金姬曉珠，稱兩畫史。吳薗次謝女羅畫鳳啓云：『借丹穴之靈毛，圖成比翼；用紅窗之偶影，繪作雙棲。』錢武子德震、張孺子圯授，皆有墨鳳歌。戴洵有得全堂觀畫松歌，句云：『憑君卷藏畫筒裏，晴空恐有蛟龍起。舒張鱗爪挾以飛，吸盡蓬萊清淺水。』李書雲亦有詩云：『詠絮才高兒子句，簪花格擅美人工。小窗閒作丹青譜，身在花香百和中。」曉珠名玥，崑山人，與女羅繼小宛侍辟疆。蔡早逝，爐香茗椀，辟疆賴之。嘗刲股進藥，使七十八老人再生。汪舟次楫跋巢民楷書洛神賦曉珠手臨洛神圖卷後云：「玉峯仙子，畫嗣虎頭，金粟後身，書工蠆尾。置兩君於異地，並可空羣；聚二美於一堂，斯稱合璧。園名水繪，宜來河洛之神；翁是巢民，應集鸞皇之侶。呼宓妃而欲出，誰誇北殿維摩；驚褚令之猶存，不數南宮博士。」吳薗次乞曉珠畫洛神啓云：「金縷遺魂，夢感陳王之枕；采旄含態，香生王令之書。人但賞其清詞，世罕傳於妙蹟。何期藻管，近出蘭閨。花欲言情，波如動影。依稀蓮襪，凌千頃而姍姍；彷彿桂旗，望三秋而渺渺。想見臨池染翰，原寫照於當身；定知拂鏡穿衫，必含情於微步。」又題曉珠畫盜盒圖臨江仙云：「雪夜燒燈浮綠酒，西園賓客重來。掃眉人有不凡才，筆牀翡翠，妝罷寫幽懷。　兒女英雄誰復問，人間多少塵埃。解圍忙煞小金釵，神仙來去，一葉墜庭階。」王阮亭尚書亦有題曉珠雜畫三絕句。又汪蛟門有題巢民玉山夫人臨薛少保稷十一鶴圖詩云：「少保青田姿，能爲鶴寫眞。意思本冰雪，自然無纖塵。豈知千載後，乃有如花人。重貌十一鶴，磊落意態新。高步肆飲啄，一一傳其神。我聞水繪翁，近與猿鶴鄰。閨中兩小妻，莊如舉案賓。持我前上壽，勸酒寧辭頻。飢茹黃公芝，渴飲長沮津。低頭看雁鶩，紛紛焉能馴。」玉山疑卽金姬，蓋金名玥，玉山或其別號耳。」

據此，則女羅爲蔡氏，而圓玉當卽金姬。文達疑汪蛟門所云王山夫人爲卽金，余又疑玉山卽圓玉也。吳薗次林蕙堂集兩啟本稱金少君，蔡少君，巢民兩姬人同時以畫名者，必爲金蔡無疑。蔡父名孟昭，陳其年贈序稱之以遊俠，未言「生老而無子，一女名含，甚明慧，知書，以三世交，歸冒巢民先生，今且依先生以居」云，則女羅之家世爲尤可詳矣。

特巢民側室，尚不止前所舉諸女。韓元少有懷堂集潛孝先生冒徵君墓誌銘，「稱先生有女一，適諸生洪必貞，側室張出。其二子嘉穗，丹書，則皆配蘇夫人出。」

蓋姬妾雖多，皆無所出，且皆前死，故元少輓詩，有「白楊未種俱消歇，何處春風燕子樓」之句。議者又以韓此詩爲疑竇，爲卽小宛入宮之證，殊不可解。

右駁正各條，皆以編年可證時事者舉之，其餘各家及憶語中詳述小宛之文藝婦工，足資談助者，皆未暇及，惟舉一二有關係之事附於後。

小宛有妹曰董年，板橋雜記曰：「董年秦淮絕色，與小宛姊妹行，豔冶之名，亦相頡頏，鍾山張紫淀作悼小宛詩，中一首曰：「美人在南國，余見兩雙成，春與年同豔，花推月主盟。蛾眉無後輩，蝶夢是三生。寂寂皆黃土，香風付管城。」

貳臣傳，龔鼎孶入清，以順治二年補太常寺少卿，三年，卽丁父憂出京，以請封典事爲言官所糾，降二級，遂徜徉在外，九年始補原官；當庚寅辛卯之間，正龔與其妾顧橫波浪跡南中時也。庚寅春，顧向小宛借奩豔，而龔繩小宛以壽巢民。板橋雜記云：「顧眉生旣屬龔芝麓，百計求嗣，而卒無子，甚至雕異香木爲男，四肢俱動，錦綳繡褓，顧乳母開懷哺之，保母褰襟作便溺狀，內外通稱小相公，龔亦不之禁也。時龔以奉常寓湖上，杭人目為人妖，正當時事。後龔於丁酉重遊金陵，偕顧寓市隱園，為顧祝生辰，遍召舊時狎客及南曲姊妹行與燕，門人嚴某赴浙監司任，為眉生褰簾長跪，捧卮稱賤子上壽，事亦見板橋雜記。時已稱尚書，非復奉常故官矣。唁小宛之書，發自京邸，正其赴闕補原官時事。憶語云：「姬初入吾家，見董文敏為余書月賦，仿鍾繇筆意者，酷愛臨摹，嗣遍覓鍾太傅諸帖學之。閱戎輅表，稱關帝君為賊將，遂廢鍾學曹娥碑」。戎輅帖為世所寶，亦為尊關帝者所詬病，小宛乃以廢棄示趨向，關壯繆之得崇信於後世者深矣。

巢民六十歲時，其婦蘇氏尚存，見梅村序文，是為康熙九年庚戌。蘇與巢民同歲，梅村序中言之。據韓慕廬潛孝先生墓誌，則巢民以六十二齡喪其元配蘇，是蘇亡亦為六十二歲。巢民卒於康熙癸酉十二月，壽八十三歲，克享大年。一生不廢聲色之好，水繪羣芳，宜其先謝，蓋如彭祖之閱世，其妻妾皆無有儷之者矣。慕盧輓如皋冒徵君巢民詩六章，其第四云：「載得佳人字莫愁，染香亭子木蘭舟。繭絲待久方成匹，紈扇無緣得聚頭。花鳥湘中餘粉墨，（自注：染香湘中皆姬所居。）人琴座上亦山邱。白楊未種俱銷歇，何處春風燕子樓。」情事可想。前述各條，小宛死於順治辛卯，扣扣死於康熙辛丑。女羅與曉珠，據迦陵詩，巢民七十之年，尚有紅閨兩畫師在；漁洋康熙丙辰題畫，正在其前四年。廣陵詩事則謂巢民七十八歲病劇，女羅已前歿，獨曉珠刲股療之，是年為康熙戊辰。再閱五年而巢民卒。其間或曉珠又先驅地下乎？慕盧輓詩第一章云：「春光雜樹亂飛鶯，風月揚州舊主盟。人到老成常易盡，命應多難輒更生。（自注：先生屢絕復甦。）暮年枯柳悲開府，天上芙蓉失曼卿。最是夜闌燈炧後，白頭往往說西京。」第二章云：「南朝瓊樹久埃塵，桃葉當年燕賞頻。青眼詞人高入座，紅綃狎客避逢嗔。（自注：先生曾於高會唾罵阮司馬。）風流咳唾眞名士，離亂滄桑一黨人，墨妙筆精餘遺興，玉山鐵笛是前身。」第五章云：「秣陵一曲郎霓裳，詞客衰遲合斷腸。最恨飛箋傳燕子，更憐撾鼓入漁陽。（自注：燕子箋劇，爲司馬筆，先生晚年喜令大菊撾漁陽鼓。）善才不死輕投跡，（自注：謂大菊。）賀老猶存久擅場。（自注：謂朱老音仙。）浮世傀師從變幻，梨園散盡月如霜。」讀此諸什，覺巢民身係世變，以處士而通兩代名流聲氣之郵，高節盛名，修齡豪氣，眞足令千秋傾想矣。

憶語中巢民所先眷之陳姬，既證其爲卽陳圓，則陳圓之於戚畹，於吳藩，世無不知之；其於巢民一段香火情，世不復憶及。順康間吳藩方熾，詞人不敢道其舊歡；後則陳亦已成大名，少年事不足談矣。今據憶語補列之，附於末尾，亦一談助。憶語云：「辛巳早春，余省覲去衡嶽，繇浙路往，過半塘訊姬，則仍滯黃山。許忠節公赴粵任，與余聯舟行。偶一日赴飲歸，謂余曰：「此中有陳姬某，擅梨園之勝，不可不見。」余佐忠節治舟數往返，始得之。」云云。據此則巢民識小宛在先，而無深契，訪之數不相值，乃聞陳姬之名。曰陳姬某而不直書其名，當時卽爲吳藩諱也，不然，何所吝而不紀其實耶？

又云：「其人淡而韻，盈盈冉冉，衣椒繭時背顧湘裙，眞如孤鸞之在煙霧。是日演弋腔紅梅，以燕俗之劇，咿呀啁哳之調，乃出之陳姬身口，如雲出岫，如珠在盤，令人欲仙欲死。漏下四鼓，風雨忽作，必欲駕小舟去，余牽衣訂再晤。答云：「光福梅花，如冷雲萬頃，子能越旦偕我遊否？則有半月淹也。」余迫省覲，告以不敢遲留故，復云：「南嶽歸棹，當遲子於虎疁叢桂間。」蓋計其期八月返也。余別去。恰以觀濤日奉母回至西湖，因家君調已破之襄陽，心緒如焚，便訊陳姬，則已爲竇霍豪家掠去，聞之慘然。及抵閶門，水澀舟膠，去滸關十五里，皆充斥不可行。偶晤一友，語次有「佳人難再得」之歎。友云：「子誤矣！前以勢劫去者，贋鼎也，某之匿處，去此甚邇，與子偕往。」至果得見，又如芳蘭之在幽谷也。相視而笑曰：「子至矣！子非雨夜舟中訂芳約者耶？曩感子殷勤，以淩遽不獲訂再晤，今幾入虎口，得脫，重晤子，眞天幸也。我居甚僻，復長齋，茗椀罏香，留子傾倒於明月桂影之下，且有所商。」余以老母在舟，緣江楚多梗，率健兒百餘護行，皆住河干，亹亹欲返。甫黃昏而礮械震耳，擊礮聲如在余舟旁，亟星馳回，而中貴爭持河道，與我兵鬥，解之始去。自此余不復登岸。越旦，則姬淡妝至，求謁吾母太恭人，見後仍堅訂過其家。乃是晚，舟仍中梗，乘月一往相見，卒然曰：「余此身脫樊籠，欲擇人事之。終身可託者，無出君右，適見太恭人，如覆春雲，如飲甘露，眞得所矣，子毋辭。」余笑曰：「天下無此易易事。且嚴親在兵火，我歸當棄妻子以殉。兩過子，皆路梗中無聊閒步耳。子言突至，余甚訝，卽果爾，亦塞耳堅謝，無徒誤子。」復宛轉云：「君倘不終棄，誓待君堂上畫錦旋。」余答云：「若爾，當與子約。」驚喜申囑，語絮絮不悉記，卽席作八絕句付之，歸。歷秋冬，奔馳萬狀，至壬午春云云。」此下接巢民尊人得量移事，已見前。

鈕玉樵觚賸圓圓傳：「崇禎末，流氛日熾，秦豫之間，關城失守，燕都震動，而大江以南，阻於天塹，民物晏如，方極聲色之娛，吳門尤盛。有名妓陳圓圓者，花明雪豔，獨出冠時。維時田妃擅寵，兩宮不協。烽火羽書相望於道，宸居為之憔悴。外戚周嘉定伯以營葬歸蘇，將求色藝兼絕之女，由母后進之，以紓宵旰憂，且分西宮之寵。因出重貲購圓圓，載之以北，納於椒庭。一日侍后側，上見之，問所從來，后對：「左右供御，鮮同里順意者，茲女吳人，且嫻崑伎，令侍櫛盥耳。」上念國事不甚顧，遂命遣還，故圓圓仍歸周邸。」

按巢民所記陳姬之被刼而未去，在十四年辛巳之秋。刼而卒去，在十五年壬午之春。考明史田貴妃傳，以十五年七月卒，則周邸思分其寵，必在妃未死以前，故圓圓入宮，至遲不過壬午之春夏。又圓圓傳稱崇禎末，又稱秦豫之間，關城失守，則周奎之蓄意選色，必在崇禎十三四年之間。再檢明史莊烈帝紀，崇禎十三年十二月，「李自成自湖廣走河南，饑民附之，連陷宜陽、永寧，殺萬安王采鑿，陷偃師，勢大熾。」又十四年春正月己丑，「總兵官猛如虎追張獻忠及於開縣之黃陵城，敗績，參將劉士傑等戰死，賊遂東下。丙申，李自成陷河南，福王常洵遇害，前兵部尚書呂維騏等死之。二月庚戌，張獻忠陷襄陽，襄王翊銘、貴陽王常法並遇害，副使張克儉等死之。」戊午，李自成攻開封，周王恭枵、巡按御史高名衡，拒却之。乙丑，張獻忠陷光州。」凡此所云，皆秦豫之間，關城不守之事實也。則周奎之歸葬購陳，自必在辛巳夏秋以後。按其時序，與巢民憶語吻合，故知陳姬之必為陳圓。陳工演劇，憶語極稱之，周后亦以此繩於思宗，皆可證也。

## 小說題跋一

### 跋聊齋志異顛道人

顛道人，不知姓名，寓蒙山寺。歌哭不常，人莫之測，或見其煮石為飯者。會重陽，有邑貴載酒登臨，輿蓋而往，宴畢過市，甫及門，則道士赤足着破衲，自張黃蓋作警蹕聲而出，意近玩弄。邑貴慚怒，揮僕輩逐罵之。道人笑而却走，逐急，棄蓋，共毀裂之。片片化為鷹隼，四散羣飛，衆始駭。蓋柄轉成巨蟒，赤鱗耀目，衆譁欲奔，有同遊者止之曰：「此不過幻術耳，烏能噬人！」遂操刀直前。蟒張吻怒逆，吞客咽之，衆益駭，擁貴人急奔，息於三里之外。使數人逡巡往探，漸入寺，則人蟒俱無。方將返報，聞老槐內喘急如驢，駭甚。初不敢前，潛蹤移近之，見樹朽中空，有竅如盤，試一攀窺，則鬬蟒者倒植其中，而孔大僅容兩手，無術可以出之。急以刀劈之，比樹開而人已死。蹤時少甦，舁歸。道士不知所之矣。異史氏曰：「張蓋遊山，厭氣浹於骨髓，仙人遊戲三昧，一何可笑！予鄉殷生文屏，畢司農之妹夫也，為人玩世不恭。章邱有周生者，以寒賤起家，出必架肩而行，亦與司農有瓜葛之舊。值太夫人壽，殷料其必來，先候於道，着猪皮靴，公服持手本。俟周輿至，鞠躬道左，唱曰：「淄川生員接章邱生員！」周慚，下輿，略致數語而別。少間，同聚於司農之家，冠裳滿座，視其服色，無不竊笑；殷傲睨自若。既而筵終，出門各命輿馬，殷亦大聲呼：「殷老爺獨龍車何在？」有二健僕，橫扁杖於前，騰身跨之，致聲拜謝，飛馳而去。殷生亦仙人之亞也。」

殷生着猪皮靴，騎扁杖，少時讀之，但覺其奇，不辨是何輿服。後始知明代功令，教坊妓者之夫，所服所乘，定制如此。聊齋去明未遠，當時言此，必人人知為妓夫儀式，故絕不復加詮釋。今則僅知綠頭巾者爲龜奴，猶於流俗口中存教坊賤者之體制，豬皮靴及獨龍車，則世罕知者矣。

臨桂倪鴻撰桐陰清話，中有教坊規條碑一則云：「秦淮舊院教坊規條碑，余嘗見其拓本，略云：「入教坊者，準爲官妓，另報丁口賦稅。凡報明脫籍過三代者，準其捐考。官妓之夫，綠巾綠帶，着豬皮靴，出行路側，至路心被撻勿論。老病不準乘輿馬，跨一木，令二人肩之」云云。閱之不覺失笑。」按倪字雲臞，清道，咸間人，尚見教坊碑拓本，今其全文未知尚有可覓否？所云着豬皮靴，令二人肩一木爲輿馬，即殷生輿服之所由來也。

教坊碑不可見，其所經見之明代紀載，則有劉辰之國初事蹟云：「太祖立富樂院於乾道橋，男子令戴綠巾，腰繫紅搭膊，足穿帶毛豬皮靴，不容街中走，止於道旁左右行。或令作匠穿甲，妓婦戴皂冠，身穿皂褙子，出入不許穿華麗衣服，專令禮房王迪管令。此人熟知音律，能作樂府，禁文武官及舍人不許入院，止容商賈出入」。據此，則猪皮靴并須帶毛，蓋猪皮無毛，亦猝不易辨爲猪皮。可知聊齋所言及教坊碑所載，皆此帶毛猪皮靴矣。明初令妓婦不許穿華麗衣服，此大反乎人情，皂冠皂褙子，直是苦節婦女行徑，豈可使倚門賣笑者冒之。且奇衺淫侈之服，不令娼妓服之，豈反令良家爲此乎？又禮房管娼妓，直至清末猶然，始以爲關係風化而然，讀此乃知明初立法本意，乃以禮房吏王迪，有幫閒本領，正是使爲烏師之意，與維持風化之旨，正大不同。

綠巾爲娼夫之服，又不始於明代。明程明善嘯餘譜載詞曲源流，引子昂趙先生言曰：「娼妓之詞，名綠巾詞。」趙子昂由宋入元，其爲此言，恐不但爲元初娼夫之制服，蓋以綠巾名娼夫所製之詞，以別於士大夫自度之曲，既能成爲名詞，卽必流傳已久，可決其自宋以來，卽以綠巾爲娼夫之標幟矣。惟製詞之娼夫，恐非必妓者之夫，止爲優伶之稱。嘯餘譜又言自古娼夫如黃幡綽、鏡新磨、雷海青之輩，皆古之娼名也，止以樂名稱之耳，亘世無字。漢書東方朔傳，有幸倡郭舍人，倡爲娼本字，此娼夫之由來。後娼與優分爲兩種，遂以妓夫當娼夫。明初卽以綠巾爲妓夫之服，至今沿用其語，以詬龜奴。此亦一風俗史料也。貴池劉蘧六撰中國賭歷史、中國嫖歷史，未知此條曾否摭入，書此以俟質之。因各紀載闕及綠巾，輒附書焉。

又按殷生爲淄川畢司農之妹夫，明史畢自嚴傳：「淄川人，萬歷二十年進士，官至戶部尚書，崇禎八年致仕，又三年卒。」殷之公服往畢所，以祝畢司農之太夫人壽，可知其必在明代，聊齋亦述其里中故事耳。猪皮靴，獨龍車，皆當時功令中之物。

## 小說題跋二

### 紀文襄公見鬼事

此則見烟霞小說，他本罕採及者。烟霞小說爲明嘉靖間吳郡陸詒孫所輯，本篇失撰人姓名，所記殊奇突，於當時人物，確可徵信，而其書見鬼事鑿鑿如此，可謂異聞。

正統辛酉秋，巡撫周文襄公赴京議事，挈予同往，訪先師魏少宰。回途至夾馬營，晚涼，與其家子仁俊在船面侍坐。文襄見兩岸石槨敗露，忽語予曰：「若曾見鬼乎？」予曰：「不曾。」文襄曰：「吾曾見一鬼甚奇異，蓋吾鄉廬陵老儒周尙山之魂也。尙山在京求仕不偶，都御史劉觀延作館賓，與同鄉諸縉紳交往甚久，物故於宣德二年，魂忽附於翰林修撰尹鳳岐之次子，求見諸故舊，於吾尤切。出言成章，詞雖俚淺，而錄之者筆不能及。又能言人禍福，尹公專請諸公相見，欲釋此事。吾時爲越府長史，與文淵何御史、南雲程中書、吏部鄭侍郎之弟同往，四人俱見此子緊閉雙目，面壁而臥，口絕不言。何執牙牌叱咄之曰：『甚麽人在此無禮！』其子微笑朗吟曰：「諸公哀哀盡朝臣，不信陰陽與鬼神。劉觀家中曾識面，如何問我是何人？」謂吾曰：「長史先生王佐才，連朝相請不輕來。胸中無限不平事，要與從容話一回。」又吟曰：「昔年承著尙山文，爛若春空五彩雲。久在泉臺樂耽玩，天葩端的吐奇芬。」又云：深辱雄文見遺，不曾致謝。」吾曰：「令郎已送布四端。」郎曰：「此土布何足以謝雄文。」高吟曰：「蠢子來京帶土宜，四端粗布謝相知。如何可潤雄文筆，地下難忘一寸私。」又曰：「抑庵為我述行狀，東里與我作墓誌，幷諸公哀輓之作，萃成一集，煩公序以冠其端。」吾曰：「先生今亦奚用此哉？」答曰：「九泉之下，也是眉目，譬如老尹得一勅命，郎在地下誇耀於人。」又高吟曰：「尹公事命得焚黃，地下逢人炫寵光。詩序寫來焚與我，九泉之下也煌煌。」就呼何繡衣：「如何失信不送鳳陽墨與我？」何曰：「我在鳳陽回，先生已捐館，故不曾送。」郎詡然曰：「你欺心，你欺心，你在鳳陽回，我方有疾，因老劉有事，故不踐言。」遂吟曰：「百鍊玄霜出鳳陽，君曾許我助文房。今朝覺發喪心語，巡按回時始臥牀。」曰：「老劉何為得禍？」遂叱曰：「老劉好兒子，假如你在浙江巡按回，送他二織金段子，他何嘗得來？」又吟曰：「君在浙江巡按回，織金段子送都臺。如今卻說劉公過，此口煩君莫再開。」何曰：「先生，你曾央我一事。」答曰：「有表弟王某為學官，為進香斗斂盤費，以吾面情，不曾責打，也鈕他一個徒罪。」復謂何曰：「你央及我的事如何？」何遏之曰：「你又央我一事。」答曰：「有張姓者，因我死了，不曾輕恕他。」復謂何曰：「你央我的事如何？」蓋因織金段子一事，切中心腑，恐洩他事之短，甚難回言。吾隨阻曰：「尙山先生不必窮此事，一向在於何處？」答曰：「我平生不曾信鬼，今日輪到我做鬼，方才知道有這鬼。且人者日之光，鬼者月之光。日之光能及物，月之光不能及物。」吾問何故？曰：「譬如一件溼衣服，曬在日之下則乾，月之下不能乾。」又問之曰：「世間多少人死，皆無靈異，惟先生靈異若此。」答曰：「吾獨不詳月有弦望晦朔，故鬼亦有靈爽寂滅之異也。」遍問諸故舊，且挽南雲手吟曰：「南雲內翰鳳池仙，筆上生花正妙年。我自沈淪君獨奮，人生窮達總由天。」又吟曰：「縉紳知己滿朝端，總是相思會面難。此位郎官不相識，丰恣絕似鄭天官。」蓋鄭天官有事不得來，因遣其弟來致意，以其日前不曾會面而起疑似之言。南雲問曰：「長史先生入後何如？」答曰：「在京堂上，前程萬里。」吾問南雲如何？答曰：「也是在京堂上。」隨問何繡衣如何？答曰：「我不說，我不說。」蓋憾其初叱咄之意，強之曰：「也是在京堂上。」微云：「可惜可惜。」衆莫能喻其意。正敘話間，忽厲聲曰：「尹公尹公，我借令子聰明，以發我平生不平之意，何故說？乃於吾兒而見殃？」衆愕然未知其意。蓋尹公以吾輩三四人來，聊致小祭，作祭文遺之。文中云：「既不念吾同學，又不念吾同鄉，吾於爾而何負？乃於吾兒而見殃。」然此文尙未終篇脫稿，書房與敘話處又隔遠，何遽知其然耶？衆皆奇異。吾問曰：「先生欲何爲？」答曰：「吾無他，惟一念不忘故舊，欲與一會耳。尹公以鄉里之故，特此相累。可於某日備二十桌盛筵，延諸公，更煩長史先生爲主人，會訖則去，必不見殃於其子也。」取紙筆來，爲吾列諸姓氏，首東里，次抑庵，次鄭公，次吾，何得第十三，尹得第二十三，其子得三十七末席。言既，其子齁齁而睡，移刻即欠伸張目，驚見吾輩在坐，起與爲禮。問其所言，懵然莫知也。至期，諸公畢集，惟東里以事不赴。其魂又附於此子，稱吾爲主人，備話舊事，盡歡而散。從是降神之事遂息。予因進曰：「得無尹公家之不祥乎？」文襄曰：「何爲不祥？此子其年中舉。」予驚異其事，詳記之心中，幾五年矣。惟何公可惜之事不解。後聞何公以禮部尙書致仕在家，其子喬新爲給事中，與張眞人結姻，眞人被其叔母赴京奏其違法，有旨抄提，給事洩其語眞人，逃竄，有旨窮究其情，何恐禍及，遂自經死。其謂可惜者爲此也。弘治元年三月望日述。

辛酉爲正統六年，正周忱撫吳之後九年。忱謚文襄，江西吉水人，永樂二年進士，由庶吉士入刑部，浮沈郎署二十年。洪熙改元，稍遷越府長史。宣德五年九月，帝以天下財賦多不理，而江南爲甚，蘇州一郡積逋至八百萬石，思得才力重臣往釐之，乃用大學士楊榮薦，遷忱工部右侍郎，巡撫江南諸府，總督稅糧。正統五年，以九載秩滿進左侍郎。十四年，再以九載滿進戶部尚書，尋以江西人不得官戶部，乃改工部，仍巡撫。景泰二年致仕，四年卒。明史本傳中事實與本篇相關者如此。忱爲越府長史，在宣德五年以前，所云老儒周尚山，病故在宣德二年，則見鬼事必在宣德二年至五年之間。本篇作於弘治元年，距忱歿之景泰四年已久，故稱忱謚。

作此篇者必係吳中一科目人物，爲蕭山魏文靖驥之門下士。驥本傳：永樂中以進士副榜授松江訓導；及其門者當在此時，則作者殆松江人。正統三年，召試行在吏部左侍郎，踰年實授，八年改禮部，則六年正爲吏部左侍郎，故稱少宰。景泰元年，驥以南京吏部尚書致仕，年七十七。成化七年，年九十八。御史梁昉奏人瑞乞下所司，帝遣行人存問，使命未至而卒。故於弘治元年作此篇時稱先師也。明吏部權最重，外官至京，恆覓吏部有淵源者爲便利。文襄賢者亦不免此，此亦見當時政界風習。棗林雜俎：宣德時令巡撫歲八月赴京議事，正統初當尚沿之。

明史劉觀傳：洪武十八年進士。永樂十三年，由禮部尚書改左都御史。仁宗嗣位，大理少卿弋謙數言事，帝厭其煩瑣，尚書呂震、大理卿虞謙希旨劾奏，觀復令十四道御史論其誣妄，以是爲輿論所鄙。時未有官妓之禁，宣德初，臣僚宴樂，以奢相尚，歌妓滿前。觀私納賄賂，而諸御史亦貪縱無忌。三年六月，朝罷，帝召大學士楊士奇、楊榮至文華門，諭曰：「祖宗時朝臣謹飭，年來貪濁成風，何也？」士奇對曰：「永樂末已有之，今爲甚耳。」榮曰：「永樂時無踰方賓。」帝問：「今日誰最甚者？」榮對曰：「劉觀。」又問：「誰可代者？」士奇、榮薦通政使顧佐。帝乃出觀視河道，以佐爲右都御史。於是御史張循理等交章劾觀並其子輻諸贓汚不法事。帝怒，逮觀父子，以彈章示之。觀疏辯，帝益怒，出廷臣先後密奏，中有枉法受賕至千金者。觀引伏，遂下錦衣衛獄。明年，將置重典，士奇、榮乞貸其死。乃謫輻戍遼東，而命觀隨往。觀竟客死。七年，士奇請命風憲官考察，奏罷有司之貪汚者。帝曰：「然。向使不罷劉觀，風憲安得肅？」觀本傳大略如此。本篇所云：「織金段子」，所云「老劉好兒子」，於觀與其子輻之貪瀆情事均合。周尙山作劉氏館賓，當時代何文淵致苞苴，明見於篇中。又云因作館賓，與同鄉諸縉紳交往甚久，則可見要人之門客，爲衆所輻湊。永樂、洪熙、宣德爲明政最清明之時，而風尙有如此，專制時代固不能外此窠臼也。觀敗在宣德三年，編中言周物故在宣德二年，則所云老劉得禍，乃見鬼時語。又言「我方有疾，因老劉有事，故不踐言」，則宣德二年周有疾未死時，劉敗兆已見，行賄者已束手，故幷送周之鳳陽，惡亦不踐言。官場之可笑，就見鬼篇中無意透露，眞古今一轍矣。

何文淵，史無傳，見其子喬新傳首：江西廣昌人，永樂十六年進士，授御史，歷按山東、四川。宣德五年，用顧佐薦，賜敕知溫州府。文淵曾按浙，見本篇，史未備載。五年出知溫州，則本篇所稱何繡衣，亦可證其爲宣德五年以前事，與周忱之爲長史年月相符。顧佐乃代劉觀爲都御史者，觀爲都御史，文淵賄以二織金段子，後未坐賄敗，又以顧佐薦出守，蓋亦善承長官意旨者。景泰卽位，自吏部左侍郎進尙書。「東宮建，加太子太保。災異見，給事中林聰等劾文淵憸邪，左庶子周旋疏言其枉，聰幷劾旋。御史曹凱復廷爭之，遂與旋俱下獄。聰疏有囑內臣語。太監興安請詰主名，聰不敢堅對，乃釋。文淵命致仕。」此本篇所云「以吏部尙書致仕」者也。傳又言：「英宗復位，削其加官」，則以不慊於景帝之有太子，因削太子太保。又云：景泰中易儲詔書，父有天下傳之子。語出文淵，或傳朝命逮捕，懼而自縊。時喬新已登景泰五年進士，官南京禮部主事，奔喪歸里。里人故侍郎揭稽，嘗受業文淵，而與喬新兄弟不協，奏文淵死，實諸子迫之自經，又逼嫁父所愛妾。喬新亦揭稽爲巡撫時嘗薦黃玹，且代草易儲疏。皆被徵比對簿，父妾斷指爲諸郎訟冤，獄得少解。帝亦以事經赦釋不問。易儲在景泰三年，文淵致仕在景泰四年，俱見本紀。黃玹，史無傳，見景帝子懷獻太子見濟傳，玹係廣西土官都指揮使，懼罪遣千戶袁洪走京師，上疏發易儲議，帝喜，釋玹罪，進階都督。詔所謂天佑下民作之君，實遺安於四海；父有天下傳之子，斯本固於萬年。是爲英宗與景帝交惡之一大案。文淵實以此案自經，怨家摭他事傾陷，其實怨家亦在易儲案中，乃適授喬新以反訐之柄。帝王一時恩怨，牽動士大夫無數攻訐，情事可慨。本篇言文淵自經之故，乃與史不合，當緣揭稽所摭，本是別生支節。所謂諸子迫之云云，正指張眞人等事，史略此語，正賴本篇可以考見。又按史方伎張正常傳：元時賜號天師，太祖改授正一嗣教眞人。再傳至曾孫元吉，乃在景泰間；其兇頑不法，廷訊論死，在成化五年。文淵死於天順初，與元吉論死時事無涉。但以元吉行事而論，嗣職在景泰間，至天順初爲其叔母奏違法，亦所容有。張眞人世居貴溪，何氏以江西鄉里之誼，與有姻戚，亦近事實。故知本篇所述何文淵之結局，雖與史徵異，正未嘗不確有當時之傳聞也。惟云：詳紀之心中，「幾五年矣」，當作「幾十五年矣」方合。蓋自正統六年聞周文襄之言，至天順初聞何文淵之死，正十五年左右。余所見煙霞小說坊刻極陋，訛脫固甚多矣。

翰林修撰尹鳳岐，史無傳。本篇所敍，當是廬陵人。鬼語稱係同鄉，蓋所述皆江西人，而尹尤爲同縣，故魂附其子也。黃暐蓬軒別記云：「宣德中，簡太學生年五十以上，放回田里。而儒士應賢良方正舉者，輒得八品官。尹翰林岐鳳有詩曰：「五十五年做秀才，故鄉依舊布衣回。回家及早養兒子，保了賢良方正來。」尹官翰林，在宣德中，當卽本篇之尹修撰。然本篇名鳳岐，別記名岐鳳，或有一誤，俟更考。進士題名碑錄：「永樂十六年戊戌科，二甲第五名尹鳳岐，江西吉安府吉水縣人。」

明楊相士奇，王尚書直，均臺閣老成，文詞有重望，且均江西泰和人。士奇集名東里集，直集名抑庵集，均見明史藝文志。鬼語所謂「抑庵爲我述行狀，東里與我作墓志，」正指楊、王二人也。宣德間，士奇當國已久，年輩亦高，建文初修太祖實錄，以史才薦召入翰林。王直舉永樂二年進士，改庶吉士，歷事仁宗、宣宗，累遷少詹事兼侍讀學士，其洊陟卿貳，蓋在正統改元以後。鬼設筵請東里首坐，抑庵次之，鄭侍郎第三。鬼意乃重楊、王之文，報其行狀墓誌之誼。今刻本東里集無周尙山墓志，抑庵集未檢。

中書舍人程南雲，史無傳，附見沈度傳。度善書，以書法簡入翰林，與吳縣滕用亨、長樂陳登同與選。登「入翰林，仍給縣丞祿。歷十年，始授中書舍人。於六書本原，博考詳究，用力甚勤。自周秦以來，殘碑斷碣，必窮搜摹揚，審度而辨定之。得其傳者，太常卿南城程南雲也」史傳略文如此。本篇亦稱程爲中書，當是宣德間所歷之官。程與沈、滕、陳諸書家同傳，皆供職中書者。鬼詩亦稱之曰「鳳池仙」，曰「筆底生花」，身分自合。又曰：「我自沈淪君獨奮」，蓋有引爲同調之意；非科目起家，挾筆墨以干祿，蹊徑與鬼之在生時相類。後問所至，鬼言「也是在京堂上」。則史稱太常卿，當是程歷官之終境，與鬼語亦相符也。

吏部侍郎鄭某，獨不能詳其何人。宣德間爲少宰之江西鄭姓，史傳無所考見，今不能詳，當再考。又周忱傳「江西人不得官戶部」一語，據談遷棗林雜俎凡有漕省分士大夫，不爲戶部。倪元璐之長戶部爲特典。明史倪元璐傳：「祖制，浙人不得官戶部。元璐辭，不許。」可知南漕病民，明帝亦知之，特專制時安心病此數省，恐有思補救者，則錮數省人不爲戶部，令他省不負擔漕事者協以病之。後來蘇、浙人呼號賦重之累，而他省輕賦之人起而駁詰，不以爲愧，正沿明代懲罰蘇浙人之意，積久而視爲當然，至財政不統一乃止耳！

丁香花

進步黨本部，自石橋別業遷新宅，其地址在太平街太平湖之間，俗稱七爺府，謂前清醇賢親王之所居也。醇邸行七，故曰七爺，此人人能言之。今考此宅之有名於世，不在爲醇邸時，而在未爲醇邸以前。蓋醇賢親王奕譞爲宣宗子，當宣宗時，此宅爲繪貝勒所居。繪貝勒名奕繪，與醇邸爲兄弟行，而爲高宗之曾孫。高宗第五子榮純親王，瑜貴妃所生，子綿億降襲郡王，是爲榮恪郡王。恪王子即繪貝勒。蓋自榮邸受封，至此三世，此亦當時一榮國府也。貝勒篤好風雅，著有明善堂集，自號太素道人，又號幻園居士，名奕繪。太清集有與子章聯句詩，子章疑爲太素之字，生於嘉慶四年己未。至嘉慶乙亥丙子間，恪王薨，貝勒襲爵，時年十七八。道光五年乙酉秋，授散秩大臣，時年二十七。明年丙戌，管理宗學。十年庚寅秋，管理御書處及武英殿修書處。是年冬，授正白旂漢軍都統，時年三十二。至十五年乙未罷官，專意享閒散之福，時年三十七。又三年爲道光十八年戊戌，年四十而卒。

貝勒生長富貴，酷嗜吟咏，所著明善堂集，內分詩詞兩種，詩曰流水編，詞曰南谷樵唱。有側室曰顧太清，名春，字子春，號曰太清。蓋與太素爲偶，世常稱之曰太清春。太清工詞翰，篇什爲世所寶。世之愛重太清，什伯於太素也。昔王幼遐侍御畢生專力於詞，論詞至滿洲人，常曰：「滿洲詞人男有成容若，女有太清春而已。」太清常自舉其族望曰西林，自署名曰太清西林春。其姓顧，乃見之惲珠所選國朝閨秀正始集，集有顧子春小傳。顧詩集名子春集，今傳刻之本名天遊閣集，蓋與正始集所載不侔。意當時太清集尚未定今名也，抑太清尚有詩集名東海漁歌，或總名爲子春集，而詩稱天遊閣，詞稱東海漁歌耳！

東海漁歌與南谷樵唱相配，亦卽太清配太素之意，想見閨房唱和韻事。然南谷乃貝勒自營之佳城，別墅存焉。取名詞集，乃實有其地。太清專就對偶求之，以東海對南谷，以漁歌對樵唱，意惟以示其唱隨之雅與好合之致焉耳。太清後亦從葬南谷。冒鶴亭太清遺事詩有云：「太平湖畔太平街，南谷春深葬夜來，人是傾城姓傾國，丁香花發一低徊」。是詩首句言其生時之邸；第二句言其死後之葬地；三句上半言其貌，下半取再顧傾人國之意，關合其姓，四句乃掀然大波，為人間一宗公案。此余之所以有此篇之作，冀為昔人白其含射，以留名士美人之真相者也。其詳俟續續言之。

太清，不但豐於才，貌尤極美。冒鶴亭校天遊閣集，於太清春遊詩後綴一節云：「太清游西山，馬上彈鐵琵琶，手白如玉，琵琶黑如墨，見者謂是一幅王嬙出塞圖也」。風致可想。鶴亭序言，少時聞外祖周季況先生星詒言太清遺事，綦詳，此當是其得之周先生者。東坡賀新涼詞：「乳燕飛華屋，悄無人，槐陰轉午，晚涼新浴，手弄生綃白團扇，扇手一時似玉。漸困倚，孤眠清熟。簾外誰來推繡戶？枉教人夢斷瑤臺曲。又却是，風敲竹」。讀此半闋，已覺灑然移情。鶴亭述太清之貌，僅着此數語，幾與坡詞並美。一妙在扇手一色，一妙在琵琶與手之黑白，俱極端也。

太平湖邸第，今適爲進步黨本部所在。貝勒詩有「太平湖巷吾家住，車騎翩翩侍宴還」之句，自注云：「邸西爲太平湖，邸東爲太平街」所指極確。余嘗一至此宅，見政黨作此豪侈氣象，不忍再往。夥涉爲王，此似偉人舉動，奈何以政客效之。嘗謂天下至可寶貴者，名士美人；至不可鬻遷者，議員政客。滄桑之刦，王侯第宅易新主者多矣，長安似弈，何必百年，讀少陵秋興之詩，可勝憑弔。顧太平湖一宅，獨以昔日至可寶貴之遺址，居今日至不可鬻遷之人，尤爲奇厄，因成二絕云：「太平湖水明如鏡，可有丁香尚着花？一自淮南輕拔宅，空令雞犬住仙家」。「百年風貌憶傾城，忍使徵雲滓太清，當日近前頳玉頰，牛羊邱壠若爲情」。丁香花公案詳後。太清與太素同庚，生嘉慶四年，距今百十五年，其入居太平湖邸以來，蓋必在百年左右。「徵雲滓太清」，用晉人語，示爲太清辨誣之意。古詩：「今日牛羊上邱壠，當時近前面發紅」，黃土美人古今同慨。

成容若，爲康熙權相明珠子，世稱爲卽紅樓夢中之賈寶玉者也。以太清詞與之相配，皆足動人遐想。丁香花公案者，龔定庵先生道光己亥出都，是年有己亥雜詩三百十五首，中一首云：「空山徙倚倦遊身，夢見城西閬苑春。一騎傳牋朱邸晚，臨風遞與縞衣人。」自注：「憶宣武門內太平湖之丁香花一首。」世傳定公出都，以與太清有瓜李之嫌，爲貝勒所仇，將不利焉，狼狽南下。又據是年雜詩至冬再北上迎眷，乃不敢入國門，一詩云：「任邱馬首有箏琶，偶落吟鞭便駐車。北望觚稜南望雁，七行狂草達京華。」自注：「遣一僕入都迎眷屬，自駐任邱縣待之。」又一詩云：「房山一角露崚嶒，十二連橋夜有冰。漸近城南天尺五，迴燈不敢夢觚稜。」自注：「兒子書來，乞稍稍北，乃進次於雄縣，又請，乃又進次於固安縣。」據此，則次且其行若有甚不願過闕下者。說者以此益附會其詞，謂有仇家足憚。至道光二十一年，定公掌教丹陽，以暴疾卒於丹陽縣署，或者謂卽仇家毒之，所謂丁香花公案始末如此。定公集最隱約不可明者，爲無著詞一卷，又有遊仙十五首等詩，說者以其爲綺語，皆疑及太平湖。此事宜逐一辨之。無著詞選於壬午，刻於癸未，則作詞必在壬午以前。遊仙之作在辛巳，自注爲考軍機不得而作，當可信。要之，作此者在道光初元至十九年己亥出都，安有此等魔障，亙二十年不敗而至己亥則一朝翻覆者？定公集所有綺語，除蹤跡本不在都門者不計，無著詞、遊仙詩按其年月皆不當與太平湖有關。惟「丁香花」一詩，非惟明指爲太平湖，且明指爲朱邸，自是貝勒府之花。其曰縞衣人者，詩「縞衣綦巾，聊樂我員」，謂貧家之婦與朱邸之嬪相對照而言。蓋必太清曾以此花折贈定公之婦，花爲異種，故憶之也。太清與當時朝士眷屬多有往還，於杭州人尤密。嘗爲許滇生尚書母夫人之義女，集中稱尚書爲滇生六兄，有許滇生司寇六兄見贈銀魚螃蟹詩以致謝一首。時在己亥新年。定公亦杭人，內眷往來事無足怪，一騎傳箋，公然投贈，無可嫌疑。貝勒卒於戊戌七夕，見集中。時太清已四十歲，蓋與太素齊年。當三十二歲時，太素正室妙華夫人先逝，冒鶴亭詩所謂「九年占盡專房寵，四十文君儻白頭」者也。己亥爲戊戌之明年，貝勒已歿，何謂爲尋仇？太清亦已老而寡，定公年已四十八，俱非清狂蕩檢之時，循其歲月，求之眞相如此。

太清集有戲擬艷體四首，觀其編年之次，當是道光十年庚寅作，詩云：「亞字闌干曲徑通，美人家在綠楊中。秋千小院閒金索，芳草長隄老玉驄。流水飛花隨去住，斷虹殘日各西東。武陵洞口雲深處，蹤跡難尋踏雪鴻。」「十二珠簾控玉鉤，晴絲花片總纖柔。朱闌寂寂雙飛燕，綠水沉沉數點鷗。楊柳樓臺經過處，碧桃門巷記曾遊。美人一去餘芳草，斷雨零雲古渡頭。」「細草穠花各斷腸，美人去後有餘香。巫峯挾雨原非夢，洛浦臨波太近狂。日暮藤蘿空密密，天寒修竹自蒼蒼。迴環江水無窮碧，可許相隨一泛航。」「采采芙蓉洛浦姿，碧闌晴雪落花時。一溪春水浮山影，盡日靈風颺柳絲。玉笛閒吹翻舊譜，紅牙低拍唱新詞。娉婷合是神仙侶，小謫人間歸去遲。」觀此可想其風致，定公風雅好事，太清詞翰徧傳諸公間，集中投贈題咏如潘芝軒尚書、阮芸臺相國，皆有斯文聲氣之雅。其餘宗室王公，如定郡王之流，恆有篇什相投。定公與太清據丁香花詩，皆屬本有往還，詩詞酬答事所容有。太素逝後，長子載鈞襲固山貝子，與太清極不相能，變亂太素存日所經營之手澤，不恤南谷墳塋，屢見太清集中。則造作蜚語以誣太清，當是載鈞輩所爲。太清於戊戌七夕遭太素之變，旋於是年十月二十八日，以姑命移居邸外，賣金鳳釵購宅詩載集中，詩有「亡肉含寃誰代雪」之句，用漢書蒯通傳里婦夜亡肉，姑以爲盜，怒而逐之事，具見家難之作。太素存日之情好，一變爲家庭相怨之媒，當時想有以太清文采跌宕與內言不出之旨相違，因有流言涉及定公輩者，故士大夫間口耳相傳，至今以爲談柄。然定公已亥出都，雜詩所憶，尚在太平湖之丁香花，其時太清實已移居，詩自憶花，乃與其人無預，可以推見太清出邸，居西城養馬營。集中有一題云：自先夫子薨逝後，意不爲詩。冬窗檢點遺稿，卷中詩多唱和，觸目感懷，結習難忘，遂賦數字，非敢有所怨，聊記予生之不幸也。兼示釗初兩兒。此詩中有「斗粟與尺布，有所不能行」一語，則家難作於載鈞之嫌惡其弟可見。養馬營宅卽見此詩，自註：「地近平則門」。蓋距太平湖數里矣。文人附會何所不至，太淸遺事發自冒氏。冒氏附會之跡，更有一奇。太淸集有六月十五日，山東苗道士寄來七寸許小猴一雙，每當飼果，必分食之，似有相愛意，詩以紀之一首，冒氏於詩後忽綴一語曰：「此亦長安俊物也」。驟見之不知爲何意，意其賞此猴耳，旣而按定公己亥雜詩，太平湖丁香花之下一首爲憶北方獅子貓，詩云：「繾綣依人慧有餘，長安俊物最推渠。故侯門第歌鐘歇，尙辦晨餐二寸魚」。長安俊物字出此。冒氏蓋以與定公注射也。幸而太淸自咏小猴，設亦有咏獅子貓詩，則將謂與定公所憶同是一貓矣。太淸負盛名，定菴才調尤爲世人宗仰，得紐爲一談，自足風靡一世。冒氏校刻太淸集，在淸宣統元年己酉，嗣是而後乃有丁香花公案之傳言，或者卽冒氏據太平湖之地名，牽合龔集而造爲此言。今乃藉藉人口，遂不知其所自起歟？抑冒氏自稱爲得聞太淸遺事於周先生，此遊談亦爲周先生所口授？從前說，則造因直始自冒氏；從後說，則如余前段所述，當時自有一多口之由來，未可知也。

太淸與太素伉儷之篤，兩人集中互見之。太淸自題道裝像云：「雙峰丫髻道家裝，廻首雲山去路長。莫道神仙顏可駐，麻姑兩鬢已成霜」此道光十四年甲午太淸三十六歲作也。味詩意疑其顏鬢早衰。冒氏按曰：「像爲道士黃雲谷畫，太素有題詞，詞云：「全眞裝束古衣冠，結雙鬟。耐可凌虛歸去洞中天。游徧洞天三十六，九萬里，閬風寒。榮華兒女眼前歡，暫時寬，無百年。不及芒鞋踏破萬山顚。野鶴閒雲無掛礙。生與死，不相干。」蓋臨江仙也。是年太淸生一子，名載同，在太淸爲第三子，在太素諸子中爲行九，載同以正月五日生，十二月二十二日以痘殤。太淸哭兒詩云：「同兒未週歲，一旦捨我死。誰謂久能忘，老淚無時已」此亦非妙年人吐屬矣。太素亦有哭子詩八絕，中一首云：「文章願同汝母好，頭角不類諸兒癡。今年冬令大不利，祭友文又哭子詩。」自註：「王伯申先生歿於十一月二十四，有祭文一篇見文集。」又有詩中自註：「先是自三兒載欽痘殤後，兒女皆倩老潘種花，今春潘翁歿，其子於九月間强與種痘，不出，妄云其子無痘。至臘月初間病，伊又用釜底抽薪法，與尅削和解藥。蓋恐見苗也。至月半病亟，始更俄羅斯秦醫，名婆爾斐里者，治之以截風油，浴之以芳草，故又遷延七日乃死。云云。冒鶴亭太淸遺事詩云：「一夜瑤臺起朔風，凋殘金鎖淚珠紅。秦生晚遇潘生死，腸斷天家鄭小同。」冒詩故楚楚有致，太素之無時不繩太淸才美，詩詞中恆可覘之。載同之生也，與太淸同日，蓋太淸生日亦爲正月初五。太素生日爲正月十六。太淸本與太素同庚，以生日論，太淸又長於太素十一日也。太淸有上元後一日，恭祝夫子四十壽詩，其前一首即四十初度詩，其先後之序固如此。太素之生，在其父榮恪郡王三十六歲時，太素於三十六歲生載同，此亦同之一義。太素生同兒詩云：「先考三十六，生余頗憾遲。我年三十六，同兒生亦奇。生日同伊母，生年同我期。祝兒同父母，名同字同之。」當時備見家庭之樂，琴瑟之好。豈意此子旋殤，數年太素亦化去，家難復作，婦姑勃谿，且迫使出邸別居，好景無常，可以慨矣。

太清之出邸，亦非流離失所也，太清生三子四女：長女孟文，行二，早適超勇親王車登巴咱爾。道光乙未太清三十七歲時，即有送二女孟文郡君往察哈爾避暑詩，則其出閣必更在以前。集中出邸一詩，題云：「奉堂上命攜釗、初兩兒，叔文、以文兩女，移居邸外，無所棲遲，賣金鳳釵，購得住宅一區，賦詩以記之」。載釗係太清長子，行五。載初係太清次子，行八。載同殤，行九。次女仲文，行四，適一等子博昌，出嫁亦在前。道光丙申，太清三十八歲時，有上元前一日同夫子攜載釗、載初兩兒、叔文、以文兩女，遊白雲觀，過天寧寺看花，作一詩，仲文已不在內。出邸時所攜子女，亦無仲文。至辛丑十二月十八日釗兒娶婦，喜而有感詩中，「門闌多喜壻乘龍」句下，始載「二女孟文適超勇親王車登巴咱爾，四女仲文適一等子博昌，六女叔文許字承恩公崇端」云云。叔文名載通，第四女以文名載道，行七。載通、載道之名，見集中。辛丑七夕，先夫子下世三週年矣，率六女載通、七女載道、八兒載初，恭謁南谷，因五兒載釗有差，未克同來。晨起，同通兒清風閣看初日有感詩，有「當年舊句難忘却」之句，自註：「丙申春，同先夫子清風閣曉望，有「高閣延朝日，晨妝對遠山」之句，可勝今昔之感。」載釗娶於棟鄂氏，少年風雅，有父風，婦秀塘，亦能詩。太清晚景，頗不落漠。道光二十一年辛丑，太清年四十三時，有孝烈將軍記並序一首，序云：「今年閏月，釗兒有事往完縣，謁孝烈將軍祠。見有元明碑，欲搨之，苦無其器，遂向村叟討得破氈帽，自搨成，攜歸，既喜且感。喜者五兒所好頗類其父；感者，先夫子平生好古，更兼考據精詳，未得見此。」云云。又萬松涵月歌並序一首，序云：「五兒載釗今年有事往完縣，見糧店中有石缸蓋，問其值，乃二百五十文，遂以茶葉五斤易之，主人靳某歡然相贈，載歸獻予。其石徑過古尺二尺六寸，澹青色，上有墨色，松影排比者，偃蓋者，垂枝者，橫斜濃淡，遠近分明，黛色參天，蒼皮溜雨，歷歷如畫，大有王叔明、曹雲西筆法。錫名曰「萬松涵月」，鐫於其上，即命工人斲木以為架，遂作此歌。」云云。是兒頗不惡，計其年止十七耳，而好尚如是，娛親之道如是，夫何間然！釗以辛丑三月二十四日，奉差往完縣查勘地畝。是年為閏三月，至七月初九始返。七月初九又為釗生日，俱見集中。

又其出邸，亦非告絕於姑。道光二十年庚子詩，十月七日先夫子服闋，因太夫人抱病，未果親往，謹遣載釗恭詣南谷，痛成六絕句，中多親老子幼之詞，婦姑之間，恩意自在。不過因載鈞與釗，初輩兄弟不相容，挾其祖母以為難，避居邸外，免勃谿耳。嫠居不廢吟詠，南中士大夫阮、許諸家眷屬，恆以詩詞相贈答，亦頗與文讌其間。謂有人仇定公至謀毒斃，定公自己亥出都，至壬寅歿於丹陽署，據言者謂皆以丁香花案為累，至挈眷不敢入都，易簀不能正命，事蹟殊枘鑿。其不肯再入國門，定公清輿所至，原難以常理論，但觀其出都時並非狼狽，以己亥四月二十三日行，不攜眷屬僕從，雇兩車，以一車自載，一車載文集百卷，石屏朱丹木為治裝，始成行。當時與諸公別詩，多至十有八首，所別者數十百人，如別己丑同年則云：「同年留京者五十一人，忽忽難徧別，八君及握手一別者也。」詩曰：「五十一人皆好，我八公送別益情親。他年臥聽除書罷，冉冉脩名獨愴神。」其與宗室諸公別也一則，別鎭國公容齋居士，自注：「居士睿親王子，名裕恩，好讀內典，徧識額訥特珂克、西藏、西洋、蒙古、回部及滿、漢字，又校定全藏凡經有新舊數譯者，皆訪得之，或校歸一是，或兩存之，或三存之。自經典入震旦以來，未曾有也。」詩曰：「龍猛當年入海初，娑婆曾否有倉佉。祇今曠刼重生後，尚識人間七體書。」又有別共事諸宗室，詩曰：「聯步朝天笑語聲，佩聲耳畔尚泠泠。遙知下界覘乾象，此夕銀潢少客星。」似此則從容出都，與人無忤，安有如世之所傳避仇出走情事？宗室尤多相契，可知蜚語之無因。惟湯海秋詩後集有贈朱丹木結句云：「苦憶龔儀部，筵前賦白頭。」自注：「往時丹木入都，値定庵舍人忤其長官，賦歸去來，今舍人已下世矣。」云云，則定公因忤長官而去，有明徵也。其行又以尊人闇齋先生年逾七旬，從父文恭公適任禮部堂上官，例當引避，乃乞歸養耳。

太素子女九人，太淸所出者七，其餘二人，集中亦俱可考。蓋合子女而計行第，尙有長與三兩兒當爲正室妙華夫人所出。長載鈞，卽襲職者，三載欽，亦以痘殤，已見前。據冒氏校太淸集附注，載鈞襲貝子，後無子，其嗣子溥楣，襲奉恩鎭國公。以宗系論，載鈞嗣子當仍是釗、初等之子。載鈞別無同出之兄弟成丁而有子者，則太素世爵當仍爲太淸諸孫所襲也。太淸集名天遊閣，此閣係邸中一處，當是屬太淸燕息之所，集中有丙申夏至同夫子登天遊閣詩可證。其在邸內決非後來養馬營賃宅中物。壬寅，又有穀雨日同社諸友集天遊閣看海棠，庭中花爲風吹損，祇妙香室所藏二盆尙嬌豔怡人，遂以爲題，各賦七言四絕句一題，時在太素歿後四年，讌集仍在邸中，合之前一年庚子詩所云「太素服闋之日，以太夫人病未親詣南谷」，可知姑婦之間猜嫌旋釋，其復歸邸中不知在何時。集中「庚子七月二十一日，南谷守兵報室頂爲山水傾陷。當初設立護衞一員，辦理山田事務，自載鈞承襲後撤回，惟留兵丁五人而已。今伊所信用者多負販廚役等，賞賜無節，皆諂媚小人，不諳大事。雖有舊臣數人，略有規諫者，輕則罰俸，重則斥革，終日昏昏，惑於羣小，故祭祀籩豆之事，置之不問，無奈釗、初兩兒皆在幼年，衣食尙不給，況於修葺乎？思量及此，五內焦灼，得不痛哉」云云。似此時尚未復歸於邸，自後郎無詆載鈞之語。至十月間，有侍太夫人病之言，意姑病而家難亦紓乎？壬寅元日試筆詩註：「國朝定制，王公子弟十八歲行冠禮，釗兒生於乙酉，本年元日受二品項戴。」蓋載釗於上年十二月十八日已娶婦，至是冠而受章服，太清是年四十四歲也。歷考集中，太清晚景大略如是。

冒氏弁言謂太清或曰吳人，或曰顧八代之裔。顧八代係旗籍，太清是否其裔，則未可知。所謂吳人，殆疑其爲漢族，或以量珠所聘而充下陳者，此則不然。太清生長京師，道光十三年癸巳，有次夫子清明日雙橋新寓原韻詩，自注：「余二十五年前侍先大人曾遊此寺」。雙橋寺在暢春園宮門西，新寓爲海淀寓園，蓋幸園時諸臣趨朝之所，有力貴豪即其地置別業，或假寓挈眷而居。是年太清年三十五，二十五年前則爲十歲，隨父來遊，非久居京師之人，安有挈幼女遠遊海淀者？倫亦趨朝者之一歟？又有食鹿尾詩云：「海上仙山鹿食苹，也隨方貢入神京，晚餐共飽一條尾，卽有鄉心逐物生。」因海上之鹿而起鄉心，其故鄉必爲吉黑瀕海產鹿之區可知。夷考太清母家，父母蓋早歿，有兄弟姊妹，集中四十初度詩：「百感中來不自由，思親此日淚空流。雁行隔歲無消息，詩卷經年富唱酬。過眼韶華成逝水，驚心人事等浮漚。那堪更憶兒時候，陳跡東風有夢不？」是爲父母歿而有兄弟姊妹也。兄字少峯，或稱仲兄，未知卽一人否？乙未有中秋寄仲兄詩云：「茫茫四海少朋儔，應似東坡念子由。今歲秋來寒特早，西風和淚寄羊裘。」丙申又有歲暮寄仲兄，用東坡和子由苦寒見寄韻，中有「旅食恐不周，多病凋豐顏。一月兩寄書，一書五六篇，告我客中事，略有好因緣。縣令與之遊，我聞心喜歡。吾兄本書生，所餘惟青氈」等語，則業儒而作州縣幕賓者。妹名霞仙，戊戌有往香山訪家霞仙妹詩，香山爲西山之一支，宸垣識略有香山買賣街，爲靜宜園守備署所在，則其妹亦家京師者。集中往往有往來香山蹤跡。庚子有四月十四日同家少峯兄、霞仙妹攜釗、初兩兒游八寶山，以首夏猶清和爲韻，成此五律一題，又次仲兄韻之詩，頗多攜諸女伴遊讌之詩，亦往往有霞仙在內。辛丑有題楚江姊丈奕湘畫墨牡丹詩，冒氏校注謂楚江爲果毅親王之後，襲奉恩鎭國公，謚曰恪愼，此必有所據，其稱曰姊，自是太清之姊，太素之姊妹，集中稱姑，有輓大姑富察郡君詩可證。弟名知徵，辛丑有三月光陰，五更風雨，多病懷人，殊覺無聊，恰値知徵弟過訪，細論篆法可謂良有宜也一詩，中有「幻園弟子眞無愧」句，自注：「知徵篆法受之太素道人，則弟亦嫻文藝，且於太素有傳習之雅」。此太清母家人物之可考者。

太清名盛當時，文士多有得一贈答爲幸者。陳雲伯以風流自命，多與閨閣唱酬，酷摹隨園刻女弟子詩故事。太清集庚子詩有一題云：「錢塘陳叟字雲伯，以仙人自居，著有碧城仙館詞鈔，中多綺語，更有碧城女弟子十餘人代爲吹噓。去秋曾託雲林以蓮花筏一卷、墨二錠見贈，予因鄙其爲人，避而不受。今見彼寄雲林信中，有西林太清題其春明新詠一律，並自和原韻一律；此事殊屬荒唐，尤覺可笑，不知彼太清與此太清是一是二，遂用其韻以紀其事」。雲林爲德清許周生先生之長女，與太淸極密。雲林表姊汪允莊，爲陳雲伯子婦，汪有自然好學齋詩鈔中言：「太淸曾託許雲林索題聽雪小像，效花蕊宮詞體，題八絕句報之」，則太淸於陳許諸家，俱有閨中文字之契。獨以雲伯假名代作，以侈聲氣，乃痛詆之。殆其春明新詠體非大雅耶？抑雲伯與定公爲同里，於當時蜚語有所關合耶？要之太淸雖嗜文藝，然不墮時流綺障，此可見也。

太淸集僅有天游閣詩集行世。其東海漁歌，半塘王氏所常以不得漁樵二歌爲恨事者，卽朱希眞樵歌及此也。半塘後卒得樵歌付梓，而漁歌杳然。冒氏集首弁言則曰：「今年春，黃陂陳士可參事，穀得此册於廠肆。凡詩五卷，闕第四卷。詞四卷，闕第二卷。中多割裂。蓋當時未經寫定之本，略爲排比，間加考證，以詒好事」云云。又集中柳枝詞十二首後冒云：「此十二首，太淸有朱筆自題其上曰：此移入東海漁歌集。」則爲太淸所手定之本矣。據此，則冒從陳士可所獲之本付校，陳所獲本自有詞四卷，但闕一卷，卽東海漁歌亦見於世，何以册尾僅載兒叟笙蘭雲姜寢樓筆記一則，轉錄其詞四首？況氏筆記仍以未得漁歌爲恨，並言：「天遊閣詩寫本，己丑春余得於廠肆地攤，東海漁歌求之十年不可得。僅從沈善寶閨秀詞話中得見五闋，錄其四」云。冒既得太清詞，何以仍用況氏筆記所錄四詞示漁歌之一斑？然則前弁言謂何？何以不幷付刊？即有去取，亦應自出手眼，何以仍況氏未見漁歌口吻？且況氏與半塘所恨而陳與冒得見之，即不付刊，亦當有一番欣幸，何竟前後截然不同？若天遊閣集寫本，則況氏已得之，未知與此同否？中不闕第四卷否？抑此本實即況本，故並無漁歌，所謂陳士可所得，乃讆言耶？皆可疑也。

按冒君於報章見此稿，即來訪，云：「天遊閣集後所引況氏筆記實係舊筆，既得東海漁歌後，付梓時忘未刪除。又漁歌所闕第二卷，近又得之，補印入集，板存西泠印社」云云。至太清事蹟，冒君謂「無以難我」。然終信其舊聞爲不誤，並非由己始倡此言。「丁香花」詩以「縞衣人」三字指爲定公眷屬，冒君謂用詩語爲解會，意甚正當，故無可非難。至長安俊物一語，當時本關合定公詩，語甚含蓄，經僕揭出，遂爾透露言次，若有微惱也。定公與太清事，今京師士大夫多爭言其確者，如羅癭公之流是已。存此與世人永久質之，一時喜新好異之談，固未能以此折其雅興耳。

清史稿皇子世表五：「永琪，高宗第五子，乾隆三十年，封榮親王，三十一年薨，諡曰純。綿億，永琪第五子，乾隆四十九年封貝勒，嘉慶四年晉榮郡王，二十年薨，諡曰恪。奕繪，綿億第一子，嘉慶二十年襲貝勒，道光十八年卒。載鈞，奕繪第一子，道光十八年襲貝子，咸豐七年卒。溥楣，載釗第一子，載鈞嗣子，咸豐七年襲鎮國公，同治五年，緣事革退。」據此，則載鈞無子，承襲時乃以載釗子為嗣。咸豐七年以後，榮王之後，已為太清所出之子承大宗矣。太清是年若在，亦不過五十九歲。集中不見壬寅以後所作，殆已歿於壬寅後，不及見也。

表又云：「載釗，奕繪第二子，道光二十四年，封一等輔國將軍，光緒七年卒，追封鎮國公。溥芸，載釗第三子，同治五年，襲鎮國公，光緒二十八年卒。毓敏，溥芸第二子，光緒二十八年，襲鎮國公，宣統三年卒。據此，則載釗第一子既承大宗襲爵，緣事革退之後，又以載釗第三子承襲，再傳至毓敏，襲十年，卒時恰當改革，亦可謂與國同休。榮府傳人，皆載釗所出之後也，載釗卒時年五十七。

表又云：溥葛，載釗第九子，光緒七年襲奉國將軍，此爲襲載釗本支之爵。襲後無文字可紀，當是國變乃已。

表又云：載初，奕繪第四子，咸豐七年，封輔國將軍，同治元年，緣事革退。是載初亦有爵，受自載鈞歿之年，旋失爵。表於無爵者不載，要之榮府後，盡具於是。即太素之裔，惟釗、初有後，皆太清所出。乙亥三月補記。

## 字貫案

許嗣茅緒南筆談：江西王錫侯字貫一獄，羅織甚衆。夫錫侯以小儒而欲正字典之訛，狂悖甚矣，其得禍也固宜。據此，則字貫之得罪，乃在與字典有出入，不悉遵其體例耳。

字貫原書，今不可見。從友人處借得王錫侯之經史鏡一書，於其序跋中頗可考見錫侯之爲人，蓋亦一頭巾氣極重之腐儒，與戴名世略同，斷非有菲薄清廷之意。戴則以古文自命，王則以理學自矜，俱好弄筆，弄筆既久，處處有學問面目，故於明季事而津津欲網羅其遺聞，此戴之所以殺身也。於字書而置康熙字典爲一家言，與諸家均在平隴之列，此王之所以罹辟也。

經史鏡自跋云：「先曾叔祖良地公積書甚富，手鈔亦不下數十種。子一，早夭。其書悉歸於我曾祖良巢公，傳祖崇金公。考貞生府君世守未失也。侯生五歲，從先兄景雲破蒙，八歲通訓詁。竊藏書讀之，不忍釋，又恐父兄以爲妄污簡籍也，日昃預藏其窩，夜閉戶篝燈閱之，津津乎有味其言也。雍正甲辰，齒十二矣，兄始命做舉業開講。未幾，自擬題成文三篇（有朋自遠方來，過則勿憚改，由水之就下）兄閱之，以爲通順，不加點竄。後又從族兄仲吉先生遊二年，同學者見日與先生討論今古，以爲厭，多忌嫉之，且訕笑之，於是誓不他學。有大宗祠離家百步，鎖閉一室，水漿茶飯，從地栿下穴孔而進，先考先妣，囑家人朝夕無缺。由是見識日廣，輯故事提要錄八十餘卷，乙卯竣事。丙辰連受知於謝鵾峯學博錢孺棠明府于北埜學憲，遂青一衿。家本貧也，然最恥向人言貧；稍有，又好爲人周給喜延賓朋，無錙銖積。心本粗，性亦帶俠，見有强凌弱，衆暴寡，蔑理法以肆毒鄉里者，經論必面斥其非，傾囊弗恤也，利害弗顧也。嘗書聯自警曰：「莫倚英豪常帶俠，須知大智每如愚。」奈數十年來，族姓凌替，强暴屢肆外侵，愚身當其弊，支撑竭蹶，族運不濟，身運尤乖，困於諸生中，歲十有五，濫厠賢書中，今且二十七載矣。九上春官，每當榜落之時，碌碌風塵，茫茫身世，百感交集，殆難爲懷。然遇雖窮而心愈堅，身雖勞而志不懾。每念「貧賤憂戚，玉女於成」之語，輒激昂自勵，日向故紙搜求，嘗編集唐詩試帖詳解、國朝試帖詳解、書法精言、國朝詩觀、西江文觀、王氏源流、望都縣志、感應篇注若干卷，字貫數十卷，皆已梓行。唯故事提要錄，藏於篋，今此經史鏡八十卷，則罔竭區區之精力而爲之者也。寒畯苦無購書之力，尤苦於無讀書之暇，偶得未見之書，如獲奇珍，寢食可廢。忽家人報曰：「牀頭金盡，餅中粟罄」，枵腹而免交謫，難矣！又男大當婚，女大當嫁，手陳編而置兒女債於度外，亦非人情，不可近。又族紛難解，祖墓香滅，人愁鬼泣，於此而閉戶曰：「吾將上下古今也」，此尤絕惻隱之心，乖孝弟之性，不可以爲人者也。如此諸阨，備嘗之矣，非一次矣，奔走焦勞，非一日矣。苟得衣食粗足，橫逆無加，一席凝香，千卷照目，源源本本，傾精吸髓，不日不月，自必有攀躋前烈者。何至推移至今，皓首無成，仍作此蠹魚生活。然此固出於數也，不可違也。又安知處優履順，將併此而不可成乎？當茲刻之竣，而覼縷於後者，庶共知此書之集，皆從紛拏困苦中煅煉而出，蓋亦身所閱歷，非僅空言摹擬也。

丙申立秋日，王錫侯再識。

從右跋文推之，錫侯生於康熙五十二年癸巳，至乾隆元年丙辰而補博士弟子，已二十四歲。十五年庚午而中鄉舉，已三十八歲。考庚午江西考官刑部侍郎嘉興錢陳羣爲正，編修溧陽史貽謨副之。是爲錢以師弟子之誼序錫侯書，而幾被累，幸以身故得免之由來也。作跋之年，爲乾隆四十一年丙申，時字貫已刊行，尚未被訐，錫侯則已六十四歲矣。

經史鏡首錫侯自序。又附識云：「此書考據雖肇弱冠，起草實自庚辰秋，在都門而操觚也。丙戌秋，攜稿赴嘉興，就政錢香樹夫子，極蒙嘆賞，序以勸梓。丁亥春，蒙司馬涂勉齋先生等勸貲開刻，戊子貲罄而手歇。乙未秋，因刻字貫，寓吉安三年。工竣，州司馬程忍廬少府、劉慧庵昆仲先生及諸同人，又捐貲續刻。忍廬承慈母之訓，捐穀賑荒，樂善不倦。慧庵昆仲，揭數千金，創立學舍，延師訓迪，俱能夙見其大者。又得居停黃磻邨昆仲，相將有成。自起草迄茲，十有七年，自開雕間隔迄茲十年，書之難集也如此，集之難成也如此。鄙性粗疏，恩仇之反覆，理欲之乘除，勃不可遏之時，一手是書，如中熱喝服清涼，散疾鬱頓消矣。故訂短篇，易於攜帶耳。乾隆四十一年丙申六月，王錫侯韓伯氏識。」

再以右文推之，字貫之刻，以三年工竣，其竣工之年，當卽爲乙未，要其終而言之也。乙未爲乾隆四十年。

錫侯之學問，就經史鏡觀之，所分門目，如首「以慶殃報復」，次以「酒色財氣四戒」義例粗鄙，殆爲中人以下說法。簡端臚列師友姓名，或稱鑒閱，或稱參閱，而以庚午鄉試主司錢，史姓名，裒然居首。生平以一舉鄉試爲無上之榮，兩主司爲不世之知己，此皆鄉曲小儒氣象，決非能有非薄朝廷之見解者。首序卽錢陳羣撰，紀年丙戌，而自署爲八十一歲。次蔣士銓，蓋庚午同出錢門，以其登高第而借重焉。參閱益友中亦首列士銓之名。觀其種種標榜之法，錫侯之爲人可知。要於文字獲罪，竟以大逆不道伏誅，則去之遠矣。陋儒了無大志，乃竟如後世所謂國事之犯，以國家仇此匹夫，亦可見清廷之冤濫矣。

字貫之獄，發於乾隆四十二年丁酉，當錫侯刻經史鏡成時，不過一年之隔耳。訐告者爲錫侯同縣同姓之新昌民人王瀧南，所牽涉者；江西巡撫海成，以從寬審擬獲罪；大學士管兩江總督高晉，以失察降級；署江西布政使贛南道周克開、按察使馮廷丞，以閱看字貫，不能檢出悖逆重情，革職交刑部治罪，旋諭加恩發往江南，以同知委用。此江西官吏之被累者也。以本書題識而牽涉者：侍郎李友棠於字貫書首題一古詩而革職。友棠，江西臨川人，穆堂之孫也。錢陳羣以序錫侯所撰之經史鏡，及唐人試帖詳解，史貽直以序王氏家譜，俱以已故而奉無庸深究之諭，并云：「使伊二人尚在，自當向其究問」云云。此師友鄉先達之被累者也。

東華錄之始見此案，在乾隆四十二年十月癸丑，諭軍機大臣等：「海成奏，據新昌縣民王瀧南呈首舉人王錫侯刪改字典，另刻字貫，實爲狂妄不法，請革去舉人，以便審擬等因一摺，朕初閱以爲不過尋常狂誕之徒，妄行著書立說，自有應得之罪，已批交大學士九卿議奏矣。及閱其進到之書，第一本序文後凡例，竟有一篇，將聖祖世宗廟諱及朕御名字樣開列，深堪髮指。此實大逆不法，爲從來未有之事，罪不容誅，卽應照大逆律問擬，以申國法而快人心。乃海成僅請革去舉人審擬，實大錯謬，是何言耶？海成既辦此案，豈有原書竟未寓目，率憑庸陋幕友隨意黏籤，不復親自檢閱之理。況此篇乃書前第十葉，開卷卽見，海成豈雙眼無珠，茫然不見耶？抑見之而毫不爲異，視爲漠然耶？所謂人臣尊君敬上之心安在？而於亂臣賊子人人得而誅之之義又安在？國家簡用督撫，厚給廉俸，豈專令其養尊處優，一切委之劣幕，並此等大案，亦漫不經意，朝廷又安藉此輩尸位持祿之人乎？海成實屬天良盡昧，負朕委任之恩，著傳旨嚴行申飭。至王錫侯身爲舉人，乃敢狂悖若此，必係久困潦倒，胸多牢騷，故吐露於筆墨。其平時所作詩文，尙不知作何訕謗。此等悖逆之徒，爲天地所不容。故使其自行敗露，不可不因此徹底嚴查，一併明正其罪。著海成卽速親身馳往該犯家內，詳悉搜查，將所有不法書籍字迹，卽行封固進呈，若再不詳查，或有隱飾，是與大逆同黨矣。一面遴派妥幹大員，將該犯王錫侯迅速鎖押解京，交刑部嚴審治罪，務於十一月內解到。其犯屬應行緣坐之人，亦著查明，委員分起解京。仍飭該員等沿途小心管押防範，如途中或有疏虞，致令自戕及兔脫等事，恐海成不能當其罪也。至書中所有參閱姓氏，自係出貲幫助鐫刻之人，概可免其深究，朕於諸事，不爲已甚，此亦一端也。至所有書版，及已經刷印本，及翻刻版片，均著即行解京銷燬。將此由六百里傳諭海成，並於各督撫奏事之便，諭令知之。」

據此則訐告之王瀧南，所指爲不法者，不過謂其删改字典耳。字典之必須删改，留心字書之功用者，必能言之，且歷代字書，多出私家所輯，折衷詳略，各有便於承學之功，有清乃以康熙字典一書，禁錮學者之耳目，姦民以此爲奇貨，而諭旨亦從，而張皇之，當其始猶未發見他罪，固已將删改字典，指爲罪狀矣。逮經指摘字貫原書，則以「臨文不諱」之故，排列康、雍、乾三帝之名，遂有大逆不法深堪髮指之諭。錫侯之罪，止於此矣。

是年十一月戊辰，諭軍機大臣等：「前因郝碩辦理金川軍需奏銷事件，其經手一股，雖已覈完，而各案內多有部議駁查之款，均須登答。其山東巡撫印務，見有國泰護理，是以諭令郝碩俟覆覈全完，再行起程，前赴新任。昨江西巡撫海成奏民入王瀧南，首告舉人王錫侯編字貫一書，詆斥字典。海成僅請將王錫侯革審，經朕披閱，其書凡例內竟有一篇將廟諱御名，概行排寫，此非大逆而何？乃海成尚稱其書並無悖逆之語，實堪駭異！此篇卽在首本書序後之凡例，開卷卽見，豈得諉爲不知？海成係滿洲世僕，經朕加恩簡任巡撫，乃於此等大逆之書，恬不爲怪，且稱其語無悖逆，實屬昧盡天良，負恩蔑理，莫此爲甚！因交部嚴加議處。今據吏部議，請將海成革職交刑部治罪，所議甚當。海成革職外，應有餘罪，豈可照尋常案件留任，令其復玷封疆？江西巡撫應卽開缺。但海成覆奏之摺，見在未到，是以將吏部本暫留，俟其奏到時，再行明降諭旨。而江西省藩臬兩司，同辦此案，其處分均重，將來亦難姑寬。是該省並無可護印之員，所有江西巡撫員缺，著郝碩調補。郝碩係朕素知之人，江西省又有應辦之事，且不必來京請訓，著傳諭郝碩，接奉此旨，卽由川省馳驛，迅速赴江西新任，並查此案辦理，本省公論以爲何如。其經手之軍需各案，初稾已經辦完，卽或部駁條款，尚須覈覆，見有富勒琿等在彼，

均可逐一覆查，代爲登答，原可不專恃郝碩一人也，郝碩到江西，若海成尚無明
旨，卽將此旨與彼看，將伊革職，差人送京。此旨著由六百里發往，並諭富勒琿等
知之。」
越七日甲戌，又諭：「前因海成奏新昌縣舉人王錫侯妄作字貫一案，海成將大逆
不法之處，視爲泛常，摺內稱其尚無悖逆詞句，全不知有尊君親上之義，是以降
旨將海成交部嚴加議處。經吏部議，以革職交刑部治罪。自應如此辦理，因將此
本折留。今據海成奏稱：親往該犯家中查出王錫侯纂輯各書，共十種，一併進呈；
檢閱各書，俱有悖逆不法之處，各等語。見將各書暫存，俟王錫侯解到時，嚴行審
訊，從重治罪。至海成身爲巡撫，乃於初次參奏王錫侯字貫時，並不將伊書內大
逆不法之處，據實覈出，轉稱其尚無悖逆之詞，實屬昧盡天良，罔知大義，不可不
重加嚴懲，以爲封疆大臣喪良負恩者戒。海成著照部議革職，交刑部治罪。其江
西巡撫員缺，著郝碩調補，卽赴新任。所遺山東巡撫員缺，卽著國泰補授。郝碩未

能卽到，著高晉前往，暫管巡撫事務。其江西省承辦此案之藩臬兩司，並著高晉查明參奏。至海成此次奏到，續查出王錫侯字貫另本前有李友棠古詩一首，李友棠身爲卿貳，乃見此等悖逆之書，尚敢作詩讚美，實屬天良已昧，伊自問復何顏忝列縉紳，李友棠卽著革職，亦不必復治其罪。又查其王氏家譜內，有原任大學士史貽直序文，其經史鏡及唐人試帖詳解，內有加尚書銜錢陳羣序文，使伊二人尚在，自當向其究問，今二人俱已物故，亦毋庸深究。朕近作詩，有「不爲已甚去已甚」之句，今辦此等案，準酌得中，卽此意也。將此通諭中外知之。

據以上二諭，海成初參王錫侯，以王瀧南之訐告而已，尚無所容心，故於字貫稱其尚無悖逆之語。至奉嚴諭之後，則又奏稱親往查出各書，遂併各書皆稱有悖逆不法之處矣，李友棠、史貽直、錢陳羣等之貽累，亦皆發生於此續奏之中，盡力羅織，以圖自救，然無及矣。考海成在當時，爲查辦禁書最力之人，曾蒙高宗特賞，國粹叢書所刻奏繳咨禁書目，內載乾隆四十一年十二月十三日奉上諭：「據海成奏，將各屬續獲應燬書籍，分晰開單進呈，並稱：「自展限倍價購買以來，據各屬蒐買，以及民間繳呈，應燬禁書，前後共有八千餘部之多，雖屢經家喻戶曉，乃尚不能一時淨盡，再請展限購求」等語，所辦甚好。看來查辦遺書一事，惟海成最為認真，故前後購獲應燬禁書籍，較江、浙兩省尤多。江、浙為文物所聚，藏書之家，售書之肆，皆倍於他省，不應購獲各書，轉不及江西。且海成此次具摺，尚恐屢買未能遽盡，仍請展限竭力購求；而江、浙兩省自呈繳數次後，即未見陸續呈繳，又未將如何購求，及作何展限、設法妥辦，務期淨盡之處，據實奏聞。皆因該督撫視為無關緊要，徒以具文塞責，並不實力查辦，則藏匿應禁之書，何由盡出？高晉、三寶，辦經數年，楊魁亦已到任半載，何以輕率若此？俱著傳旨嚴行申飭，並令該督撫再行嚴飭所屬，加意收查，務使應燬之書，盡行繳出，勿敢稍有隱匿。如此番查辦之後，民間尚有違禁潛藏者，將來別經發覺，除將本人治罪外，仍惟該督撫是問，恐不能當其罪也。將此由四百里傳諭知之。海成摺並著抄寄閱看。欽此。」

海成以查辦禁書最出力之人，且爲各省作俑，煽近代焚書之禍。今檢清代禁書，不但明、清之間著述，幾遭盡燬，乃至自宋以來，皆有指摘，史乘而外，並及詩文，充其自諱爲夷狄之一念，不難舉全國之紀載而盡淆亂之，始皇當日焚書之厄，決不至離奇若此。蓋一面燬前人之信史，一面由己僞撰以補充之，直是萬古所無之文字刼也。海成踴躍固寵，得之於各書，卒失之於字貫，身受禁書之累，較他督撫爲烈，天道好還，何其巧值耶！

又據禁書總目，所載應燬王錫侯悖妄書目，有國朝詩觀前集二集，有經史鏡，有字貫，有國朝試帖詳解，有西江文觀，有書法精言，有望都縣志，有小板佩文詩韻，有翻板唐詩試帖詳解，有故事提要錄，有神鑒錄，有王氏源流，有感應篇註。今各書皆未之見，僅見經史鏡一種。於其序跋，見王錫侯之生平；於其義例，見錫侯著書之分量。此亦談故事者之一大快矣。

自字貫之獄興，清一代無敢復言字書者，桂、段諸家，以治經不能不識字，則盡力於許書，以避時忌。清中葉聰明特達之士，恆舍史而談經，皆是此意。於是二百年中，承學之士，無不是古非今，以應用之學術文字為市井淺俗之所為，通人不屑道之矣。

清亡而後，乃有新字典發生，此皆百餘年前大逆不道、死有餘辜者也。專制之禍，事後思之，可憐亦復可笑。當清道光間，重修康熙字典，亦謂之道光字典。後竟流傳不廣，蓋其體例，不敢增損原書一字，惟於康熙以後諸帝之名，取其字樣，一一為之缺筆，又就字典注中所引書傳詩文語句，多為之核對原書，有所校正，成考證十二冊，計更正二千五百八十八條。是為清一代重修字典之盛業，字貫之案，拘束學人至斯，而極，科學日繁，文字日益拘陋，恐久久終受淘汰矣。

故宮掌故叢編，首載此案，公牘備矣，然欲考錫侯平生，仍須參以本篇，故仍存之。

## 閒閒錄案

許嗣茅緒南筆談：「乾隆三十二年丁亥五月，吾郡閒閒錄獄起。閒閒錄者，舉人蔡顯作也。詩中多雌黃處，郡人惡之，摘其引古人紫牡丹詩句，以爲狂悖，遂棄市。其門下士讁戍者，聞人阜三倓、劉素莽朝棟、吳秋漁光裕等二十四人。蔡顯妾朱氏，子三人，長曰必昭，雋才也，年十七，亦讁戍。蔡顯別有宵行雜誌等書，亦無狂悖語。此事或以爲冤獄，蓋郡紳某嫉之，而府尊鍾公亦以蔡之狂而故殺之也。時婁縣景家堰人有王元定者，諸生，才甚鴻博，見人文輒笑之，人稱曰：「王哈哈。」少時嘗怒其僕，逐之，及至戍所，則僕已爲武弁矣，曰：「王哈哈亦有今日耶？」幸將軍某公憐才甚，王得免禍。聞、劉皆遇赦歸。吳歿於華州。吳集甚多，其在華州時作詩積一千二百首，寄其弟學士樹本，今存樹本家。」

此案不見於官書。然蔡顯以一老孝廉，以文字致殺其身，門弟子從而讁戍者，至二十四人之多，亦可謂大獄矣。紀載罕及此事，世遂無齒及者。憶童時恆聞人言，清初有詩獄，即紫牡丹詩也。其句爲「奪朱非正色，異種盡稱王」二語，流俗相傳，以爲此卽南山集中語。既見南山集，而知其不然。及觀許氏隨筆，則知紫牡丹爲閒閒錄中詩，特隨筆亦謂其引古人句，則亦非蔡氏所自爲耳。

蔡顯之爲人，久不能詳，近始見申報館叢刊，有笠夫雜錄一册，讀其序文，乃知此卽蔡顯所著書也。由此可稍見蔡氏之生平，輯錄如下。

笠夫雜錄序云：「我師笠夫先生，以名孝廉提倡風雅。乾隆丁亥，先生歸道山，時年七十有一。其子必昭有雋才，客於外，以是著作皆不傳。余於老友姜孺山廣文處得是集。孺山少時亦嘗師事先生，每憶先生，輒持麥飯一盂，往弔於花涇之北風銷雨鑠，謁其墓而感慨係之。先生著述，可傳者甚夥，此非其至者，然後世當以先生之嗜學，重其人以重其書歟！先生弟子閭人卓三俠、吳秋漁光裕等皆工詩，其不遇幾與先生同。文人多窮，不獨爲吾鄉二陸慨也。華亭陸明睿序。」

序言笠夫以乾隆丁亥歸道山，丁亥爲蔡見法之年，與許氏筆記合，惟言歸道山，則似善終者，蓋不敢顯言之也。子必昭有雋才，亦與筆記相符，不曰遺戍，而曰客於外，亦爲時忌而諱之。聞人倓、吳光裕序，稱其不遇幾與蔡同，即指減死遣戍，獲罪幾與相等。又言文人多窮，不獨爲吾鄉二陸慨。夫機、雲皆見殺，恰爲華亭故事，以此微示蔡之首領不保，其爲避忌可知矣。

笠夫雜錄，首署華亭蔡景眞閒漁著。

蔡顯爲閒閒錄之獄，公牘中所署之名，景眞當爲其字，閒漁乃其號也。不敢用蔡顯之名，正避時忌。

許嗣茅署婁縣籍，蔡籍華亭，婁與華亭同爲松江附郭縣。許自序於道光丁亥撰隨筆，又自稱七十三翁，則距乾隆丁亥不過六十年，時許已成童，耳目相及，又同里閈，必無訛誤。蔡顯之以閒閒錄見法，笠夫雜錄之著者蔡景眞，必即蔡顯，可無疑也。

筆談記蔡之門人罹禍者二十四人，而此藏笠夫雜錄之姜孺山序，笠夫雜錄之陸明睿，亦皆蔡之門下。從文網稠密之中，不忘師友之誼，當時風俗之厚，與蔡氏取友之端，俱可尙矣。

陸明睿序，乾隆丁亥蔡年七十一，則蔡實生於康熙三十六年丁丑。雜錄云：「我松四縣一衛通考，利弊百出。康熙辛卯，余出應童子試，知府喬光先封門給卷，孫老童不服，糾上海有膽氣者，打毀暖閣，槌碎堂鼓，轟雷翻海，幼稚驚惶，天明散出。知府遣幹役擒爲首數人，內衙刑訊，孫獨承認，更不株連。會喬知府與卞同知飲酒，酒後忿爭，卞拔佩刀刺喬，傷額，事聞，各解職候質，而鬧堂之獄解矣。孫出獄，得義俠聲，傳食於人以老。迨析縣後，烟戶井然，保結點名，童生聽命，冒籍重名之弊絕矣。至金山衛軍民籍貫，經李夢兩學院釐剔，奏減原額八名，其實眞軍籍讀書應試者，寥寥未能充額數也。」按此爲松江一段故實，康熙辛卯，蔡爲十五歲。

雜錄云：「康熙甲午應試江陰」云云。又云：「康熙甲午春，余心忽散，不知屋宇几席，一飯頃始蘇，從此方寸搖搖，如懸旌矣。己亥館東郊，同學唐民則來，屬其視脈，云心動不足異，數年後當響。」亦未卽死。雍正壬子，在京師，用心過苦，靜驗惺忪有聲，蓋血不能滋裹心之脂所致。門人吳承芳獨知之，同病也。按甲午為蔡之十八歲，己亥為二十三歲，雍正壬子為三十六歲。

雜錄云：「癸丑正月，自保定入京，與林健羽下榻張有懷先生仕遇寓。時主人官御史，應輪奏事件，繕摺將上，令其壻范光曙敬書，窗扇突開，燈油污摺，主人愕然。詰朝，聞同鄉王宮詹以奏買官布事被嚴旨，摺中條陳相類，若繼入，必罹黨同之禍，似有鬼神相之者。踰年，遂有湖南學政之差。宮詹上書後，以少宰削職，未幾召書金剛經，賜編修，以詹事終。」按癸丑為雍正十一年，據前稱壬子在京師，此又稱癸丑正月自保定入京，則上年曾自京赴保可知也。

雜錄云：「保定省城荻道口，有總制洪承疇大宅，黃磚朱戶，庭石徧鏤人物。予寓左廡，長至嚴寒，見一幼女，蓬頭單衣，向房主人乞錢，主人以頻至不禮，予詢知為承疇曾孫女，呼廚人與之椀飯。前一日，訪金御史毓峒，洄灑井蓋金氏一家殉難所也，一泓寒冽，心膽凜然。合二者論之，自古有死，泰山鴻毛之喻不虛矣。」按此所云，以長至節在保定，當是壬子之冬。保定兩故蹟，連舉頗有味，洪承疇閩人，而大宅乃在保定，後人陵夷之狀如此，存之亦可備軼聞。金毓峒，明史入忠義傳，傳稱保定衛人，當時未爲省會也。

雜錄云：「丙辰九月，依唐翁寓孫公園，往謁同鄉一御史，不答。臘底，唐翁移寓內城，劉副憲招余入署。元旦，司閽者持一帖進，乃某御史名也。鄭重致意，炎涼之態，形於居停，竊鄙之，遂謝往來云。」按丙辰爲乾隆元年，蔡年四十歲。此條所紀，自是俗情所恆有，蔡以入之紀載，未免寒乞之態。此可知其人固鄉曲小儒，乃以文字坐大辟，當時刑獄之濫，告訐之盛，皆可想見。唐翁者，黃之雋，字石牧，號唐堂，華亭人，康熙辛丑進士，丙辰應召試在京，以年老不能終卷，累及舉主者也。

雜錄云：「戊午冬，與二弟夜坐，忽聞大聲如雷，隆隆轟轟，漸近漸盛，東牆角流光如晝也。詰朝，農人來告，昨夜糴米，親見斗大流星，訇然自東奔西，小星無數隨之，天狗墮地，聲如雷，此其是與？」戊午爲乾隆三年，蔡四十二歲。

雜錄云：「壬午秋日，董疎庵自無爲州寄輓驥兒詩云云。自注董詩之後云：「遺詩廿首，附梓宵行雜志中。」此宵行雜志，卽許氏筆談所云：「蔡顯別有宵行雜誌等書，亦無狂悖語者也。」雜錄又載壬午除夕詩云：「雪霽煙和春乍迴，水南孤往探村梅。年除自愛風光好，步遠誰憐筋力頹。酒量漸低猶有債，詩逋欲理愧無才。屠蘇飲罷惟耽臥，未厭疎疎爆竹來。」按壬午爲乾隆二十七年，蔡六十六歲。

雜錄云：「京師會館，江南各府州縣有之，而我松獨闕。余前在京，恆舉以告巨紳，莫有應者。近我邑范侍御，上海張主事，兩人力創之，聚沙輿講，乃於延壽寺街買張氏房爲雲間會館，惠及桑梓，福田無量。癸未初冬，門人凌日躋自京師歸道之。」按癸未爲乾隆二十八年，蔡已六十七歲。

雜錄云：「甲申中秋，停舟青浦南關，陸湘萍侍其師趙鶴埜來訪，余笑曰：『野航恰受兩三人，此不能容，奈何！』趙曰：『君其郭翻，吾不及庾翼乎？』掀篷入談詩逾刻，湘萍扣東佘山陳眉公故蹟，余答以湮沒，唯眉公塑像及王太常書『神清之室』四字，尚存爾。」

湘萍謀以乙酉清明，糾同志迎像入崑山供奉，以二陸乞花場，肇自眉公也。鶴埜欣然許，欲其役，奈湘萍抱痾旋沒，好事無其人矣。」甲申為乾隆二十九年，蔡六十八歲。

雜錄云：「乾隆乙酉夏，周樂村自曲阜歸，孔信夫臨歸去來辭，跋其後云云，末數語言：『余因有感於笠甫先生以名孝廉，閉戶箸書，不求仕進，胸有所觸，一發於紅蕉詩話，其為高致何如耶！歲久弗晤，臨此代柬，佩服之懷，溢於楮墨間也。』閒漁年老材庸，槁項空山，舊雨溢美，錄之以志屋烏之愛。」按乙酉為乾隆三十年，蔡六十九歲。據此跋語，蔡所著尚有紅蕉詩話。

雜錄云：「丙戌暮春，偕徐東麓過西林塔寺，尋沈愷所書四詩碑，懷草不可辨，以陳畬堂賸出稿對勘，始識。因過東北房老僧曇輝，出其外王父日千吳高士鳳皇說，屬附集尾，當日湯濳庵撫軍加意物色，吳作說以寄幕中計子山，湯徵乃已。」丙戌為乾隆三十一年，蔡七十歲。鳳皇說不錄。

以上略按年爲次，可以考見蔡氏一二梗概。丙戌之明年，卽爲丁亥，蔡以垂暮之時，慘遭大辟。雜錄中可按年分考蔡氏之爲人者，略具於此。

雜錄云：「夏至日，家祀示錢萬里殘稿。萬里字章遠，號南村，明經庭桂之伯祖也。」云云。末言余採其五律入翳如錄。然則蔡氏又有翳如錄一書，合之賫行雜志、紅蕉詩話，蓋有三種著述之名，見於雜錄中矣。惟無閒閒錄名。蔡之門人，爲存雜錄一種，本欲避時忌而有所諱焉，閒閒錄爲致禍之本書，自不復見之矣。

雜錄中指斥邑紳甚多，若知府某也，御史某也，若王若李若莫也。莫名輔世，邑生員，更有專條，指其名而斥之。又斥入鄉賢祠之某紳，入節孝祠之某氏。凡此皆許氏所謂多雌黃，爲郡某紳所嫉之證。許氏又載王哈哈事，當亦蔡之門人而遭累遣戍者。師狂而弟子亦狂，一時里中負才不羈之士，皆歸其門，聲氣之固結在此，官紳之構陷亦坐此。

雜錄中述大錯和尙一文，大錯爲錢邦芑。又述屈大均詩，大均亦爲僧名今種。此皆明代遺老。在順康間，文人尙通詞翰，至乾隆時，則指爲悖逆而禁之矣。凡考鼎革時軼事，順康間文集，多有可據。至康熙末南山集案，文字之獄始起，乾隆間大盛，故雍乾間文士，罕涉前明遺逸事者，惟全謝山乃畢生專述明淸間事實，亦未遭禍，殆有天幸。蔡氏有此等紀載，寥寥數條，當亦尙非其致禍之故。

雜錄云：趙雙白哀漳城注：壬辰自春徂冬，圍始解，城中飢死者百萬。壬辰，順治九年也。詩云：「城裏無煙白日荒，北軍搜盡萬家糧，戈船蔽海天常黑，鐵騎飛沙霧轉黃。一郡飢魂秋哭雨，千山戰骨夜埋霜。我生不盡哀時感，衰草寒原幾斷腸。」此詩「北軍搜盡萬家糧」等語，在當時推廣文字之禍，亦可謂之詆毀王師，大逆不道。雖係前人之作，而稱引者可以蒙其罪矣。

以上爲就笠夫雜錄中推勘致禍之由。其有遺聞足備考證，及有文字之趣者，摘附於後。

雜錄云：「二十年前，龔暉吉遺本有目下雖有豐亨豫大之形，而實爲民窮財盡之日旬」。就一事徵之，康熙中凡交易用銀，雍正間銀錢參使，邇來惟正之供，必經銀匠易銀完納，其他大小事，靡不用錢，朱提久不見矣。民間法馬夾剪，幾成虛置，而錢又惡濫不堪，當事名為禁小錢，而不清其源，錢益小，是則可憂也已。」

按蔡氏所見之世，在乾隆中葉，其時小錢乃已盛行耶？由今所見，不過較順、康雍三朝之錢，有略小者耳。據蔡所言康熙間直全不用錢，民間日用，不離乎法馬夾剪，此則至不便之世，無圜法可言矣。所鑄之錢，復有何用？意者錢之為用，不過至數文而止，稍多卽須用銀。蔡氏生其時，目覩其事，必非謬語。唐人詩云：「蠻方市用銀。」豈料二百年前，中土乃成純然用銀之俗，乃知吾國為用生銀之國，所從來者遠矣。二十年前市井交易，如飲食店之類，尚以兩錢分計數折錢，每兩不過七百文，此則清初之所遺也。

雜錄云：「常熟陳祖范老於場屋，癸卯恩科作別號舍文云：「試士之區，圍之以棘，矮屋鱗次，百間一式，其名曰號。兩廊翼翼，有神戶之，敢告余臆。余入此舍，凡二十四。

偏袒徒跣，擔囊貯糒，聞呼唱喏，受卷就位。方是之時，或喜或戚。其喜維何？爽塏正直，坐肱可橫，立頸不側，名曰老號。人失我得，如宦善地，欣動顏色。其戚維何？厥途孔多：一曰底號，糞溷之窩，過猶唾之，寢處則那，嘔泄昏忳，是爲大瘥，誰能逐臭？搖筆而哦。一曰小號，廣不容席，檐齊於眉，牆逼於跖，庶爲僬僥，不局不脊。一曰蓆號，上雨旁風，架構綿絡，藩籬其中，不戒於火，延燒一空。凡此三號，鬼魅所守，余在舉場，十遇八九。黑髮爲白，韶顏變醜。逝將去汝，湖山左右，抗手告別，毋掣余肘。」

按癸卯爲雍正元年登極恩開科，以四月行鄉試，九月會試。見復先生是年一年中聯捷鄉會，不殿試而歸，終身不赴殿試，以有物色之者，欲令出其門故也。乾隆間舉經學，未赴授官，蓋其品誼學問，俱爲最高。乃當時有此游戲之文，形容盡致，文固因人而重矣。今科舉已廢，後人將無復知從前場屋中有此奇狀，讀先生文，如身履其境，特錄之。此文亦見柳南隨筆。

雜錄云：「徐今吾問僧公曰：逢日月蝕，當事牒僧綱司，取僧人護救，有經念否？公曰：

有。」今吾曰：「云何？」公曰：「南無阿彌陀佛！少吃些，少吃些！」座客爲之絕倒，此條甚趣，附錄以資談笑。」

雜錄云：「或告余，山東單縣知縣葉道治，因本邑參革知州盧某赴縣遞呈，不跪，出言不遜，喝令掌嘴，某復辱罵知縣，當堂杖責十五板，收禁通詳。余曰：唐陳子昂官右拾遺，縣令段簡貪暴，聞其富，欲害之。家人納錢二十萬緡，簡薄其賂，捕送獄中，竟死於獄。常熟馮舒，名諸生，以議役事，觸縣令瞿四達，銜之，以馮懷舊集自序，書太歲丁亥，不列本朝國號年號，摘其詩中違礙語，坐以譏訕，下獄，曲殺之。諺云：「破家縣令。」」

按此則若爲蔡氏後來之預言。明於論人，昧於自衛，往往如此。實則草昧之國，無法律之保障，人皆有重足之苦。無怪乾嘉士大夫屛棄百務，專以校勘考據爲業，藉以銷磨其文字之興，冀免指摘於一時，蓋亦捫舌括囊之道矣。專制之可畏如此。瞿四達爲牧齋門人，牧齋身後之禍，力爲出揭懲兇者也。

緒南隨筆另一則云：「吳信甫孝廉持衡，父光裕，副貢，以蔡案謫戍，戍時持衡甫在娠，未生也，終身未嘗見其父。辛酉赴秋試，於關壯繆廟中見一人，手持亦在車下詩五言八韻一首，沈吟，持衡取而觀之，其人忽不見。持其詩歸，是年詩題即亦在車下，錄之中式。後夢神語之曰：「贈詩者即爾父秋漁先生也。」秋漁，光裕字云云。」此則語近不經，但秋漁之子名持衡，字信甫，爲辛酉舉人，則可藉以考見辛酉者，嘉慶六年也。

最近又見今人自署涵秋者，所撰娛萱室隨筆中，載閒閒錄一則云：「清初文字之禍，至嚴極酷，其最著者，如戴名世之南山集、莊廷鑨之明史，展轉羅織，被禍至數百人，妻子聚殲，家產籍沒，至今談者猶覺驚心駭魄焉。其餘因一二字之忌諱，遽至身亡家破者，多至不可勝記。吾郡閒閒錄之案，亦其一也。近得繆藝風師函，謂劉君翰怡藏有此書，書係傳鈔本，共九卷，閱其中亦無甚忌諱語，今已付之棗梨。二百年久閟之舊籍，竟有人珍重保存，至今日刦換滄桑，居然又出而問世，此實當年羅禍時所萬不及料者。惟著者既係吾郡之人，其一切顛末，容倘有可考證，而執知稽之搢紳，訪之耆老，能言此案之梗概者，竟寥寥無其人。惟查婁縣許嗣茅所著緒南筆談。有一則云云，據此，則閒閒錄之書尚在，劉君是否刊成，當函詢之。

娛萱室隨筆此則又有云：「錢唐吳振棫養吉齋叢錄云：乾隆三十二年，舉人蔡顯逆書事起，內有戴名世以南山集棄市等語，意涉怨謗。又所作詩有「風雨從所好，南北杳難分」句，又題友袈裟照有「莫教行化烏腸國，風雨龍王行怒嗔」句，隱約怨悱，情罪甚重。刑臣擬以凌遲，改斬決，其子蔡必昭斬候，作序之聞人倓。成伊犁」。據此，又可稍見當時羅織之事實。又按近承劉君翰怡惠所刻閒閒錄。乃與此笠夫雜錄各條互有出入，蓋皆蔡氏未定之本所傳犯禁之語，則均無之。付刻時并識。

故宮文字獄檔第二冊，有閒閒錄案，所載乃奏摺諭旨，本篇所輯不同。且劉氏所刻閒閒錄，實卽笠夫雜錄，次序略異耳。已成大獄，而門人猶改其名以刊行之，蓋在劉刻之先，書早行世，亦見蔡氏門下之篤念其師，不計禍福也。據文字獄檔所載乾隆三十二年六月初五日諭，謂軍機處檔以外，亦載實錄聖訓。乃東華錄於此案一字不提，則王氏所未錄，非官書不載矣。據此，諭中所指禁顯罪案，蓋有四點：謂其文內稱戴名世以南山集棄市，錢名世以年案得罪，此二事也。又「風雨從所好，南北杳難分」，及題友袈裟照有「莫教行化烏場國，風雨龍王欲怒嗔」等句，此又二事也。養吉齋叢錄所云，正據此諭。夫戴錢之棄市得罪，正因南山集及年案，何曾有誤？但帝意不欲有人提及，提及便爲罪耳。詩句亦不過謂時多忌諱，愼勿觸犯，猶之昔年京師坊肆常揭「莫談國事」之牓云爾，乃竟坐斬其身，并戮其十七歲之子，門人及未及歲之幼子，遣戍多人，亦可謂寃且濫矣。惟此等語俱不在今刻之閒閒錄中，其爲因閒閒錄而牽及之雜識，詩話等所載耶？抑後來傳寫之閒閒錄，已將指目爲罪案之文刪去耶？又據獄檔，蔡氏因所著各書刊行，嫉之者欲羅織其罪，乃奉書詣官自首，遂成此獄。然則蔡氏固自信爲決不成獄也，豈知不然！

心史叢刊三集終

# 【編校後記】孟森的《清代史》及《心史叢刊》

蔡登山

孟森是著名的史學家，被公認為明清史的權威，不僅中國學人奉為宗師，連日本的研究學者，對其著作也特加珍視。他撰述之富，成就之大，影響之深，代表第一代清史研究的最高水平，自非後輩末學所能望其肩背，是近代清史研究發展的重要里程碑。

孟森（一八六八～一九三八），字蒓孫，筆名心史，著作多以此署名，世稱為孟心史。江蘇武進人。年十四，就學於當地名師周載帆，後入江陰南菁書院讀書，稍稍窺見學術、事功、文章、經濟之門徑。嗣獲廩生銜後，因受洋務運動、戊戌變法思潮的影響，他沒有再沿科舉的正途升進，而涉獵有關時務的譯著。光緒二十七年（一九〇一年）赴日本留學，入東京法政大學習法律，同時對政治、經濟等學科知識也如饑似渴地汲取吸收，日漸精進。越三年，畢業回國。其法學修養已經相當深厚，好友鄭孝胥有詩贈曰：「能忘新舊學不俗」，又云「新故巧吐納，讀書兼讀律」，這為他日後從事政治活動和研究著述打下了堅實的基礎。

光緒三十一年春，他入廣西邊防大臣鄭孝胥幕府，利用幕府中收藏的箋奏、函牘、札答等大量公私文獻資料，撰成《廣西邊事旁記》，經嚴復題簽並擇要加以按語後，是年八月由商務印書館印行。是年冬，鄭孝胥辭職，孟森隨鄭同回上海，發起預備立憲公會。光緒三十四年七月，孟森接任《東方雜誌》主編職，特闢許多專欄，其中「憲政篇」尤引人注意，他以其法學修養，親自執筆，自不同凡響。宣統元年五月，孟森當選江蘇省諮議局議員。同年秋，他被派往奉天、吉林、黑龍江、直隸、山東各省考察憲政，希望能聯合各省諮議局，共同發起請願運動，上奏清廷，請求速開國會成立立憲政府。民國成立，孟森被推為共和黨幹事。同年秋，與張謇因建議組織中美銀行和改革鹽政以減輕政府財政困難，受到袁世凱的青睞。一九一三年一月當選為眾議院議員，七月又被選為國會憲法起草委員會委員。同年十一月，袁世凱下令解散國會，停止眾、參兩院議員職務，從此，孟森結束其政治生涯。

一九一三年十一月，孟森發表〈朱三太子事述〉於上海《時事新報》，這是他飲譽文壇的先聲。他相當注重對清代「公案」即歷史疑案的研究，將世所艷稱而耳熟能詳的清初掌故或傳說重加考訂，糾正其訛誤，敷陳其真相。他十分重視利用第一手檔案資料，相繼發表了不少篇有關清史專題的高水準的學術論文，如：〈滿洲名義考〉、〈清國號原稱後金考〉、〈清始祖布庫里英雄考〉、〈清初三大疑案考實〉、〈八旗制度考實〉以及〈奏銷案〉、

〈科場案〉、〈朱方旦案〉、〈金聖歎考〉等，後來多被收入《心史叢刊》一、二、三集中。上述各文涉及前朝典章，國故謏聞，事無巨細，有見必述，考證具見功力，論斷令人折服，在當時的學術界引起強烈反響和重視，自此孟森的論著被認為是有關清史問題的權威之作。

一九二九年孟森就聘於南京中央大學歷史系為副教授，講授清朝入關前歷史。翌年，他出版了《清朝前紀》，這在中國學術界是有關滿清祖先正確史實的開山之作。一九三一年，他北上應聘北京大學歷史系教授，前後主持北大明清史講壇凡七年有餘。講授《滿洲開國史》，編纂《明元清系通紀》，該書著力於對清朝入關前後的歷史資料進行發掘、梳理和考訂，這是他一生學養的結晶，是按明代之紀元敘清代之世系，闡明滿清先世史實，可補明清兩朝歷史之闕漏，揭發清世隱諱之秘密的一部空前偉著。孟森於課餘著述，七年之間，成書數百萬言。著有《明史講義》、《清史講義》，對史實進行考訂敘述，多有發明創見；所作評議，亦具精闢獨到之處。

一九三六年某日，前清理藩部舊藏檔案中的〈宣統三年調查之俄蒙界線圖〉散出，雖賣主索價甚高，因其對於中國北部邊境的勘定極具參考價值，於是孟森和北大歷史系商妥，終得以購進。孟森特撰文〈宣統三年俄蒙界綫圖之考證〉，對該圖製作之來龍去脈進行考證。

一九三七年七七事變後，孟森蟄居北平。日軍強迫其交出原圖，他深感受屈痛恨，「氣憤至極，步行回家，祭拜先靈　寫下『白髮孤兒辭先靈』詩句後即臥床不起」，經協和醫院診察，斷定是胃癌。於一九三八年一月十四日病逝於北平，享年七十。

孟森致力於明清斷代史研究，成績斐然，多有精湛之處。他還先後發表明清史及其他斷代史論文近百篇，多收入《心史叢刊》、《清初三大疑案考實》中，另有少量未發表過的文章，一九五九年才由其學生商鴻逵輯印成《明清史論著集刊》及《續刊》由上海中華書局印行。主要有〈清太祖起兵為父祖復仇事詳考〉、〈女真源流考略〉、〈橫波夫人考〉、〈海寧陳家〉、〈清世宗入承大統考實〉、〈太后下嫁考實〉、〈世祖出家考實〉等。孟森治史在傳統方法上吸收了近代史論研究方法，開創了明清斷代史研究之先河。

孟森的《清代史》包括《清史講義》及《清初三大疑案考實》、〈香妃考實〉、〈海寧陳家〉四部分。其中《清史講義》，原是他在一九三五年至一九三七年在北大教授清史的講義，全書分總論各論兩篇十章，但第二編原稿目錄注明：「第六章　光宣末造　嗣出」。故實際上全書只有九章，時間自開國以迄咸同，光宣則缺如。雖光宣缺如，制度缺如，而有論輒詳，故不覺其缺。孟森於史料之取捨甚為嚴謹，其所據史料最要者有：《清史列傳》、《清史稿》、《各朝實錄》、《李朝實錄》、《王氏東華錄》、《蔣氏東華錄》、《大清會典》、《八旗通志》、《清一統志》、《滿洲老檔秘錄》、《皇室四譜》、《清宮文獻叢編》、《聖武記》、《清通考》、《夷氛記聞》……等等。公私史料，不計其數。而於各史料之有異同詳略者，則往往互為比勘，校其正譌，求其至當。因此《清史講義》，可說是一部高水準的斷代史專著。而〈香妃考實〉原發表於北京大學《國學季刊》第六卷第三期，是孟森為答謝北大師生慶祝他七十壽辰而特撰的，而該期的《國學季刊》尚未印好，「七七事變」發生，幸〈香妃考實〉抽印本有幾冊已送到孟森寓所，遂得以保存。不久孟森病逝，弟子吳相湘於一九四七年重回北平，方從同學單君手中獲得此抽印本，旋又渡海來臺，始終挾持這一流傳極稀的劫遺珍本，至一九六〇年將其收錄於《清代史》一書中。又〈海寧陳家〉是孟森在「七七事變」後的作品，也可說是他最後成篇的論文，抗戰勝利後，吳相湘於一九四七年在孟森寓所整理遺稿時發現此文，後按原稿影印刊於《北京大學五十周年紀念論文集》中，後吳相湘遷臺，未能見及此《論文集》。直至一九五九年夏遊歷美國，方在美國西岸圖書館見及。後也將其排印收入《清代史》。因此吳相湘在〈編校前言〉中說，《清代史》這一冊書的珍貴價值就更不待煩言了。

《清代史》出版時還有胡適的題簽，胡適與孟森曾共事於北京大學，孟森為歷史系教授，胡適則為文學院院長。孟森長胡適二十三歲，胡適相當敬重這位史學前輩。胡適在一九六一年七月二十四日給蘇雪林的信中說：「……我曾觀察王靜安、孟心史兩先生，他們治學方法何等謹嚴，但他們為了《水經注》的案子都不免對戴東原動了『正誼的火氣』，所以都不免陷入錯誤而不自覺。」大概在《水經注》上，胡適是有意見的，他在一九四三年十一月七日的日記云：「我生平不曾讀完《水經注》，但偶爾檢查而已。故對此大案，始終不曾發一言。但私心總覺此案情節太離奇，王國維、孟森諸公攻擊戴震太過，頗有志重審此案。」除此而外，翻檢《胡適日記》得知，一九三四年六月五日，孟森送給胡適〈清世宗入承大統考〉，該文長達兩三萬字，胡適居然一口氣讀完，並於當晚覆信云：「此案為清朝第一大案，因史料湮沒，終無人作有系統的整理與考核。先生此考，認定隆科多為主要人物，詳考其家世，並指出他當日掌握京城兵權，故能一手擁立新君，而人不敢誰何；此為最重要之論斷。次則鈎稽雍正先後各論，指出其支離矛盾之點，以證成雍正帝之作偽心勞日拙：此亦是大貢獻。次則，詳記雍正帝與年羹堯的親暱關係，及年與隆科多的關係，證明年之大功固有不僅在平青海一事者。先生判此案，如老吏斷獄，當可成為定讞。佩服佩服。」又直到一九五〇年，此時孟森已故去十二年了，胡適還在讀其著作，七月四日日記云：「讀孟森《心史叢刊》二集。〈金聖歎考〉後『附羅隱秀才』，有幾條我很感興趣。」

而周作人也高度評價孟森的《心史叢刊》，他在《知堂回想錄——北大感舊錄四》中說：「孟君名森，為北大史學系教授多年，兼任研究所工作，著書甚多，但是我所最為記得最喜歡讀的書，還是民國五、六年頃所出的《心史叢刊》，共有三集，搜集零碎材料，貫串成為一篇，對於史事既多所發明，亦殊有趣味。」又謂「孟君耆年宿學，而其意見明達，前後不變，往往出後輩賢達之上，可謂難得矣」。《心史叢刊》中〈董小宛考〉一文，刊於一九一五年《小說月報》第六卷，糾謬紅學中的清世祖與董鄂妃故事說，為胡適等人所稱道，也為新紅學立了一大功，並為小說考證建立一歷史方法的基準。魯迅在《中國小說史略》中講到《紅樓夢》時早已援引孟森的〈董小宛考〉。在《且介亭雜文・隔膜》中魯迅也提到孟森的《心史叢刊》，可見周氏兄弟對孟森文章是頗為讚賞的。尤其是《心史叢刊》三集的〈小說題跋〉、〈丁香花〉等文，讀之令人解頤，讓我們看到嚴謹的史學大家在觸及看似微不足道的歷史疑案時，如何抽絲剝繭，層層深入，最終得出堅實的結論。正好比看福爾摩斯在不經意間就從被大家忽略的細節中推斷出重大的犯罪事實，讀之大有「談笑間，強虜灰飛煙滅」的快感。而這其中表現出的對於史料史實的信手拈來和游刃有餘，更讓我們對作者的淵博學識欽佩不已。

可以說，孟森這些「考實」文章某種程度上繼承了乾嘉學派考據之傳統，然其自有超越前賢之處。孟森根據多年的經驗悟出：言清代史，非從官書中求之不足徵信，於官書中旁見側出，凡其所不經意而流露者，一一鈎剔而出之，庶幾可得真相。也就是說在絕對證據無從獲得的情況下，藉助這些側面的旁證來幫助解決歷史疑案的疑難不明，這些瑣細零碎的資料，在很多地方卻是構成重大事件的重要環節，因此只要您下功夫去蒐集比勘，常可以疏通史傳記載之疑難，補正史書之不足。孟森以此法研究明清歷史，成就非凡，其自視也甚高，謂「至今日始大發明，而以余為發明最多，可云前無古人者也」，其實並非誇大之言。孟森考據所追求的目標是歷史之真相，選題亦非尋章摘句、為考據而考據，看似飣餖文章，實皆有關重大歷史背景下之重要問題，其立論也就往往從大處著眼，見解自然超凡。

讀歷史30　史地傳記類　PC0325

# 心史叢刊
## ——明清斷代史權威孟森復刻典藏本

原　　著／孟　森
點　　校／蔡登山
責任編輯／陳佳怡
圖文排版／楊家齊
封面設計／王嵩賀

發 行 人／宋政坤
法律顧問／毛國樑　律師
出版發行／秀威資訊科技股份有限公司
114台北市內湖區瑞光路76巷65號1樓
電話：+886-2-2796-3638　傳真：+886-2-2796-1377
http://www.showwe.com.tw
劃撥帳號／19563868　戶名：秀威資訊科技股份有限公司
讀者服務信箱：service@showwe.com.tw
展售門市／國家書店（松江門市）
104台北市中山區松江路209號1樓
電話：+886-2-2518-0207　傳真：+886-2-2518-0778
網路訂購／秀威網路書店：http://www.bodbooks.com.tw
國家網路書店：http://www.govbooks.com.tw

2013年11月　BOD一版
定價：490元

國家圖書館出版品預行編目

心史叢刊 / 孟森著. -- 一版. -- 臺北市 : 秀威資訊科技,
2013.11
面 ;　公分. -- (史地傳記類)
BOD版
ISBN 978-986-326-110-0(平裝)

1. 清史

627　　　　102008539

# 讀者回函卡

感謝您購買本書，為提升服務品質，請填妥以下資料，將讀者回函卡直接寄回或傳真本公司，收到您的寶貴意見後，我們會收藏記錄及檢討，謝謝！如您需要了解本公司最新出版書目、購書優惠或企劃活動，歡迎您上網查詢或下載相關資料：http:// www.showwe.com.tw

您購買的書名：________________________________

出生日期：________年________月________日

學歷：□高中（含）以下　□大專　□研究所（含）以上

職業：□製造業　□金融業　□資訊業　□軍警　□傳播業　□自由業

□服務業　□公務員　□教職　□學生　□家管　□其它_____

購書地點：□網路書店　□實體書店　□書展　□郵購　□贈閱　□其他

您從何得知本書的消息？

□網路書店　□實體書店　□網路搜尋　□電子報　□書訊　□雜誌

□傳播媒體　□親友推薦　□網站推薦　□部落格　□其他__________

您對本書的評價：（請填代號　1.非常滿意　2.滿意　3.尚可　4.再改進）

封面設計____　版面編排____　內容____　文／譯筆____　價格____

讀完書後您覺得：

□很有收穫　□有收穫　□收穫不多　□沒收穫

對我們的建議：________________________________

________________________________

________________________________

________________________________

請貼
郵票

11466
台北市內湖區瑞光路 76 巷 65 號 1 樓
**秀威資訊科技股份有限公司** 收
BOD 數位出版事業部

（請沿線對折寄回，謝謝！）

姓　名：________________　年齡：________　性別：□女　□男

郵遞區號：□□□□□

地　址：________________________________________

聯絡電話：(日)________________（夜）________________

E-mail：________________________________________